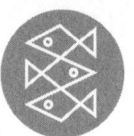

Wie gehen Mörder mit ihrer zurückliegenden Tat um? Wie leben sie mit dem nicht wieder Gutzumachenden? Wie beurteilen sie selbst ihre Tat? Ein Jahr lang trifft sich die preisgekrönte Journalistin *Sibylle Tamin* regelmäßig mit einsitzenden oder bereits entlassenen Mördern. Im Mittelpunkt der Gespräche steht aber nicht die genaue Rekonstruktion der Tat, sondern vielmehr das Bild, das die Täter von sich selbst entwerfen. Zehn exklusive Täterbiographien.

Weitere Informationen, auch zu E-Book-Ausgaben, finden Sie bei www.fischerverlage.de

SIBYLLE TAMIN

NACHMITTAGE MIT MÖRDERN

10 wahre Tätergeschichten

FISCHER Taschenbuch

Erschienen bei FISCHER Taschenbuch
Frankfurt am Main, Februar 2016

© S. Fischer Verlag GmbH, Frankfurt am Main 2016
Satz: Fotosatz Amann, Memmingen
Druck und Bindung: CPI books GmbH, Leck
Printed in Germany
ISBN 978-3-596-03191-7

Für Tassilo

INHALT

Jeder moralische Satz [liefert Beispiele, die zwischen Wahrheit und Subjektivität liegen], etwa gleich der bekannte und einfache: Du sollst nicht töten. (...) Man weiß, dass wir uns in mancher Hinsicht streng an ihn halten, in anderer Hinsicht sind gewisse und zahlreiche, jedoch genau begrenzte Ausnahmen zugelassen, aber in einer sehr großen Zahl von Fällen dritter Art, so in der Phantasie, in den Wünschen, in den Theaterstücken oder beim Genuss der Zeitungsnachrichten, schweifen wir ganz ungeregelt zwischen Abscheu und Verlockung.

Robert Musil, Der Mann ohne Eigenschaften

1

PFLAUMENMUS

Kurz nach Weihnachten trat ich zum letzten Mal hinaus durch das stählerne Tor und sah zu, wie der Beamte den doppelbärtigen Schlüssel ins Schloss des nächsten schob, ein mit Rosetten und vergoldeten Blattranken versehenes herrschaftliches Tor, als läge dahinter ein Gutshaus. Dahinter lag ein grauer Hof, den nur Wachleute betreten durften und Häftlinge, die entlassen wurden.

Langfeld würde noch mindestens fünfzehn Jahre warten müssen, um da hinaus in ein anderes Leben gehen zu können. Ich beschloss, ihn nicht mehr zu besuchen.

»Det is Herr Langfeld«, hatte der Beamte beim ersten Treffen gesagt und dem Mann eine Hand auf die Schulter gelegt, behütend, wie es ein Lehrer mitunter bei einem neuen Schüler tut. Langfeld war am massigen Beamten vorbei in die Besucherzelle getreten und hatte sich mit einem Nicken wortlos an den Tisch gesetzt. Kaum war die Tür geschlossen, hatte er zu sprechen begonnen, schnell und atemlos.

»Sie kennen vielleicht die Geschichte, an deren Ende die 42 steht? Nein? Nach einem jahrelangen Rechenvorgang spuckt der größte existierende Rechner die Formel der Welt aus: 42. Diese ironische Entlarvung wissenschaftlicher Hybris mit Hilfe einer einzigen Zahl – das ist doch nicht zu toppen, oder?«

Langfeld mied den Blickkontakt, saß seitlich auf dem Stuhl und sprach zur Wand.

»Ich hab schon immer gern mit Zahlen gearbeitet und denke meist in Zahlen. Man bekommt klare Aussagen. Mit Worten hingegen ist das so eine Sache, und Missverständnisse kommen gratis.«

Er drehte den Kopf und schaute durch die randlose Brille her, zeigte sein schmales Gesicht mit der langen Nase, die, wie jetzt zu sehen war, sich leicht nach vorn verdickte und diesem strengen Blick etwas Unernstes gab.

»Ach Worte –«, sagte er und atmete aus, »ich bin Buchhalter. Wenn ich damals klug gewesen wäre, hätte ich den Ermittlern eine andere Geschichte erzählt. Und ein guter Anwalt hätte die Dinge juristisch plausibel gemacht. Fast aus jedem Mord lässt sich ein Totschlag machen. Wussten Sie das? Aber ich, wie ein Idiot, erzähle genau die Wahrheit. Und mit der Wahrheit hab ich mich reingeritten. Ich hab mich mit der Wahrheit unverdient ins Lebenslängliche gebracht.«

Langfeld stand auf, groß, schlank, sportlich, in schwarzen Jeans und schwarzem Sweatshirt, und trat ans Fenster. Im Hof leuchtete ein kleiner Weihnachtsbaum.

»Weihnachten im Knast. – Am 1. Feiertag gibt's Gänsekeule mit Rotkohl und Klößen, dann kann man in den Gottesdienst gehen und danach ist Einschluss. Da fragt mein Sozialarbeiter gestern: Was hat Weihnachten mit dir gemacht, und ich sage: ›Gar nichts, ich bin froh, dass es vorbei ist.‹ Auch an Weihnachten gehen hier keine Wünsche in Erfüllung. Man versucht möglichst emotionslos durch die Feiertage zu kommen. Viel Schlafen hilft, wenn man's kann. Aber tatsächlich ist Weihnachten furchtbar.«

Er stand am Fenster, übermäßig aufgerichtet, als wolle er gleich salutieren. Seine Bewegungen waren kantig, und er sprach wie mit zusammengebissenen Zähnen.

»Wir haben es uns immer schön gemacht an Weihnachten. Daran versuche ich möglichst nicht zu denken. Die meisten hier behaupten zwar, Weihnachten gehe ihnen am Arsch vorbei, aber dann sitzen sie auf ihrem Bett und heulen. Und Silvester ist wieder so ein schwieriger Tag. Man wird in alte Gefühle hineingezogen, in das, was schön war, und was man sich selbst kaputtgemacht hat. Ich hab von meinem Zellenfenster aus einen exzellenten Blick. Ein Himmel voller Feuerwerk. Aber auf was für eine Zukunft soll ich mich freuen?«

Er drehte sich her, blass vor Anspannung und mit mahlenden Kiefermuskeln.

»Es ist gut, dass die Feste jetzt vorbei sind, und ich wieder arbeiten kann.«

Er schwieg und schaute hinaus in die beginnende Dämmerung.

»Vor fünf Jahren hab ich Weihnachten und Silvester in Innsbruck verbracht. In der U-Haft. Da hab ich keinen einzigen vernünftigen Gedanken fassen können. Man hofft nur, dass es endlich vorbei ist. Keine Fragen mehr. Ruhe. Die andern Insassen in der U-Haft haben sich fair verhalten. Teilweise ist da sogar Solidarität entstanden. Sie gaben mir Kaffee und Briefmarken, und der Schwerkriminelle gab Käse, Wurst und Marmelade. Ja, das gibt es auch im Gefängnis, Mitmenschlichkeit. Sie sagten: ›Gib's mir wieder, wenn du's hast.‹ Ich hab gestaunt.«

Langfeld blieb am Fenster stehen und zeigte hinaus auf den Hof. »Der Freizeitpark dort ist 100 auf 80 und immerhin grün.« Gelbe und braune Blätter flogen durch die Luft. »Das sind keine Blätter«, sagte er, »das ist Brot. Hier fliegt alles zum Fenster raus, nicht nur Brot, auch Verpackung, Taschentücher, Obst – alles, was nicht gefällt, wird von den Gefangenen rausgeschmissen. Der Hof ist ihr Mülleimer. Viele regt das auf, aber kein Beamter klemmt sich dahinter. Sie sagen, Haus 2 und 3 seien schon immer Schweinehäuser gewesen. Und das ist alles. Statt mit Disziplinarmaßnahmen zu reagieren, zucken sie bloß die Schultern. Der Dreck ist hier überall. Auch auf den Gängen. Jeden Vormittag machen die Hausarbeiter sauber, aber gleich ist's wieder vollgemüllt. Das ist eklig«, sagte Langfeld und schüttelte den Kopf. »Aber das ist das kleinste Übel hier.«

Er schwieg, und es schien, als hielte er den Atem an, so bewegungslos stand er da am Fenster. Gedämpft drangen die Stimmen der Häftlinge herein, die sich noch bis zum Einschluss im Gebäude bewegen durften.

Es war eine ehemalige Zelle in Haus zwei, die als Gesprächsraum eingerichtet worden war, mit Tisch und drei Stühlen und einer Türklinke, die es sonst nicht gab. Vor der Tür in einem Glaskasten saß ein Beamter mit dem Ausblick auf die dreistöckigen umlaufenden Galerien bis hinab ins Erdgeschoss. Die hallenden Stimmen, die Galerien, der Wächter in seinem Ausguck – fast wie in einem altertümlichen Schwimmbad.

»Lebenslänglich«, sagte Langfeld. »Es gibt, wie Sie vielleicht wissen, ein gutes und ein böses Lebenslänglich. Beim guten ist das Strafmaß auf fünfzehn Jahre festgelegt, und es ist nicht ausgeschlossen, dass man bereits nach zehn Jahren in den offenen Vollzug kommen kann. Das böse wird verhängt bei besonderer Schwere der Schuld. Hier fallen mindestens zwanzig Jahre Haft an, ehe man in den offenen Vollzug kommt, und eine Zweidrittelregelung ist nicht vorgesehen.«

Er atmete tief ein und aus.

»Das ist mein Lebenslänglich.«

Es war kalt in diesem Besuchsraum, und Langfeld hielt die Hand an den eisernen Fensterrahmen. »In unseren Zellen sind neue dämmende Fenster eingebaut. Früher muss es im Winter hier eisig gewesen sein.« Und während er hinausschaute in den trüben Winternachmittag, fuhr er fort auf diese gehetzte Weise zu sprechen, als müsse er die letzte Chance nutzen, jetzt, in dieser Stunde all das mitzuteilen, was sich seit Jahren angestaut hatte.

»Wer als normaler Mensch mit einem bürgerlichen Vorleben ins Gefängnis geworfen wird, muss sehen, dass er sich möglichst schnell zurechtfindet. Er muss sich anpassen. Die Anpassung ist seine Überlebenschance.«

Sein Vater sei besorgt gewesen. Er habe gewalttätige Übergriffe auf den Sohn befürchtet. »Ich sagte, mach dir keine Sorgen, ich komm schon zurecht.« Und tatsächlich müsse man nur einige Regeln beachten, um in Ruhe gelassen zu werden.

Das oberstes Gebot sei: »Du sollst schweigen.« Nichts, kein Wort von den Vorgängen zwischen den Häftlingen, dürfe zu den Beamten dringen. Wer das nicht beherzigte, dem würden allerdings schnell andere Seiten gezeigt. »Und die«, sagte Langfeld, »die – wie soll ich sagen – können äußerst unangenehm sein.«

Es habe zum Beispiel einen Vorfall mit heißem Öl gegeben, in das die empfindlichsten Teile eines Mithäftlings getaucht worden waren. Der Mann war lebensgefährlich verletzt worden, und der Täter hatte einen Nachschlag auf seine Strafe erhalten. Aber solche Geschichten seien selten geworden.

Mittlerweile hätten sie hier alle Einzelzellen. Da könne man sich aus dem Weg gehen. Ohnehin seien Gewaltverbrecher von Sexualverbrechern getrennt. Die Kifis würden sonst schnell dezimiert, sagte Langfeld. Neulich habe ein Häftling am Arbeitsplatz geäußert, mit einem Kinderficker zusammen würde er niemals arbeiten, und ein anderer habe zum Beamten gesagt: »So einer hat nichts neben mir in der Dusche zu suchen.« Tatsächlich nähme man im Knast auf diese Aversionen Rücksicht. Und so könne man an Zellentüren Schilder finden nicht nur mit »Sonderkost« und »Einzelfreistunde«, sondern auch mit »Einzeldusche«.

»Meine Zelle inklusive Toilette und Waschbecken hat ungefähr 7,9 m², eher gegen sieben. In dem jetzt geschlossenen Haus 1 gab es Zellen, die waren nur 5,6 m². Also, das können Sie sich vielleicht gar nicht vorstellen.«

Langfeld streckte die Arme aus und zeigte, wie klein so eine Zelle war und wie dagegen seine eigene Zellengröße sei und wie die Möbel standen, Schrank, Tisch, Stuhl, Waschbecken, die Höhe der Decke, die Breite des Fensters. »Circa 90 Zentimeter«, sagte er, »und es schließt richtig.«

Während er sprach, hatte es zu schneien begonnen, und eine weiße Decke legte sich auf die Marmelade- und Gurkengläser, die Margarineschachteln und Packungen mit Aufschnitt und Käse, die aufgereiht vor den Gittern der Zellenfenster auf dem Mauervorsprung lagerten.

»Jeden Tag ist da unten auf dem Hof Freistunde. Sie ist Pflicht und hat mit Freiheit nichts zu tun. Sie werden wie eine Schulklasse hinausgeführt und haben täglich eine Stunde im Freien zu verbringen. Und wenn es nach einer halben Stunde regnet, dann stehn Sie eben im Regen. Ja, ungelogen. Der Freistunde können Sie sich nur entziehen, wenn Sie krank sind oder gegen die Regeln verstoßen haben. In dem Fall kommen

Sie in den Bunker. Das heißt Einzelhaft. Der Einkauf wird gestrichen, Sie haben keinen Fernseher mehr und als Bett ein Steinpodest mit Matratze. Nun, die Beamten brauchen hier eben auch Druckmittel, um die Kontrolle zu behalten.«

Langfeld drehte sich mit einem Ruck um.

»Gott sei Dank«, sagte er und machte ein Gesicht, als hätte er Zahnschmerzen. Gott sei Dank hätte er noch Kontakte nach draußen. Die Sportskameraden, die Kollegen, die Chefin und der Vater. Alle hätten ihn mal besucht. Und als der Sohn das erste Mal kam, aßen sie gemeinsam Pizza, die er, Langfeld, in der Knastküche gebacken hatte. »Pizza Salami, das isst Kai so gern.« Und mit am Tisch sei auch die Therapeutin gesessen, und alle hätten sich ganz nett unterhalten, sagte Langfeld. »Das heißt, können Sie sich das vorstellen: Wir haben da gesessen im Knast bei Pizza und Kuchen, und mein Sohn erzählt mir fröhlich, was er so alles erlebt hat. Er ist jetzt in der Ausbildung und wird Kfz-Mechatroniker.«

Er habe seinem Sohn bereits mündlich und schriftlich angeboten, mal tiefer einzusteigen in die Geschichte. Aber die Therapeutin habe abgewinkt. Er wird wahrscheinlich noch nicht so weit sein, habe sie gesagt. Er habe ihm trotzdem einen Brief geschrieben.

»Ich wollte versuchen, ihm mal einiges zu erklären. Wie es zu dem Ganzen gekommen ist«, sagte Langfeld. »Das lese ich Ihnen später mal vor.«

Die Knastsirene schrie wie zum Weltuntergang. Täglich um diese Zeit käme dieses furchtbare Schrillen, der Befehl für die Häftlinge, in ihren Zellen zu verschwinden, damit die Zählung durchgeführt werden könne. Langfeld kam zum Tisch und setzte sich. Er hatte die Erlaubnis, für die Dauer des Gesprächs im Sprechraum zu bleiben.

»Wissen Sie was«, sagte er und lächelte plötzlich, »vielleicht halte ich Ihr Buch vor Ihnen in der Hand. Könnte ja sein«, sagte er, und es schien, als habe dieses kurze Gefühl der Überlegenheit ihn etwas gelockert. Er arbeite nämlich seit einigen Monaten in der Buchbinderei. Diese Handarbeit sei zwar für einen, der aus der Verwaltung käme, zunächst schwierig gewesen, denn wenn einer zwei linke Hände habe – er hob die gespreizten Hände und dreht sie ein paarmal hin und her – , dann sei der Anfang nicht ganz leicht. »Aber jetzt bin ich zufrieden. Der Arbeitsplatz ist gut.«

Mit dem Einarbeiten allerdings müsse er sich beeilen. Die beiden Vorarbeiter kämen im April in Freiheit. In drei Monaten müsse er dann selbst Vorarbeiter sein. »Das schaff ich schon. Das werde ich schaffen.« In anderen Arbeitsbereichen müsse man hier in der Regel jedes halbe Jahr den Betrieb wechseln. In der Buchbinderei aber könne man schon mal sieben, acht Jahre bleiben. »Gerade in der Buchbinderei wollen sie keine Kurzstrafer haben. Da wollen sie die Lebenslänglichen.«

Unvermittelt schaute Langfeld mich an und dämpfte die Stimme, als käme jetzt ein Geheimnis zur Sprache. »Vielleicht kommt Robert auch hierher. Bis zu meiner Verlegung waren wir im gleichen Knast, haben die gleiche Deliktproblematik. Wir waren in derselben Therapiegruppe und, sooft es ging, zusammen. Die Mitgefangenen machten sich schon lustig: ›Ach, da kommt das Ehepaar wieder.‹

Wenn Robert nun irgendwann hierherkäme, könnten wir beide in der Buchbinderei arbeiten und in zwei Jahren vielleicht nach Haus 5 verlegt werden. Dort sieht es nämlich besser aus, nicht ganz so hässlich wie hier – das haben Sie vielleicht gesehen. Eine gewisse Ordnung und Sauberkeit herrscht dort. Ich habe in der Finanzverwaltung gearbeitet, da können Sie sich vorstellen, in welch bürgerlichen Bahnen mein Leben verlaufen ist. Da gehörten Ordnung und Sauberkeit unbedingt dazu.«

Er lehnte sich zurück und schlug die Beine übereinander. »Ich habe mir damals meinen Beruf aussuchen können. Und weil ich die Ausbildung mit sehr gut abgeschlossen hatte, durfte ich wählen, in welcher Abteilung ich arbeiten wollte. Ich entschied mich für die Vollstreckungsstelle.

Ja, lächeln Sie nur, es steckt ja durchaus eine ironische Komponente darin: Am Vollstreckungsbeamten Langfeld wird nun selbst vollstreckt. Auf eingreifendere Weise allerdings als durch eine Konto- oder Autopfändung. 28 Jahre lang war ich Vollzieher im Außendienst. Da kommen Sie mit allen Gesellschaftsschichten in Berührung, vom bekannten Anwalt bis zum Bordellbesitzer und Hartz-IV-Empfänger. Und obwohl es bei den Vollziehern heißt: Je höher die Beträge, desto gewisser bleibt die Forderung uneinbringlich, habe ich doch einmal einen Auftrag über zweihunderttausend Euro eingetrieben. Das waren Architekten, und die Frau sagte: Wir haben einen Investor, und wir kriegen das Geld. Und niemand wollte das glauben, aber ich gab ihnen eine Chance, und nach zwei Monaten kam die Frau und hat einen Scheck gezückt. Und der war gedeckt.«

Er habe nur selten den guten Onkel gegeben. Denn so gut wie jeder verspräche die Zahlung. Zu 95 Prozent würden solche Versprechen aber nicht eingehalten, und dann stünde man da wie ein Idiot.

»Sie meinen, es sei emotional anstrengend gewesen? Nein, das ist wie bei den Beamten hier. Sie stumpfen ab.«

Er habe diesen Beruf gern gemacht. Nur die letzten sieben Jahre war der Außendienst mehr und mehr abgebaut worden, und schließlich habe er in den Innendienst gemusst. Langfeld blies die Wangen auf, als wollte er zurückhalten, was jetzt gesagt werden musste.

»Das ging ganz schön ans Selbstbewusstsein. Und es hat mir niemand erklärt, weshalb gerade ich versetzt wurde. Und ich hab mich auch nicht getraut zu fragen.«

Langfeld war am Rand der Stadt aufgewachsen. Ein Einzelkind in bescheidenen, aber gesicherten Verhältnissen. Der Vater Bauschlosser, die Mutter Hausfrau. Seine Kindheit sei höchst unspektakulär gewesen. Eine Art geborgener Langeweile. Das, was ihm Spaß gemacht habe, war den Eltern nichts wert. Fußballspielen war seine Leidenschaft. Das bringe nur dreckige Klamotten, habe die Mutter gesagt. Besser er ginge in den Schwimmverein. Aber sie ließen ihn Fußball spielen, haben, was er wollte, nicht untersagt. Noch heute, sagte Langfeld, kränke es ihn aber, dass der Vater nur zweimal beim Fußballspiel zugeschaut habe. Er sei ein ausgezeichneter Sportler gewesen, aber die Eltern hätten ihn da nicht gefördert. Tennisspielen, Skifahren, das hatte er erst viel später gelernt, mit Anfang zwanzig. Und oft habe er gesagt, nur so zum Spaß, man müsse die Eltern auf entgangene Weltcuppunkte verklagen. Denn hätte er mit fünf, sechs Jahren angefangen, würde er jetzt fahren wie ein junger Gott. Aber schließlich habe ja alles auch so noch ganz gut geklappt. Er sei ein guter Skifahrer geworden und ein guter Tennisspieler.

»Mein Tennisverein ist übrigens gleich hier«, er zeigte die Richtung an. »Vierhundert Meter hinter der Mauer. Dort hab ich meine Frau kennengelernt.«

Seine Erziehung, sagte Langfeld, sei ohne Druck verlaufen. Freilich auch ohne Empfehlungen. Nie hätten die Eltern Vorschläge gemacht. Veränderungen seien ihnen verhasst gewesen.

Das Leben sollte im immer Gleichen dahingehen. Ohne Neues und ohne Katastrophen.

Jeden Sommer reiste die Familie an denselben Ort nach Spanien. Das Jahr über blieb man zu Hause. Er könne sich nicht erinnern, dass seine Eltern je etwas unternommen hätten. Einmal hatten sie Karten für ein Musical bekommen, aber die Mutter habe gesagt: »Wozu?« So was könne man auch im Fernsehen sehen. Sie lebten zu dritt in einer Zweieinhalb-Zimmer-Wohnung mit Balkon, und das habe ihnen genügt. Die Mutter bepflanzte den Balkon und machte den Haushalt, der Vater ging morgens zur Arbeit und kam Punkt 17 Uhr zurück. Dreißig Jahre lang. Sie waren zufrieden mit diesem Leben, sagte Langfeld. Und als es ihm in der Wohnung zu eng wurde, besorgte die Mutter eine Wohnung in derselben Siedlung, eine Querstraße weiter. Vom Küchenfenster aus konnte er ihr zuwinken.

Nach der sechsten Klasse habe er nur eine Realschulempfehlung bekommen. Das habe ihn geärgert, denn er fand, dass er ein guter Schüler sei und es leicht mit den andern, die ans Gymnasium gingen, aufnehmen könne. »Ihr seht mich in vier Jahren wieder«, habe er ihnen zugerufen, und tatsächlich sei er am Ende der Realschulzeit aufs Gymnasium gekommen. Aber die Noten dort seien nicht so glänzend ausgefallen, und obwohl ihm die Eltern, wie er sagte, bei Entscheidungen immer freie Hand gelassen hatten, habe der Vater schließlich einmal vorgebracht, der Sohn solle sich vielleicht vorsorglich, ja, der Vater habe »vorsorglich« gesagt, bei einem Amt bewerben. Und das habe er dann gemacht. Und gleich war er angenommen worden und hatte in dem Job achtundzwanzig Jahre lang gearbeitet.

Seine Frau hatte Langfeld vor 25 Jahren kennengelernt. »Eben dort im Tennisverein«, Langfeld wies wieder mit der

Hand hinaus. »Das war toll in diesem Verein. Es war ein nicht abgeschlossenes Bauprojekt, aber mit Schwimmbad und Tennisplätzen und voll mit netten Leuten. Der damalige Mann meiner Frau war Wasserballer, und Micha, der kleine Sohn, wuselte auch herum. Sechsmal die Woche haben wir Tennis gespielt – wir waren die sogenannten Platzwanzen. Dann sind wir uns nähergekommen. Evi wollte mehr, doch ich sagte: ›Ich misch mich nicht in deine Ehe ein.‹« Das sei aber keine Ehe mehr, habe Evi gesagt. Sie sei dabei, sich zu trennen, und tatsächlich sei die Trennung zu der Zeit schon in Gang gewesen.

»Ein halbes Jahr später waren wir verheiratet; das Haus wurde gebaut und Kai geboren. Ja, und dann kamen wechselvolle Ehejahre.«

Er wandte den Blick und schaute hoch zu den sirrenden, leicht flackernden Neonleuchten.

»Was ich an ihr geliebt habe? Ihre Spontaneität, die Fröhlichkeit, die Sportlichkeit.«

Langfeld hatte nicht weit vom Gefängnis entfernt gewohnt und war täglich an den weitläufigen Gebäuden vorbeigefahren.

»Gleich gegenüber, in dem holländischen Blumencenter, hab ich die Pflanzen für den Garten gekauft. Wir liebten beide die Gartenarbeit. Und wir hatten es uns schön gemacht.«

Das große Rosenbeet mit englischen Züchtungen sei unter seiner Pflege gediehen. Das Beet mit dem hohen weißen und roten Phlox habe er auch gemocht. »Das war das Beet meiner Frau. Meine Frau mochte vor allem Phlox, weil er so toll duftet.«

Und in den zwanzig Jahren, die er hier täglich zur Arbeit vorbeigefahren sei, wäre ihm der Gedanke absurd erschienen, selbst einmal hier zu landen, im größten Männerknast Deutschlands.

»Wenn ich an die ersten Jahre denke, an die ersten acht Jahre meiner Ehe, da ist es harmonisch zugegangen. Wir hatten mit dem Hausbau zu tun und mit dem Aufbau des Gewerbes meiner Frau. Wir wollten alles schön haben.«

Diese Aufbauphase sei reizvoll gewesen. Beide hätten sie noch Illusionen gehabt, vom guten, erfüllten Leben, das auf sie warte. »Und als alles gut und schön eingerichtet war, traten die Schwierigkeiten mit den Kindern auf.«

Erst habe man mit den schweren schulischen Problemen Michas, des Sohnes aus erster Ehe, zu kämpfen gehabt, und als der sich auf wunderbare Weise selbst am Schopf gepackt habe, da hätte das Gleiche mit Kai begonnen. »Das war wie im Steinbruch«, sagte Langfeld. »Das war belastend. Sehr belastend.« Dazu seien die finanziellen Probleme gekommen. Von da an habe er an mehreren Fronten zu kämpfen gehabt. Sein eigener Job sei zwar gut und sicher gewesen, aber seine Frau war selbständig und ihre Einnahmen seien mal höher, mal geringer ausgefallen. Ihre Ansprüche aber hätten unverändert fortbestanden, und gleichzeitig sei alles teurer geworden. Die Preise für Wasser, Strom, die Hypotheken hätten sich erhöht, und im Nu sei ein größeres Loch im Konto entstanden.

Immerhin habe er als Beamter ja nicht arbeitslos werden können. Aber das habe er sich oft und oft von seiner Frau als Vorwurf anhören müssen. Er habe ja nicht zu kämpfen, habe sie gerufen, er habe ja einen sicheren Job.

»Sie hat mir das immer wieder vorgehalten, obwohl sie ja davon profitiert hat.«

Langfelds Frau hatte sich zur Kosmetikerin ausbilden lassen. Sie wollte nicht nur Friseuse sein und habe die Kosmetik mit einer wahren Leidenschaft betrieben. Aber die anfänglichen Investitionen waren hoch und die Einnahmen gering. Das ganze Unternehmen sei von Beginn an eine finanzielle Belastung gewesen, und das sei es auch geblieben. Die Wirtschaftskrise habe dann die Portemonnaies der Leute richtiggehend vernagelt.

Seine Frau sei eine gute Kosmetikerin gewesen, das hätten ihr alle Kundinnen attestiert. Als Verkäuferin aber habe sie versagt. Das teure Kosmetik-Depot habe im Keller gestanden, unbenutzt, bis die Haltbarkeit abgelaufen war. Und wenn er mal was gesagt habe, sei sie wütend geworden. »Du hast doch keine Ahnung«, habe sie dann gerufen.

Eigentlich, sagte Langfeld, habe seine Frau sich selbst nicht genügend wertgeschätzt. Sie habe sich minderwertig gefühlt, weil sie nicht so viel verdient habe wie er. Darunter, sagte er, habe sie stark gelitten. Und so habe sie ihm und sich immer wieder beweisen wollen, dass sie durchaus was auf die Beine stellen könne.

»Meine Frau hat durch ihren Beruf viele Leute kennengelernt, die gute Jobs hatten, und ich sagte: ›Mit denen können wir uns nicht messen.‹ Aber die Kunden kamen und erzählten von ihrem Wochenendtrip in ein Fünf-Sterne-Hotel und sagten: ›Das müssen Sie sich auch mal gönnen, Frau Langfeld. Sie arbeiten ja hart.‹ Und ich sagte ihr, so ein Wochenende wäre zweifellos schön, aber wir hätten das Geld nicht dafür und außerdem sei der Sommerurlaub schon gebucht. Aber das wollte sie alles nicht hören. Sie kaufte weiter teure Klamotten, fuhr öfter mal ein, zwei Tage an die Ostsee oder machte Wellness mit einer Freundin.« Das habe sich summiert, sagte Langfeld. Er habe gebremst, wo es ging. Mit dem Ergebnis, dass er von ihren Freundinnen ausgelacht wurde.

Da kommt der Herr Gerichtsvollzieher, hätten sie gesagt, die Spaßbremse, der Pfennigfuchser.

Er stand auf und ging zum Fenster. Auf dem Hof joggte ein

Häftling im Schnee um den Platz. »Es ist Einschluss«, sagte Langfeld. »Wie kann das sein, dass einer draußen rumläuft?« Er machte eine wegwischende Gebärde und begann nun wie zu sich selbst zu sprechen.

»Ja, Geld war ein Problem. Es wurde zum großen Streitpunkt. Meine Sportsfreunde sagten: ›Wenn deine Frau an die Ostsee fährt und entspannt zurückkommt, ist ja was gewonnen.‹ Und genau so hat auch sie mir das beigebracht. Aber die Sprüche kennt man ja: ›Man muss sich auch mal was gönnen.‹ So kann ich alles kleinreden.« Er schwieg und stieß die Luft aus. »Um die Löcher notdürftig zu stopfen, hab ich mir die Sache mit dem Pizzadienst einfallen lassen.«

Langfeld wandte sich vom Fenster ab und ging auf und ab. »Meine Frau fand das peinlich, dass ich nach Feierabend Pizza ausfuhr, und dennoch hat sie das drei, vier Leuten erzählt. Ich sagte: ›Moment mal, das war doch unser Geheimnis, und jetzt posaunst du das aus?‹ Aber eigentlich war es mir zu der Zeit bereits egal, was sie sagte und tat.« Von einem Bekannten sei er einmal gefragt worden, warum er einen solch lausigen Job mache, wo er doch ein gutes Gehalt habe. Der habe das nicht verstehen können. Aber er sei, sagte Langfeld, ja nicht abendelang mit Pizzas durch die Stadt gefahren, nur weil sie beide den Hals nicht hätten vollkriegen können. Er habe es getan, um all die Rechnungen bezahlen zu können.

»Das Konto begann völlig aus dem Ruder zu laufen, und ich habe versucht, mit allen Mitteln dagegen anzugehen.«

Und doch habe er sich während des Prozesses vom Richter die Frage gefallen lassen müssen, ob sie nicht beide über ihre Verhältnisse gelebt hätten.

»Was sollte ich darauf sagen? Ich konnte doch nicht sagen, das war alles die Schuld meiner Frau.«

Wieder begann die Knastsirene zu heulen.

»Alarm«, sagte Langfeld. »Diesmal ist's Alarm.«

Die Warnleuchten an den Toren begannen zu blinken, und ein Rettungswagen kam langsam gefahren, in Richtung gewiesen von einem Beamten, der durch das Schneetreiben dem Wagen vorausging. Wahrscheinlich habe es eine Schlägerei gegeben, sagte Langfeld. Er wundere sich, dass er hier sitzen bleiben dürfe. Regel sei, dass während eines Alarms alle Häftlinge ausnahmslos eingeschlossen werden müssten. Doch niemand kam, ihn abzuholen. Die Sirene verstummte. Stille. Nur das rhythmische Vorbeiwischen des Warnlichts am Fenster.

»Natürlich hab auch ich nicht auf alle Wünsche verzichtet. Wir hatten uns ein Auto bestellt, ein Cabrio. Ein wirklich tolles Auto. Und als ich gerade auf der Leiter stehe, um das Regal festzuschrauben, da schreit meine Frau auf einmal: ›Das darf doch nicht wahr sein.‹ Da war der Nachbar mit dem gleichen Cabrio vorgefahren. Wir hatten unseres ja erst bestellt. Und da hat sich Evi sehr aufgeregt, dass wir nun nicht die Ersten waren, die so ein Auto hier fuhren. Sie wollte immer die Erste sein und diejenige, die am besten aussah. Sie hat sehr nach außen gelebt. Aber dadurch war auch alles schön. Wollen Sie mal ein Foto von meinem Wohnzimmer sehen?«

Er kam zum Tisch, zog ein Foto hervor und reichte es mir, ohne es anzuschauen.

»So sah das aus. Es war perfekt. Wie aus ›Schöner Wohnen‹. Es war wirklich schön bei uns. Alle haben unser Haus bewundert.«

Er griff nach dem Bild mit der weißen Sofalandschaft vor einer bodentiefen Fensterfront, steckte es wieder ein und setzte sich. Er versuchte, sich betont entspannt zurückzulehnen, aber es geriet so steif, als trüge er ein Korsett.

»Ja, so ein Haus muss man eben vergessen. Achtzehn Jahre

habe ich dort gewohnt. Schön, sehr schön haben wir gewohnt. Letztes Jahr hab ich es verkauft. Über diesen Verlust hab ich noch nicht geheult. Aber Kai hab ich sein Heim genommen. Das ist schlimm. Doch ich glaube, es gibt jetzt Wichtigeres.«

Er stand wieder auf und stellte sich ans Fenster, sprach hinaus, laut und fast ohne Modulation. Als habe er aufgehört, die Dinge zu gewichten. Als sei ihm das Maß dafür verlorengegangen.

»Oft und oft hat meine Frau mir vorgeworfen, dass ich das Abitur nicht gemacht habe. ›Hättest Du wenigstens das Abitur gemacht‹, hat sie gesagt, dann ginge es uns finanziell besser. Sie selbst hätte das Abitur leicht geschafft, und sie hätte auch studiert, wenn ihr Elternhaus nicht derart chaotisch gewesen wäre. Das hat sie dann bei so einer Gelegenheit immer wieder betont. Also, ich hatte manchmal den Eindruck, sie bricht mit Absicht einen Streit vom Zaun.«

Jahrelang habe sie immer wieder die gleichen Vorwürfe erhoben. Er habe dieses Herumreiten auf Vergangenem nicht verstehen können. Es sei wohl ein typisches Frauending, nicht mehr aufhören zu können. Er kenne das im Übrigen auch von seiner Mutter. Sie habe Dinge hervorgekramt, die Jahre zurücklagen, völlige Nichtigkeiten und ihm unbegreiflich, weshalb sie derart daran festgehalten habe. Frauen, sagte Langfeld, machten sich häufig das Leben schwer durch ihr Festhalten an Nichtigkeiten.

»Und die andere Seite dieser furchtbaren Streitereien ist, dass wir uns beide vielleicht überfordert haben. Mit dem Job, mit den Kindern, mit unseren Ansprüchen und der Vorstellung vom guten Leben.«

Nach dem Tod seiner Mutter habe er eine Geldspritze erhalten. Ein Viertel ihrer Lebensversicherung und den Anteil vom Verkauf der Eigentumswohnung. Aber das Geld sei wie

Schnee in der Sonne geschmolzen. Und er habe sich damals gefragt, wo das hinführen werde.

Immerhin habe er einen Teil des Kredits von beiden Autos ablösen können. Doch schon bald hätten abends wieder die Mahnungen auf dem Tisch gelegen. »Es war, als brächen sämtliche Dämme«, sagte Langfeld.

Zu alledem sei die Putzneurose seiner Frau gekommen. Vielmals am Tag habe sie staubgesaugt. Und obwohl sie spätabends noch ihre Studioräume gesaugt habe, sei sie als Erstes frühmorgens wieder mit dem Staubsauger zu Gange gewesen.

»Da half kein Reden. Sie beharrte, wie übrigens bei allem, dass richtig sei, was sie tue.«

So habe der Unfrieden zugenommen. Da habe der eine nur ein Wort sagen müssen, und schon sei der andere darauf abgefahren.

»Das war beidseitig«, sagte Langfeld. »Und das ging aufs Gemüt, aufs Kreuz und auf die Beziehung.«

Langfeld schwieg. Er wandte sich vom Fenster ab, her zum Besucher und beantwortete das erste Mal eine Frage.

»Ach, meine Eltern«, sagte er, »sie hatten ein Problem mit Evi, und Evi hatte ein Problem mit ihnen.«

Die Eltern hätten auf seine Ehe denkbar ungut eingewirkt, das müsse er sagen. Mit seiner Heirat habe sich eine unheilvolle Konstellation ergeben. »Konstellation«, das sei geradezu suboptimal untertrieben. Er könne das gar nicht in Worte fassen, sagte Langfeld, wie negativ die Einwirkung seiner Eltern auf die Ehe gewesen sei. Seine Mutter habe von Anfang an seine Frau schlechtgemacht und ihr auch gezeigt, wie wenig sie von ihr halte.

»Sie wollte nicht, dass wir heiraten. Und als wir verheiratet waren, hat sie nicht eingelenkt, sondern in einem fort meine Frau schlechtgemacht. Und wenn ich sie zur Rede stellte, wenn ich sagte: ›Mensch Mutter, was hast du denn da schon wieder gesagt‹, sagte sie nur: ›Ich hab doch gar nichts gegen Evi.‹ Und ich glaube auch, sie meinte, was sie über Evi sagte, gar nicht so.

Wie die Frau hätte sein sollen, damit sie meiner Mutter gefällt?

Ich hätte auch 'ne andere bringen können, da hätte meine Mutter auch was auszusetzen gehabt.

Evi hat gesagt: ›Ach, deine Eltern haben dich total vereinnahmt, weil du ein Einzelkind bist.‹ Vielleicht ist das nicht so abwegig, was sie da gesehen hat. Sie hatte irgendwie für manches einen siebten Sinn. Doch damals konnte ich das nicht so sehen.

Sie warf mir vor, ich hätte mich nicht abgenabelt, und ist jedes Mal ausgerastet, wenn ich zu den Eltern gefahren bin. Sie hat dann regelrecht verrücktgespielt, bekam Schrei- und Heulkrämpfe, nur weil ich meine Eltern besuchen wollte, vor allem dann, wenn ich Kai mitnahm. Sie rief, diese schrecklichen Menschen würden das Kind gegen sie aufhetzen und hätten das ja bereits mehrfach versucht. Das war aber gar nicht der Fall.« Er habe reden können, wie er wollte, sie sei bei ihrer Meinung geblieben und habe von ihm den vollständigen Bruch mit den Eltern verlangt.

»Doch warum sollte ich mit meinen Eltern brechen? Sie haben mir nichts Böses getan, sondern im Gegenteil uns mit Geld für den Hausbau unter die Arme gegriffen.«

Die Eltern seiner Frau hätten seine Eltern auch nicht gemocht.

»Sie empfanden sie als Aufschneider – aber das waren sie nicht. Sie haben damals bei dem ersten und schließlich auch einzigen Besuch auf dem Campingplatz von ihren Ferien in Spanien erzählt. Diese Ferien waren nichts Besonderes. Sie fuhren seit dreißig Jahren jeden Sommer an denselben Ort. Die Schwiegereltern hatten ihren Campingplatz und die Eltern hatten eben ihr Spanien. Vielleicht hatte meine Mutter an dem Tag einen Brillantring zu viel angehabt, vielleicht – aber, nein, ich versteh es nicht. Jedenfalls konnten sich unsere Eltern nicht besonders leiden.«

Schon bald nach der Hochzeit habe seine Frau ihm von sexuellen Übergriffen seines Vaters erzählt, und er habe den Vater schließlich zur Rede gestellt.

»Obwohl ich im Zweifel war, bin ich damals zu meinen Eltern nach Kiel gefahren und habe ihnen Vorhaltungen gemacht.«

Er habe die Sache mit den sexuellen Übergriffen klar angesprochen, sagte Langfeld, aber der Vater habe die Anschuldigung lächerlich gemacht. Und auch seine Mutter habe geradezu höhnisch darüber gelacht.

»Aber ich sagte es ja bereits, ich wusste nicht, ob das alles so stimmte, wie es Evi mir erzählte. Ich hatte immer den Eindruck, sie habe das erfunden.«

Vater und Mutter hätten jedenfalls gesagt, das bilde sich Evi nur ein. Das sei das Hirngespinst seiner Frau, habe der Vater zu ihm gesagt. Und außerdem: Vergangenheit aufzurollen, das sei wie Erbsenzählerei, und: »Ihr habt euch auch nicht immer gut verhalten. Wollen wir jetzt nicht das Kriegsbeil begraben?«

»So ist er mir gekommen. Da stand ich da wie ein kleiner dummer Junge.«

Seine Eltern hätten in der Beziehung eine Einheit gebildet. Er sei da gar nicht durchgekommen. Und das habe seine Frau in ihrem Urteil über seine Eltern bestätigt.

»Ich hatte die Theorie, dass sie bewusst den Kontakt zu

meinen Eltern unterbinden wollte, weil sie den zu ihren auch abgebrochen hatte.«

Langfeld zuckte die Schulter.

»Ich weiß es nicht. Jedenfalls hat meine Frau über die ganze Ehezeit hin versucht, ihre Kindheit therapeutisch aufzuarbeiten. Am täglichen Miteinander haben diese Sitzungen allerdings nichts geändert.« Die jahrelange Therapie sei ohne spürbare Wirkung geblieben. Ihr Vater habe Evi als Kind misshandelt und missbraucht, sagte Langfeld, das habe sie ihm vor der Ehe erzählt. Und bald nach der Heirat habe sie ihre Eltern aufs Abstellgleis geschoben und ihre drei Geschwister gleich mit.

Seine Schwiegereltern seien Schichtarbeiter gewesen. Mit achtzehn habe die Mutter das erste Kind bekommen und im Jahresabstand die nächsten drei. Sie sei eine herzliche Frau, aber schwach. Sie habe sich scheiden lassen wollen von ihrem gewalttätigen Mann und war schließlich doch bei ihm geblieben. Evi, sagte Langfeld, habe damals ihre Mutter im Entschluss zur Scheidung bestärkt. Das habe der Vater ihr nie verziehen. Doch nach außen sollte der Schein einer intakten Familie gewahrt bleiben. Und dann habe erst die Tochter den Kontakt zur Familie abgebrochen und bald darauf der älteste Sohn.

»Er hat sich umgebracht. Mit Gift«, sagte Langfeld.

Seine Frau habe schließlich seine Eltern nicht mehr sehen wollen. Sie sollten auch das Haus nicht mehr betreten dürfen. Und dann habe seine Frau gesagt, er müsse sich entscheiden, entweder für seine Eltern oder für sie.

»Hab ich gesagt: ›Spinnst du?‹ Können Sie sich das vorstellen? Ich bin da zwischen den Parteien durchgeschossen wie eine Flipperkugel und habe gar nichts bewirkt, überhaupt nichts.«

Er habe sich schließlich zur Ehetherapie entschlossen. Und da sei auch sein Vater zur Sprache gekommen, und seine Frau habe an einer Stoffpuppe ihre Gefühle für seinen Vater demonstrieren sollen.

»Da hat sie die Stoffpuppe windelweich geprügelt. Sie hat sehr genau die sexuellen Übergriffe meines Vaters beschrieben und die Situation geschildert. Einmal soll ich drei Meter vom Haus entfernt gewesen sein, das andere Mal in der Küche. Sie sagte: ›Du hast mich nicht beschützt.‹«

Seine Frau habe sich irgendwie verraten gefühlt, denke er heute. Sie habe absolute Solidarität von ihm erwartet. »Wobei ich oft gesagt hab, ich steh doch zu dir. Sagt sie: ›Wenn ich in die Zukunft schau, fühl ich mich unbehaglich.‹«

Seine Mutter sei vor zehn Jahren gestorben. Doch die Fronten zwischen ihr und seiner Frau, sagte Langfeld und zog mit der Handkante eine Linie auf dem Tisch, die seien bis zum Ende verhärtet geblieben.

Sein Vater lebe noch. Ihm sei er nach wie vor sehr zugeneigt. Mehr als übrigens jemals der Mutter. Mit ihr habe man keine schwierigen Gespräche führen können. Mit dem Vater hingegen konnte man einiges besprechen und könne es bis heute. Vor der Ehe habe Langfeld sogar eine Reise nach New York mit dem Vater unternommen, die sehr harmonisch verlaufen sei. Mit der Mutter wäre so eine Reise nicht möglich gewesen, sagte er. Sie habe auch gleich gesagt, da wolle sie gar nicht mit.

Im Gefängnis habe er nochmals versucht, mit seinem Vater über die ablehnende Haltung gegen seine Frau zu sprechen.

Aber der Vater sei jetzt sechsundachtzig und begreife vieles gar nicht mehr.

»Und ich hab keine Kraft mehr, ihm das alles noch mal darzulegen«, sagte Langfeld.

Er drehte sich wieder zum Fenster und blickte hinaus in die Dunkelheit, durch die der fallende Schnee leuchtete. Und obwohl in dem Moment ein wütendes Gebrüll vor der Tür begann, blieb Langfeld ungerührt und sagte in den Lärm hinein, er habe gestern versucht, seinen Sohn anzurufen. Seit einer Woche versuche er, ihn zu erreichen.

»Er geht nicht ans Telefon. Aber ich sage mir, es wird ihm schon gutgehen, ich sage mir immer und immer wieder diesen Satz vor. Es wird ihm schon gutgehen.« Er drehte sich um. »Es wird ihm schon gutgehen, meinen Sie nicht auch?«

Für Kai sei der tägliche Unfrieden nicht gut gewesen. Bereits mit zwölf habe er alles mitbekommen, die ganzen Streitigkeiten. »Wenn ich versucht habe, vernünftig mit Evi zu sprechen, hat sie das nur noch mehr aufgebracht, und sie begann zu schreien. Sie begann immer gleich zu schreien.«

Kai habe sich schließlich mehr und mehr zurückgezogen, doch ab und zu, und das sei schon gegen Ende gewesen, habe er sich eingemischt und habe gesagt: »Mama, lass mal gut sein, das sind doch nur Kleinigkeiten.«

»Vielleicht hätten wir eine Trennung versuchen sollen«, sagte Langfeld, denn es habe ja doch noch gute Gefühle füreinander gegeben. Für sich selbst könne er das mit Bestimmtheit sagen.

Zwar habe seine Frau sich bei Bekannten böse über ihn beklagt. Sie wolle ihn am liebsten austauschen, habe sie gesagt. »Aber scheiden lassen wollte sie sich nicht. Sie konnte nicht alleine leben und hätte sich erst trennen können, wenn ein neuer Partner in Sicht gewesen wäre. Aber da war keiner weit und breit. Sie konnte sich nicht einfach nur so trennen. Sie drohte bloß damit. Sie hat gesagt: ›Glaubst du etwa, dass du Versager und dieses Scheißhaus mich noch halten können?‹ Und da habe ich gesagt: ›Dann geh doch.‹«

Ich wollte nicht, dass sie geht, aber da hab ich mich nicht zurückhalten können. Das war zu viel für mich.« Langfeld setzte sich wieder und schaute auf seine Hände, die kräftig und langgliedrig waren und jetzt gerötet durch die Kälte in dieser Besucherzelle auf dem Tisch lagen, wie die eines braven Kindes, das auf seine Suppe wartet.

Ein Schulfreund habe ihm einen Brief ins Gefängnis geschrieben und darin die Frage gestellt, ob er und seine Frau nicht gesehen hätten, dass das alles auf eine Katastrophe zusteuere. Warum sie beide mit niemandem darüber geredet hätten. »Aber wir hatten keinen, mit dem wir das hätten bereden können.«

Doch vor allem sei zwischen ihm und seiner Frau kein Vertrauen mehr gewesen und keinerlei Wertschätzung.

»Es war alles aufgebraucht«, sagte Langfeld. »Ich bin noch dabei, das aufzuarbeiten. Mit der vielfältigen Hilfe von Therapeuten und Sozialarbeitern wird es vielleicht gelingen. Es sind alles gute Gesprächspartner. Und wenn ich etwas habe, ist es Zeit. Das ist immerhin ein kleines Plus. Ich kann die Sache in Ruhe angehen.«

Er schwieg. Er war während des Sprechens wieder aufgestanden, unruhig einige Male hin und her gegangen und schließlich zum Tisch zurückgekommen. Er saß nun da voller Anspannung, die sich auch auf die Stimmbänder zu legen schien. Er räusperte sich mehrmals, ehe er wieder zu sprechen begann.

»Ich kann mich an den letzten Sonntag zu Hause erinnern. Da hatte ich die Soße für die Ente versaut, hatte einfach zu viel Pflaumenmus reingetan. Da ist sie süß geworden. Es tat mir leid, und ich hab mich entschuldigt, aber meine Frau hat es mir vielmals und in einer entsprechenden Lautstärke vorgehalten. Ich hätte mit dem Pflaumenmus alles verdorben, nicht nur das Essen, sondern auch ihre so notwendige Erholung. Und da sagte Kai sehr bestimmt: ›Mama, es reicht jetzt‹, und ist aufgestanden. Ja«, sagte Langfeld, »ich könnte viele solcher Geschichten erzählen. Doch wozu? Es hört sich dann womöglich so an, als ob ich die Schuld nur bei meiner Frau suchte und nicht auch bei mir selbst.« Er wolle jetzt hier auch nicht schlecht über sie reden, denn sie könne sich ja nicht wehren.

»Wir sind beide schuld. Wir haben beide die Ehe an die Wand gefahren. Kai hätte viel dazu sagen können, wie die Dinge zu Hause liefen. Aber er war klug und hat von seinem Zeugnisverweigerungsrecht Gebrauch gemacht. Denn sollte er etwa Schlechtes über seine Mutter erzählen?«

Langfeld stieß die Luft zwischen den Zähnen aus.

»Darauf wäre es aber hinausgelaufen.«

In den letzten Jahren seien er und seine Frau ein paarmal miteinander verreist in der Hoffnung, dass die Reisen zusammenschweißen könnten und sich alles zum Besseren wenden würde. Aber das sei nicht der Fall gewesen.

»Ein Freund, der uns im Urlaub erlebte, sagte: ›Mensch, ihr seid ja entspannt und ihr streitet euch nicht‹, und wir haben uns angeguckt und gelacht und gesagt, da müsstest du uns mal zu Hause erleben. Also im Urlaub war das relativ entspannt. Aber sobald wir wieder zu Hause waren, waren diese alten Verhaltensmuster wieder da – ja, das war nicht schön. Der Alltag war Gift.«

Die Psychologin habe beim Einweisungsgespräch gesagt, es mache den Eindruck, als habe er es seiner Frau immer recht machen wollen.

»Aber so hab ich es nicht empfunden.« Vielleicht habe er es des Öfteren versucht, einfach um seine Ruhe zu haben. Er habe seiner Frau dann zugestimmt oder einfach geschwiegen. Aber es sei auch so gewesen, dass er nicht alles in sich habe reinfressen können und dass er in diesem letzten Jahr oftmals Widerworte gegeben habe; und das habe dazu geführt, dass es bei seiner Frau nur noch wilder hochgekocht sei und das Geschrei und Geschimpfe gar kein Ende mehr habe nehmen wollen.

»Zu der Zeit hatten wir die Ehetherapie begonnen. Und jedes Mal sind wir zu spät zum Termin gekommen. Das hat mich empört. Ich konnte das nicht hinnehmen, und so hatten wir uns auf der Hinfahrt gestritten und auf der Rückfahrt auch. Evi konnte nicht pünktlich sein. Sie konnte es einfach nicht. Sie war ihr Leben lang unpünktlich, und es war ihr gleichgültig, dass andere auf sie warten mussten. Mir hingegen war das peinlich.« Eigentlich, sagte Langfeld, habe in den letzten Ehejahren eine Art Abnutzungskrieg stattgefunden. Und schließlich habe es so gut wie kein Einvernehmen mehr zwischen ihnen gegeben.

Langfeld schwieg. Er rückte mit dem Stuhl vom Tisch, und es schien, als wolle er das Gespräch beenden. Aber er blieb sitzen und schaute mich an.

»Ich hatte immer Glück im Leben. Vielleicht war mein Glück an dem Tag einfach aufgebraucht. An dem Morgen jedenfalls war ich vom Glück ganz und gar verlassen worden. Ich habe die Kontrolle über mich verloren und die Erfahrung machen müssen, dass ich innerhalb von sechzig Sekunden mein restliches Leben ruiniert hab.«

Es war nicht mit Sicherheit zu sagen, ob Langfelds Augen für einen Moment wässrig geworden waren. Sein Ausdruck hatte sich nicht verändert. Es blieb das verschlossene Gesicht eines Menschen, der sich selbst fremd geworden ist.

Er schüttelte fast unmerklich den Kopf, stand auf und ging hin und her. Es hatte aufgehört zu schneien, und ein schwerer schwarzer Himmel hing über dem Gefängnishof.

»Wenn ich heute darüber nachdenke, war das Ausschlaggebende dieser lächerliche Flyer. Dieser Flyer vom Bordell, den ich achtlos und unbeachtet in der Tasche hatte liegen lassen.

Wir waren am Abend zuvor im Restaurant gewesen. Es gab frische Muscheln, die wir beide so sehr mochten, und jeder trank ein Glas Riesling dazu. Gegen 22 Uhr sind wir nach Hause gegangen. Es war alles angenehm verlaufen. Kai war gerade dabei, ins Bett zu gehen, kam aber herunter und umarmte uns beide. Wir haben noch ein Glas Rotwein getrunken, und ich sagte dann: ›Ich bin müde, ich muss morgen früh raus‹, und ging hoch. Evi blieb noch unten. Sie brauchte noch etwas Rotwein. Sie hatte seit einiger Zeit Angst vor dem Zubettgehen, hatte Angst vor schlechten Träumen.

Ich war im Badezimmer, als sie plötzlich wie eine Furie hereingeschossen kam und mir einen Flyer an den Kopf warf. Sie hatte meine Arbeitstasche durchwühlt und einen Flyer von Artemis gefunden, einem Bordell. Den hatte ich beim Pizza-Ausliefern bekommen. Die Frau am Counter hatte mir das Geld für die Pizza gegeben und den Flyer dazu. Diesen Flyer hatte ich ganz vergessen. Er lag schon seit etlichen Tagen in meiner Tasche. Evi schrie nach einer Erklärung. Sie verdächtigte mich, statt Pizza auszufahren, die Abende im Bordell zu verbringen. Sie wisse nun, rief sie, wo das ganze Geld bleibe. Und womöglich hätte ich sie bereits mit Geschlechtskrankheiten angesteckt. Sie schmiss die Tür und ging wieder nach unten. Aber nach kurzem kam sie zurück und hielt mein Handy hoch. Sie hatte einen Anruf von Annika darauf gefunden. Annika war Physiotherapeutin und die Exfreundin meines Stiefsohnes. Evi und ich hatten eine gute Beziehung zu ihr, aber meine Frau dichtete mir nun plötzlich ein Verhältnis mit Annika an. Das war absurd. Ich schrie sie an, sie schrie zurück und rannte ins Schlafzimmer und warf mein Bettzeug vor die Tür. Ich verzog mich hoch in den Spitzboden ins Gästebett. Da ist sie mehrmals hochgekommen mit den immer gleichen wilden Beschimpfungen. Das ging bis gegen drei Uhr morgens.

Um sieben Uhr sah ich, dass Kai verschlafen hatte und fuhr ihn schnell zur Schule. Meine Frau war noch im Schlafzimmer. Ich hatte sie zu der Zeit noch nicht gesehen. Als ich von der Schule zurückkam, stand sie in der Küche und war dabei, sich Kaffee zu kochen. Ich begann, sie zur Rede zu stellen. Ihre Vorwürfe konnte ich unmöglich so stehenlassen. Aber sie wollte nicht sprechen. Sie blieb stumm. Das war bei ihr immer ein schlechtes Zeichen. Das bedeutete, dass in ihr etwas zu gären begonnen hatte, und das würde irgendwann zur Explosion führen. Da hab ich den ersten entscheidenden Fehler an jenem Morgen gemacht. Ich begann nachzubohren. Ich sagte: ›Das ist doch nicht dein Ernst, dass du mir Bordellbesuche und ein Verhältnis mit Annika unterstellst.‹ Und da ist sie explodiert.

Sie hat die Vorwürfe wiederholt und noch ein paar Dinge draufgelegt. Ich sei eine sexistische Mistsau, die alle Frauen ankrabble, dabei aber ein Versager auf der ganzen Linie – so hat sie vom Leder gezogen.

Sie rannte aus der Küche nach oben ins Bad. Und ich hinterher. Sie hielt die Tür zu, und da hab ich plötzlich einen Stein in der Hand.«

Langfeld blieb stehen und schüttelte den gesenkten Kopf.

»Lassen wir es mal vorerst dabei«, sagte er und drückte den Klingelknopf, damit die Tür geöffnet würde.

Ich reichte Langfeld, ehe der Beamte käme, die Briefmarken, um die er mich gebeten hatte. Briefmarken hatten im Knast hohen Tauschwert. Langfeld steckte die Marken mit einem Lächeln wortlos ein. Die ungenehmigte Übergabe von Waren war verboten.

Draußen auf dem Gang war es still geworden. Keine Stimmen, kein Hin und Her mehr auf den eisernen Treppen und Galerien. Ruhe im Knast. Niemand kam die Tür zu öffnen. Langfeld setzte sich wieder. Er hatte es sich anders überlegt. Er wollte die Geschichte zu Ende erzählen.

Warum er sich dem Streit nicht entzogen habe, das frage er sich oft und oft. Warum habe er sich nicht lösen und einfach weggehen können? Er wisse keine Antwort, sagte er.

»Warum hab ich die Wohnung nicht verlassen? Ein Kollege hatte es mir doch vorgemacht. Der war für zwei Nächte einfach ins Hotel gegangen. Oder warum habe ich die Beziehung nicht beendet? Warum beendet man so eine Beziehung nicht? Ich weiß es nicht.«

Es sei in ihren Auseinandersetzungen bis dahin nie Gewalt im Spiel gewesen. Doch an jenem Morgen sei eine so unheilvolle Verquickung von verschiedenen Gegebenheiten entstanden wie nie zuvor. Und da seien ihm die Sicherungen durchgebrannt.

Ein Schlüssel drehte sich im Schloss und ein Beamter stand in der Tür. »Was? Noch nicht?«, sagte er. »Na, dann läuten Se wieder, wenn Se so weit sind.«

Langfeld saß aufrecht und bewegungslos und keine Miene verriet, was in ihm vorging.

»Ja, der verhängnisvolle Stein – ich schlug mit ihm gegen die Tür. Sie war nicht abgeschlossen. Der Schlüssel fehlte. Wir hatten ursprünglich zu jeder Tür einen Schlüssel, haben aber alle entfernt. Einzig im Gäste-WC steckte noch einer. Wir haben es nicht mit verschlossenen Türen gehabt. Bei uns war alles offen. Jetzt hatte Evi von innen ein Schränkchen unter die Türklinke geschoben, so dass sie sich nicht mehr bewegen ließ, und so begann ich, mit dem Stein gegen die Tür zu schlagen. Und mit einem Mal war sie irgendwie nicht mehr zu, sondern einen Spalt weit offen, und dann hab ich die Tür – ich weiß nicht mehr wie, ob mit dem Fuß oder mit meinem Gewicht –, hab ich dann – ja – aufgestoßen« – Langfeld macht eine kurze Pause –, »und dann hab ich mit dem Stein auf ihren Kopf geschlagen.«

Er starrte auf den Tisch.

»Woher ich den Stein hatte? Nein, der lag nicht vor dem Badezimmer. Er lag auf der Terrasse. Und das hat mir der Richter übel angekreidet. Ich hätte, hieß es im Urteil, genügend Zeit gehabt, um zu mir zu kommen. Ich sei noch mal runtergegangen, hätte den Stein geholt, hätte ihn in ein Tuch gewickelt und sei dann wieder die Treppe hochgestiegen. Damit unterstellten sie mir den Vorsatz. Sie waren der Meinung, es hätte eine Zäsur im Handlungsablauf gegeben. Aber so war es nicht. Ich war auf hundertachtzig. Ich war derart in Rage und bin die Treppe hochgerannt, in was weiß ich wie viel Sekunden, und kann nur sagen: Ich hatte keinen Vorsatz. Ich weiß nicht, welcher Teufel mich geritten hat, aber ich hatte nicht vor, sie zu töten. Ich war völlig außer Kontrolle geraten. Ich habe mich zutiefst ungerecht beschuldigt gefühlt.

Der Gerichtsmediziner hat festgestellt, dass es mehrere Schläge gewesen sind und dabei auch welche auf den Hinterkopf, und wenn es auf den Hinterkopf geht, dann ist es von hinten geschehen, und von hinten bedeutet Heimtücke und Heimtücke ist ein Mordmerkmal.«

Er stand auf und ging mit gesenktem Kopf von der Tür zum Fenster, vom Fenster zur Tür und blieb schließlich am Fenster stehen. Erneut waren die schurrenden, dröhnenden Schritte auf den eisernen Treppen und Galerien zu hören und mischten sich mit entfernten, unverständlichen Stimmen zu einem diffusen Hörstück, dessen Verlauf plötzlich ein wilder Schrei unterbrach. Ein Augenblick der Stille, eine Lautsprecherdurchsage, vielfaches eiliges Hin und Her. Langfeld blieb ungerührt. Er stand mit hängendem Kopf.

»Was mich so in Rage geraten ließ? Das kann ich Ihnen sagen.«

Er straffte sich und drehte sich um und schaute mich an. Er war jetzt jemand, der sich kein Zeichen der Schwäche mehr erlaubte.

»In Rage gebracht hat mich, dass Evi gesagt hat, sie wird es allen Leuten erzählen. Sie wird es unseren Söhnen sagen, unseren Bekannten, ihren Kundinnen – sie will es allen sagen, auch den Nachbarn, hat sie gesagt. Sie werde allen sagen, was für ein sexbesessenes Schwein ich sei und dass ich das Geld der Familie im Bordell verprassen würde. Das hat sie gerufen.«

Die Neonleuchte an der Decke begann sirrend zu flackern, und eine der Röhren erlosch. Als werde durch weniger Helligkeit mehr sichtbar, zeigte sich der schmale Raum mit der hohen Decke, mit seinen zerkratzten Wänden, dem fleckigen Zementfußboden in seiner ganzen Trostlosigkeit.

»Der Therapeut hat gesagt, gewöhnlich würden sich Männer mit ihrer Potenz brüsten. Warum ich Angst vor dem Gerede gehabt hätte. Aber ich hatte keine Angst. Es war eine große Wut – eine Bitterkeit – ein Schmerz … alles gleichzeitig.

Ich muss das noch mal mit ihm besprechen.

Er hat mir das letzte Mal ein Zitat vorgetragen. Sinngemäß

heißt es da, vor der Tat begänne es tief unten zu leuchten. Und er wollte wissen, wie das bei mir gewesen sei.«

Langfeld lachte bitter auf.

»Das Leuchten – tief unten; das war bei mir, als das Bordell zur Sprache kam und als Evi sagte: ›Ich werd es allen sagen.‹ Ich werde es allen sagen. Ich glaube, das war bei mir der Auslöser. Ich stand am Pranger, und keiner glaubte mir. Es hört sich für Sie vielleicht lächerlich an, aber ein Bordell war das Letzte in meinen Augen. Vielleicht für Evi auch, für uns beide. Dieser Vorwurf, ich hätte ein Bordell besucht, war der Tropfen, der das Fass zum Überlaufen brachte. Ich trage abends Pizza aus, um die Lebensweise meiner Frau irgendwie finanzieren zu können, und sie unterstellt mir Verschwendung. Es war ein Dammbruch, auch wenn der Gutachter das anders gesehen hat. Er hatte bei mir in langen Gesprächen keinen Affekt feststellen können. Allenfalls affektierte Handlungsweisen, wie er sich ausdrückte.«

Seine Frau habe ihm schon einmal ein Verhältnis unterstellt.

»Da hat sie mich gegen halb zwölf Uhr nachts angerufen, als ich Pizza ausgetragen hab. Sie fragte: ›Wo bist du denn jetzt?‹ Ich sagte: ›Ich bin hier im Treppenflur in der Leibnizstraße.‹ Das glaubte sie nicht. Und ich sagte: ›Du kannst ja die Nummer des Pizzabestellers anrufen.‹ Und sie: ›Ihr steckt doch alle unter einer Decke‹. Das hab ich dem Kunden erzählt. Und da hab ich mich gefühlt wie ein Idiot, wie der letzte Idiot, der von seiner Frau verdächtigt wird, Sexabenteuer zu haben, während er in einem schäbigen Treppenhaus steht und einem Studenten eine Pizza überreicht.«

Den letzten Sex mit seiner Frau habe er Mitte November gehabt, sagte Langfeld. »Das war richtig gut. Und ich dachte, das geht ja noch mit uns. Wir hatten vielleicht sieben oder acht Mal Sex in dem Jahr gehabt. Wir lagen nebeneinander auf dem Rücken, und ich hab ihre Hand genommen und hab gesagt: ›Ich möchte dich nicht verlieren.‹ Da sagt sie: ›Ich dich auch nicht.‹ Am nächsten Tag haben wir uns wieder gestritten, wegen Nichtigkeiten. Drei Wochen später war sie tot.«

Langfeld hatte diesen Bericht in den Raum gesprochen, als schildere er eine gleichförmige Landschaft, die als Panorama vorbeizog.

»Die Polizei hat alle befragt, unseren ganzen Bekanntenkreis. Sie wollte herausfinden, ob ich schon mal gewalttätig geworden sei, ob Alkohol oder Drogen jemals im Spiel gewesen seien. Aber nichts dergleichen, überhaupt nichts. Niemand hat ihnen etwas Derartiges berichten können. Ich war noch nie im Leben gewalttätig geworden.«

Er stieß die Luft geräuschvoll aus.

»Und dann war da noch die Sache mit dem Kabel. Aber das – ich weiß es nicht. Es steht in den Akten und hat das Strafmaß ungut beeinflusst.«

Langfeld schwieg und ließ kein Nachfragen zu.

Monate später erst würde er nochmals auf das Kabel zu sprechen kommen.

»Was ich nach der Tat gemacht habe, wollen Sie wissen?«

Nach der Tat – nein, da habe er sich nicht hingesetzt und die Steuererklärung gemacht, wie der Bürgermeister Stoll, der angeblich seine Frau samt Hund im Wald erdrosselt und vergraben hat.

»Nach der Tat saß ich erst mal über eine Stunde auf dem Fußboden vor dem Schlafzimmer und hatte einen völlig leeren Kopf. Im Urteil steht, dass ich die Zeit genutzt hätte, um einen Plan zu entwerfen, wie ich vorgehen sollte, um die

Tat zu verschleiern. Ich weiß, dass es nicht so war. Ich saß da und war leer. Und plötzlich geriet ich in Panik. Gleich käme Kai aus der Schule. Und da hab ich Evi in den Koffer verfrachtet.«

»In den Koffer?«

Langfeld schwieg.

Wohin er den Koffer gebracht habe?

Langfeld schwieg.

»Ins Auto?«

Er nickte schwach.

»Und dann?«

Die Geschichte mit dem Koffer sei ganz grausig, habe die Therapeutin gesagt; ganz gruselig, sagte Langfeld.

»Ich sehe das mittlerweile genauso. Doch wenn man außer Kontrolle ist, macht man so was.«

Ob er den Koffer weggebracht habe?

Wieder nickte Langfeld nur.

»Und wohin haben Sie ihn gebracht?«

»An einen Autobahnrastplatz.«

»Weggeworfen?«

»Verbuddelt.«

»Wie haben Sie Ihre Frau denn in den Koffer reinbekommen.«

Langfeld seufzte und begann zögernd.

»Es war ein Textilkoffer. Der hat nachgegeben. Und wenn man die Beine so anwinkelt« – er hob einen Arm und winkelte den Unterarm nach hinten –, »dann geht das. Dann hab ich den Fußboden gewischt und die Fliesen. Und im Gefängnis hab ich den ganzen Vorgang mit einem Mitgefangenen besprochen, eben mit Robert, der auch seine Frau umgebracht hat. Er sagte, wenn man es richtig machen will, muss man danach als Erstes die Polizei rufen. Alternativ dazu könne man auch zum Anwalt gehen. In jedem Fall müsse man sich zuvor eine richtige Story zurechtlegen. Der Anwalt würde einem dann die juristischen Feinheiten erklären, von denen man ja gewöhnlich keine Ahnung habe.

»Wenn ich klug gewesen wäre, hat mir Robert gesagt, dann hätte ich den Ermittlern eine andere Geschichte erzählt.

Bei mir, sagte er, hätte ja durchaus die Möglichkeit bestanden, einen Kampf stattfinden zu lassen. Aber wenn Sie nicht kriminell sind, erzählen Sie alles so, wie es war, und indem Sie die Wahrheit erzählen, reiten Sie sich nur noch weiter ins Unglück.«

Robert jedenfalls habe seine Frau nackt ausgezogen und irgendwo auf einer Industriebrache abgelegt. Er habe dann noch sechs Wochen in der Wohnung mit seinen drei- und fünfjährigen Kindern gelebt und sei wie gewöhnlich zur Arbeit gegangen. Aber jedes Mal, wenn es klingelte, habe er gedacht, jetzt kommen sie und holen mich. Das habe er schließlich nervlich nicht mehr ausgehalten und habe sich gestellt.

»Bei mir ist das anders gelaufen«, sagte Langfeld.

Eine Freundin seiner Frau habe eine Vermisstenanzeige aufgegeben, weil ihr das merkwürdig vorkam, dass Evi so wortlos verschwunden sein sollte, so wortlos und nicht erreichbar. Aber es habe gedauert, bis was geschah.

»Ehe die Polizei kam, vergingen fünf Tage. Doch dann wusste sie schnell, dass ich etwas damit zu tun hab. Sie haben mich vernommen, und am nächsten Tag war das Haus voller Leute in weißen Kitteln. Sie kennen das ja aus dem Fernsehen, und gewöhnlich verfolgt man so ein Geschehen bei einem Bier vom weichen Sessel aus. Aber wenn diese Leute live durch das eigene Haus marschieren, sieben, acht Leute in diesen weißen Anzügen mit UV-Lampen und Chemikalien, mit denen sie Blutspuren sichtbar machen können, dann ist das nur noch eine Horrorshow.

Die ersten Vernehmungen sind moderat verlaufen. Ganz ohne Schreierei. Höflich, sogar freundlich. Nicht so, wie man das aus Filmen kennt. Doch dann sagte man mir, sie hätten Blut gefunden in Bad und Flur.

Ich war zu der Zeit noch nicht in der Lage, ihnen alles zu erzählen. Und als mich die Kommissare nach der dritten Vernehmung nachts nach Hause fuhren, und der ältere sagte: ›Gute Nacht, bis morgen‹, geriet ich in Panik. Ich hatte bereits im Präsidium vorgehabt, mich den Treppenschacht runterzustürzen. Sie kennen doch diese großen Treppenhäuser mit den breiten Wendeltreppen. Oben vom sechsten Stock wollte ich springen. Das war mein erster Gedanke. Aber ich hab es nicht fertiggebracht.

Zu Haus bin ich sofort ins Auto gestiegen und die Nacht durchgefahren. Im Smart, im Schneetreiben bis nach Österreich. Dort wollte ich mir das Leben nehmen, dort, wo wir im Sommer den letzten Urlaub verbracht hatten. Ich wollte mich vom Felsen stürzen. Das hab ich auch vor Gericht gesagt. Sagte der Richter: ›Na, Sie leben ja noch.‹ Versucht man die Wahrheit zu erzählen, wird es einem oft negativ ausgelegt.

Nach fünf Tagen haben mich die österreichischen Polizisten aufgestöbert. Ich war von einem Hotel ins andere gezogen und hatte keine Kraft mehr, mir das Leben zu nehmen.

Ich war einfach in meinem Zimmer sitzen geblieben, und die Polizisten sagten: ›Oh, Sie haben schon auf uns gewartet.‹ Sie wollten wissen, was ich in den Hotels gemacht habe, und überprüften, ob ich ein Doppelzimmer genommen hatte. Sie unterstellten, dass ich mit einer Frau zusammen war. Dann sahen sie die Getränkeliste durch und meinten: ›Sie haben es sich ja gutgehen lassen‹. Ich hatte jeden Abend die Minibar leergetrunken.«

Langfeld hatte von Österreich aus mit einem Anwalt telefoniert.

»Es wurde Blut in meinem Badezimmer gefunden, hatte ich nur gesagt. Darauf der Anwalt: ›Ich gebe Ihnen die Nummer eines Strafrechtlers.‹ Und der Strafrechtler sagte: ›Wäre gut, wenn Sie mal vorbeikämen.‹ Das hatte sich dann erübrigt. Da war die Polizei schon vorbeigekommen. Wäre ich gleich zum Anwalt gegangen, hätte ich mir den Ausflug erspart und wahrscheinlich auch die verhängnisvolle Aussage.

Zwei Kommissare waren aus Berlin nach Innsbruck gereist und begannen, mich in der U-Haft zu verhören. Unter deren Verhör bin ich zusammengebrochen.«

»Zusammengebrochen?«

»Aller Widerstand war aufgebraucht. Die Kommissarin hatte es sehr geschickt angestellt. Sie begann von meinen Söhnen zu sprechen, die nicht trauern könnten und doch trauern können müssten, und dann hab ich alles erzählt.«

Langfeld schwieg und verzog mit einem Mal den Mund wie im Schmerz.

»Später sagte mein Anwalt das mit dem Kabel. Da sei noch was mit einem Kabel gewesen. Er sagte, ich solle meine Frau erdrosselt haben. Daran kann ich mich bis heute nicht erinnern. Ich weiß es nicht. Ich kann mich daran nicht erinnern. Aber anscheinend muss ich es gemacht haben. Auch der Richter fragte mich, ob ich meine Frau mit dem Kabel erwürgt hätte. Ich verneinte aus voller Überzeugung. Ich hatte alles so erzählt, wie ich es wusste, und stand nun da wie ein Idiot.«

Langfeld stieß die Luft aus.

»Es sei das Kabel vom Föhn gewesen. Aber ich weiß es nicht. Anscheinend muss ich es gemacht haben. Ob ohne den Stein in meiner Hand meine Frau noch leben würde, fragen Sie? Ja, wozu brauchte ich den Stein?«

Er schüttelte den Kopf.

»Ich weiß es nicht. Ich wurde vor Gericht gefragt, warum ich kein Messer genommen habe. Ich hätte gar kein Messer nehmen können, weil ich kein Blut sehen kann, wobei – im Badezimmer auf dem Boden – da war viel Blut – das hab ich mit Handtüchern aufgewischt – erinnere es nicht so genau – war wohl der Adrenalinpegel sehr hoch gewesen – denn wenn ich Blut sehe, wird mir schlecht. Ich kann überhaupt kein Blut sehen. Wird mir sofort schlecht. Durch die Schläge auf den Kopf war meine Frau gestürzt, und ihr Kopf hat furchtbar zu bluten begonnen. Ich sah das Blut, überall war Blut, es strömte, und ich hörte sie röcheln, und weil das Blut so schrecklich war und dieses Röcheln – da könnte es sein, dass ich das stoppen wollte. Sie sollte nicht sterben, aber aufhören zu bluten und zu röcheln. Ich erinnere mich nicht an das Kabel. Ich erinnere mich nicht, so sehr ich es versuche, für mich zu klären. Aber ich sehe immer nur dieses strömende Blut, das mich krank macht, und da könnte es sein …«

Langfeld saß vornübergebeugt und starrte auf seine Hände. »Die ganze Situation – völlig absurd – völlig absurd – ja, wenn man's rückgängig machen könnte, wenn man die Zeit zurückdrehen könnte. Aber das geht nicht. Das kann man nicht. Da muss ich jetzt durch.«

Er stand auf, ging wieder die drei Schritte von Wand zu Wand, hin und her.

»Im Nachhinein spielt es keine Rolle mehr, ob ich sie erwürgt habe oder nicht. Wichtig ist, dass ich keine Vorstrafen habe und mein Lebensweg bis zur Tat in geordneten Bahnen verlaufen ist. So was ist sehr nützlich. Einer hier drin sagte mal: ›Du bist nicht kriminell. Du bist nur mal vom Weg abgekommen.‹«

Es entstand eine lange Pause, während der sich Langfeld mehrmals mit der Hand über Wange und Kinn strich, als wolle er einen Bart glätten.

Zum letzten unserer Gespräche hatte Langfeld ein Foto seiner Frau mitgebracht. Eine hübsche blonde Mittvierzigerin, die in die Kamera lächelt, auffordernd, wie jemand, der zu einer kleinen fröhlichen Unternehmung einlädt. Hatte er seine Frau noch mal angeschaut, als sie tot war?

»Nein, ich hab's bewusst vermieden. Sie lag in einer Art Embryonalstellung und hatte das Gesicht zur Seite gedreht. Ich musste sie nicht anschauen. Das war schon mal ganz hilfreich. Ich hab später überlegt, wie ich's anders hätte machen können. Wie sich die Geschichte mit dem Koffer und der Flucht hätte vermeiden lassen. Aber damals stand mir plötzlich das Problem mit Kai vor Augen. Was ist, dachte ich, wenn Kai jetzt nach Hause kommt? Was soll ich ihm sagen? Was wird er entdecken? Deshalb hab ich das Badezimmer saubergemacht, den Koffer geholt und alle Spuren beseitigt. Und als Kai von der Schule kam, ging er gleich die Treppe hoch und zum Laptop. Er hat nichts bemerkt, rein gar nichts. Wann gibt's Essen, hat er noch heruntergerufen.«

Langfeld fuhr sich durchs kurze aschblonde Haar. Eine Geste, die neu war und in der etwas Erschöpftes lag.

»Wissen Sie, was mich am meisten belastet? Ich meine, was mich immer noch belastet? Dass ich Kai nicht die Wahrheit gesagt habe. Aber ich konnte doch nicht sagten: ›Kai, ich hab deine Mutter umgebracht.‹ Ich hab ihn stattdessen gefragt, ob sich Mama bei ihm gemeldet hätte. Und er sagte natürlich nein. Am zweiten Abend kam Annika, die Physiotherapeutin, weil Evi einen Termin bei ihr hatte. Wir aßen gemeinsam, sprachen und saßen bis elf am Tisch. Am nächsten Tag begannen Evis Kundinnen nachzufragen. Und Kai wurde ungeduldig über das unerklärliche Fernbleiben seiner Mutter. Die Situation wurde immer prekärer. Von Tag zu Tag zog sich die Schlinge weiter zu.

Wenn Sie mich jetzt fragen, wie ich dennoch täglich zur Arbeit gehen konnte, wie ich mit Freunden ein Bier und mit Kai gemeinsam fernsehen konnte, wie es möglich war, dass ich im Alltag wie immer funktioniert hab, dann kann ich das nicht beantworten. Aber dass es so war, wurde mir im Prozess höchst negativ angelastet. Wenn ich mich gleich gestellt hätte, wär ich vielleicht mit zehn Jahren davongekommen. Aber es ist müßig, darüber zu spekulieren.

Als ich dem Psychologen erzählte, dass ich Selbstmord begehen wollte, da ist er richtig böse geworden und hat gesagt, dass ich mich damit aus der Verantwortung hätte stehlen wollen und Kai zur Vollwaise gemacht hätte. Hab ich nachgedacht und gemerkt: Er hat recht. Ich war ja noch nie zuvor in dieser Situation. – Wie? Ja, lächeln Sie nur. Ich kann darüber nicht lachen.«

Kai braucht Sie jetzt, habe der Psychologe zu ihm gesagt. In welcher Form auch immer, habe er gesagt. Und sei es auch nur in finanzieller Hinsicht.

Kai habe ja zunächst das Erbe ausgeschlagen, weil Micha, sein Halbbruder, es ausgeschlagen habe.

»Sie wollten wahrscheinlich das Blutgeld, wie man so sagt, nicht haben. Aber Kais Erbausschlagung ist nicht rechtskräftig gewesen, weil er damals noch nicht volljährig gewesen ist. Das war sein Glück, so hat er das Geld bekommen und nun ein finanzielles Polster. Jeder Sohn hat ein Viertel des Hauses geerbt und die Hälfte meiner Frau ging an den Staat.

Das Wichtigste für mich jetzt ist Kai. Ich muss sehen, was ich mit ihm mache. Ich hatte ihm einen Brief geschrieben. Hatte ihm geschrieben – wollte es Ihnen ja mal mitbringen, also ungefähr so: ›Na ja, du weißt ja, wie Mama war, ein aufbrausendes Temperament. So temperamentvoll, dass ein Wort das andere gab.‹ Und ich hab ihm geschrieben, dass die Paartherapeutin immer wieder zu ihr gesagt hat, bitte keinen Streit bei Tisch und nicht vor dem Sohn, und dass es trotzdem fast täglich zum Streit gekommen ist. Und ich hab Kai daran erinnert, wie er an diesem letzten Sonntag, als das mit dem Pflaumenmus war, wie er da sagte: ›Mama hör auf, es reicht jetzt.‹ Aber das sei Evi egal gewesen. Ja, das hab ich ihm geschrieben. Aber ich sagte ja bereits, er ist noch nicht so weit. Ich will ihn auf keinen Fall drängen, sich mit meiner Sicht zu befassen.«

Langfeld schaute mich an, Hilflosigkeit im Blick.

»Ich weiß nicht, wie ich es machen soll. Ich müsste mit Kai eine tragfähige Beziehung aufbauen, hat der Therapeut gesagt. Aber wie soll ich das machen, wie soll das gehen aus dem Gefängnis heraus?

Was meinen Sie? Haben Sie Kinder? Können Sie mir raten?

Ich träume davon, mit Kai mal drei Tage wegzufahren, wenn ich im offenen Vollzug bin, aber das dauert ja noch mindestens fünfzehn Jahre. Dann kann ich frühestens in den offenen Vollzug kommen. Natürlich nur bei guter Führung.

Der Psychologe sagt, zuerst müsse die Tat aufgearbeitet werden, ehe Vergünstigung und Hafterleichterung überhaupt erwogen würden. Aber ich bin ja dabei. Ich hab schon eine Menge erzählt, mündlich und schriftlich. Ich habe bereut. Nicht so wie andere, die erst nach zehn Jahren ein Geständnis ablegen oder Reue zeigen. Ich habe das gleich gemacht. Hab gestanden und Reue gezeigt. Mehr kann ich nicht tun. Was meinen Sie?«

Er schaute über mich hinweg und schien keine Antwort zu erwarten.

»Es gibt noch eine andere Möglichkeit, Kai außerhalb des Gefängnisses zu sehen. Das ist die Ausführung, ein Ausgang mit Handschellen und Fußfesseln. Ich hoffe, dass bei mir die Handschellen reichen werden.«

So eine Ausführung erlaube nur den Aufenthalt in geschlossenen Räumen. Sie werde von zwei Beamten begleitet, die bewaffnet seien, um bei einem Fluchtversuch Gebrauch von der Waffe zu machen.

»Wenn Kai dann einverstanden ist, kann ich ihn in seiner Wohnung besuchen, zusammen mit den beiden begleitenden Beamten. Es sind Beamte von meiner Station, die ich kenne. Mal sehen, ob sie das gestatten. Vielleicht nächsten Herbst. Und wenn das Ergebnis einer Ausführung positiv bewertet wird, dann ist damit eine gute Führung bescheinigt.« Und gute Führung, sagte Langfeld, werde belohnt. Auch mit vorzeitiger Entlassung.

»Das ist mein Plan. Er hält mich aufrecht. Er gibt mir Hoffnung. Aber das ist noch« – er atmete geräuschvoll aus –, »ja, das ist noch ein weiter Weg.«

Die Tür wurde geöffnet. Ein Beamter schaute herein, nickte und schloss sie wortlos wieder. Langfeld saß mit dem Rücken zur Tür und hatte sich nicht umgedreht.

»Ich war bei der Verurteilung achtundvierzig, und die Sozialarbeiterin sagte: ›Sie haben ja noch eine Perspektive.‹ Da dachte ich, na, dass die das sagt. Sie ist die erste Person, die überhaupt so was gesagt hat. Trotz meines fortgeschrittenen Alters sieht sie noch Zukunftsmöglichkeiten. Das ist ja so eine Sache, wenn man eine lange Strafe hat. Ich muss nach einem Strohhalm greifen, muss sehen, dass noch was möglich ist. Wenn einer allerdings erst mit achtundfünfzig hier einrückt und zwanzig Jahre hat, da braucht es keinen Propheten, um zu wissen, was passiert. Der wird mit den Füßen voran hier rausgehen. Manchmal entlassen sie einen auch noch kurz vor dem Tod, damit die Statistik nicht belastet wird.

Ich arbeite auf die Entlassung hin, und zwei Dinge halten mich dabei aufrecht: die Vorstellung, mit Kai noch einmal skifahren gehen zu können, und dass ich mir was ansparen kann. Ich will mir von meinem kärglichen Lohn etwas zurücklegen, und wenn es nur ein Hunderter im Monat ist. Auf die lange Zeit gerechnet, kommt da schon ein Sümmchen zusammen.«

Er nickte und zeigte den Ansatz eines Lächelns.

Das Böse ist manchmal in
der Hand wie ein Werkzeug,
erkannt oder unerkannt läßt es sich,
wenn man den Willen hat,
ohne Widerspruch zur Seite legen.

Franz Kafka, Die acht Oktavhefte

2

PLÄNE

Bei jedem Treffen mit Biber waren im Gesprächsraum eine Thermoskanne und zwei Tassen mit Goldrand aufgestellt. Biber versäumte nie, für den Gast Kaffee zu kochen, und begann das Gespräch immer auf die gleiche Weise. »Mögen Sie Milch? Zucker ist hier. Kann's losgehn?« Er brauchte diese Fragen, so schien es, um sich einzustimmen. Er rutschte dann aus der Tiefe des Sessels nach vorn, saß auf der Kante und wartete auf die erste Frage.

Er hieß eigentlich Bieberger, aber sie nannten ihn Biber, und nach dreißig Jahren war er für sich selbst nur noch Biber. Er lachte, als er sich vorstellte. »Lassen wir es dabei«, sagte er, »Biber ist doch nett. Ich mag Tiere.«

Jetzt ist Biber tot. Kommt raus aus dem Knast, fällt um und – zack – hätte er gesagt – zack – liegt da, ist tot.

Ich habe Biber kennengelernt, da saß er im dreißigsten Jahr ein. Die Anstalt aus der Kaiserzeit war während seiner Haftzeit modernisiert, und wenn man so will, in gewissem Rahmen komfortabel gemacht worden. Die Flure waren breit und hell, die Sprech- und Therapiezimmer mit großen Milchglasfenstern ausgestattet, so dass die Gitter dahinter verschwanden und eine kleine Illusion von Freiheit entstand. Eine junge Beamtin hatte mich über zwei Höfe geführt, die gerade von Häftlingen in Blaumännern mit Besen und Schaufel gesäubert wurden, während ein Wachmann in der Frühlingssonne stand und zuschaute. Es sei schon seit etlichen Jahren so, dass auch weibliche Beamte im Männerknast arbeiteten, hatte sie gesagt. Eine spezielle Ausbildung sei dafür notwendig. Doch das Konzept habe sich bewährt. Frauen gingen nicht nur oft anders an Probleme heran, sondern Männer reagierten auch auf deren Anweisungen anders. Meist besser, sagte sie. Und wie sie lächelte und ihr brauner Pferdeschwanz hin und her pendelte, wurde noch ein weiterer Punkt dieses Konzepts deutlich: Auch im Knast sollte die Attraktivität des Lebens nicht vergessen werden.

Biber hatte zu meinem Empfang hinter der Panzerglastür zum sozialtherapeutischen Bereich gestanden und freundlich gelächelt. Es war eine Spur verlegen, dieses Lächeln, eine Verlegenheit, die sich auch nach vielen Treffen nicht legen würde. Er hatte den Kopf zur Seite geneigt und die Schultern hochgezogen, als wolle er sich kleiner machen, als er war. »Einsachtundsechzig«, sagte er, »Wie Napoleon.« Doch das war auch schon alles an Ähnlichkeit. Mit seinem runden, fast haarlosen Kopf, dem dicken Bauch und den kurzen Armen erschien er als gemütlicher kleiner Mann, der gern aß und freundlich lächelte.

Biber hatte, während wir das erste Mal den Flur entlanggingen, eine weitausholende Armbewegung gemacht und begonnen, die Örtlichkeiten wie ein Fremdenführer zu beschreiben.

»Wir sind hier im offenen Bereich. Es gibt eine Gemeinschaftsküche, wir haben ein Bad und jeder hat seinen Haftraum, der eine größer, der andre kleiner. Die Räume sind bis 21 Uhr offen, nachts ist abgeschlossen und morgens um sechs wird wieder geöffnet. Das reicht doch. Man will ja auch mal seine Ruhe. Ich bin zufrieden, wenn's zu ist, weil ich dann nicht gestört werde. Kein Klopfen der Mitbewohner mehr und Was-ist-denn-jetzt-schon-wieder, sondern Ruhe.«

Der Gesprächsraum war mit weichen schwarzen Ledersesseln ausgestattet, und zusammen mit dem niedrigen Tisch hatte er etwas von einer Lounge.

Biber setzte sich und klimperte mit Schlüsseln in seiner Tasche und zog einen Bund heraus, der an einer Kette festhing. »Einige Türen können wir auch selbst auf- und zuschließen, hier, der Kühlschrankschlüssel – und der zum Schrank. Man ist hier selbständig. Man geht zur Arbeit, geht zur Therapie, holt sich sein Mittagessen …«

Biber warf einen Blick auf die Uhr über der Tür.

»Oh, das ist jetzt schon vorbei – mal sehen, dass ich später noch was krieg. Wie? Jetzt gleich? Nein, nein, ich weiß schon, wie ich rankomm.«

Er griff nach der schwarzen Thermoskanne und schenkte dem Gast ein. »Zucker und Milch nehmen Sie sich selbst«, sagte er.

»Ich sitze hier einmal die Woche mit der Psychologin. Mit ihr bespreche ich alle möglichen Dinge, und sie gibt mir gute Ratschläge. Therapie mache ich nicht mehr, bin sozusagen austherapiert.

Schon seit über einem Jahr bin ich fertig mit allem. Aber ich sitze noch in der Gruppe und hör die Probleme von andern Leuten. Ich hör mir das an, wie sie von ihren Delikten sprechen, und stelle wie die andern Fragen. Aber manche Taten sind derart unter der Gürtellinie, dass die Schilderung kaum zu ertragen ist. Einige Dinge haben mich richtig mitgenommen. Wenn sie zum Beispiel Kindern was angetan haben, dann bekomme ich Albträume.

Aber mit meiner Psychologin kann ich darüber sprechen, und dann geht's mir besser. Wenn man das alles anhören muss, braucht man einen Menschen, dem man sein Herz ausschütten kann, jemand, der einem zuhört. Und solche Gespräche beruhigen mich dann. Danach bin ich wieder entspannt.«

Biber atmete aus und ließ sich zurück in den Sessel sinken.

»Es ist hier vieles besser geworden im Lauf der Jahre. Vieles hat sich verbessert, nicht nur das Bauliche. Heute sitzen hier achthundert Häftlinge ein, vor der Wende waren es dreitausend, müssen Sie sich mal vorstellen. Wir waren im Haftraum zu zehn Mann.

Sie sollten sich jetzt mal meinen Haftraum angucken. Ein großer Raum, schön eingerichtet und mit Blumen und mit meinen Vögeln. Ich hab da alles. Ja, ich hab Wellensittiche. Zuvor hab ich ein Aquarium gehabt. Das hab ich den Sicherungsverwahrten geschenkt. Fische können doch zu wenig.

Ach, meine Tiere. Die sind mir wichtig. Hab vier Wellensittiche, drei Mädels, ein Junge, hellblau mit Gelb, hellblau mit Weiß, dunkelblau mit Gelb. Die sind gut erzogen, flattern rum, gehen nicht an meine Blumen. Gewöhnlich werden Wellensittiche ja nicht älter als acht Jahre, aber wenn man sie gut pflegt und nicht raucht, dann kann sich ihr Leben verlängern. Meine Dicke, die hab ich jetzt schon acht Jahre, und die ist immer noch fit; sie hört auf alles, kommt und setzt sich auf meinen Finger, und dann will sie knuddeln. Sie spricht nicht mehr, seit die andern da sind. Sie geben das Sprechen wieder auf, wenn sie in der Gruppe sind. Aber dann macht einer den andern nach. Ja, das ist lustig. Und wenn ich den Fernseher anmache, dann kommen sie alle vier her und schauen mit mir fern. Sitzen da, die Dicke auf meinem Finger und schauen sich das an. Ich hab sie alle gemalt. Gibt 'nen Malkurs hier drin. Ich mal' mit Bleistift vor und dann kommt Farbe. Ein blauer Vogel auf rotem Grund. Die Ruhe, die durchs Malen entsteht, die tut gut.

Meine Mutter wollte ein Venedig-Bild, hab ich ihr gemalt, von 'ner Postkarte abgemalt. Hängt jetzt bei ihr im Zimmer.

Nehmen Sie noch Kaffee?«

Biber stand auf und schenkte mir ein, und sein Ärmel rutschte hoch und legte eine tätowierte Blattranke frei, in der eine rote Blüte ihren tiefen Kelch in offensichtlich obszöner Weise präsentiert. Er sah meinen Blick und nickte. »Hat mir ein Kumpel gestochen. Ich liebe Tiere und Blumen. Ja, Ostern, da wollte ich eigentlich schon zu Hause sein, aber dreimal ist meine Anhörung verschoben worden. Das war schon belastend. Sie wissen ja, der Richter bringt Sie rein, und der Richter bringt Sie wieder raus. Der Richter muss Ihre Entlassung genehmigen. Seit 10. Dezember warte ich darauf. Seitdem geht das Hin und Her. Ich kann nicht mehr richtig schlafen. Immer wieder ist was anderes. Einmal ist ein Richter verhindert, dann ein anderer, beim dritten Mal konnte mein Anwalt nicht. Ach – ich bin kein Mensch mehr – ich warte und warte – gut, ich habe Ausgänge, aber das bringt nichts, denn ich muss ja immer wieder zurück. Und muss auch die draußen vertrösten, die Geschwister, die Mutter, meine Gruppe vom Blauen Kreuz – also ich kann gar nicht mehr richtig schlafen, weil ich nicht weiß, was ist. Mein Anwalt hat mir gesagt: ›Biber, mach dir mal keen Kopp, denen tut's leid, dass das bisher nicht klappte.‹ Wir kennen uns jetzt schon zehn Jahre, der Anwalt und ich, und ich zahl jeden Monat fünfzig Euro und kann ihn anrufen, und er macht alles für mich. Es müssen ja immer drei Richter sein bei der großen Kammer, die die Entlassung anordnen. Und wenn einer nicht kann, wird's verschoben. Und ich hab den Anwalt vor drei Tagen noch mal angerufen, und er beruhigte mich und sagte, dass das nicht nur mir so ginge, sondern andern auch. Hier wird immer verschoben: die Lockerung, die Gutachten – alles.«

Biber beugte sich vor, als sei er plötzlich schwerhörig geworden.

»Wie? Was noch zur Beurteilung der Entlassungsreife ansteht? Gar nichts, ich hab ja selber eine Nachsorge vorgeschlagen. Ich werd jeden Monat zur Sozialtherapie gehen – mach ich freiwillig – und zur Bewährungshilfe.

Jetzt schon geh ich regelmäßig zu meiner Gruppe vom Blauen Kreuz. Und alle drei Monate werd ich hierher in die Sota kommen und berichten, wie's mir draußen ergangen ist. Die andern sollen erfahren, wie man da zurechtkommt, und können sich so schon ein bisschen einstellen auf das, was sie erwartet, wenn sie rauskommen.«

Biber schaute mich durch seine große Brille an, deren Gläser seine Augen übermäßig vergrößerten. Es war ein freundlicher Blick, in dem etwas Kindliches lag. Biber schien es den Mitmenschen recht machen zu wollen. Sie sollten ihn mögen.

»Als ich das erste Mal nach der Wende Ausgang kriegte, bin ich in Panik geraten. Das müssen Sie sich vorstellen: Sie sind fünfzehn Jahre hier drin, und dann kommen Sie das erste Mal raus, und mit einem Mal ist alles anders. Alles ist voller Licht und Waren, die Kaufhäuser voll, alles im Überfluss vorhanden. Wissen Sie, wie ich dastand? Fix und fertig war ich. Ich bin schon nach einer Stunde zurückgegangen. Und erst als ich wieder drin war, bin ich langsam ruhiger geworden.

Ich hatte Schweißausbrüche, konnte mich plötzlich nicht mehr bewegen, stand da unter den vielen Menschen und dachte: Alle sehen, der ist aus dem Knast, und alle verachten mich. Es ist ja gar nicht so gewesen, aber das bildet man sich ein. Das sitzt da drinne.«

Biber tippte sich an den Kopf. »Nach so vielen Jahren. 15 Jahre ohne Lockerung, und dann kommt man plötzlich raus und kennt die Welt nicht mehr.«

Er strich sich über die Stirn. »Wir haben hier drin die Wende zwar auch gemerkt. Alle haben erst mal einen Fernseher gekriegt. Den konnte man mieten oder kaufen, überteuert zwar, aber man bekam ihn. Man bekam fast alles, aber alles doppelt so teuer. Wenn der Kaffee draußen drei Euro kostet, dann kostet er hier drin sechs.

Und dann kamen die Beamten und sagten: ›Ja, Herr Bieberger, Sie waren mal vorbestraft, aber für den Mord hätten sie höchstens vierzehn Jahre gekriegt. Eigentlich zehn.‹ Da hab ich blöd gekiekt. Nun bin ich immer noch hier.

Aber bald nicht mehr. Bald hab ich's geschafft.«

Er beugte sich vor und griff nach der Tasse auf dem Tisch. Seine Arme waren so kurz, dass er dabei das Hinterteil anheben musste, um sie fassen zu können.

»Wenn ich draußen bin, werde ich mir 'ne Monatskarte kaufen, und dann komm ich hierher gefahren für 'ne Stunde. Ist doch kein Problem. Ick weeß ja, ich kann wieder gehen.«

Biber lachte und hielt sich den Bauch.

»Das ist doch das Entscheidende, dass man wieder gehen kann. Meine Gruppe freut sich schon auf meine Besuche. Ich bin ja beliebt, weil ich alles mache. Ich kann Kuchenbacken, kann kochen, hab alles gelernt. Zu Weihnachten hatte ich

Ausgang, und da sag ich, ich komme her und backe noch den Kuchen für euch und mach das kalte Bufett und den Nudelsalat. Und da konnten sie das Hühnerfrikassee nicht kochen, hab ich das auch noch vorbereitet. Sag ich, braucht ihr nur noch aufzuwärmen, genau wie die Bratensoße für die Ente, alles fertig. Und dann bin ich in Urlaub gegangen zu meiner Mutter. Und als ich zurückkam, haben die Kumpels gesagt: ›Wenn du gehst, reißt du ein Loch.‹«

Biber lachte erneut, und der kugelrunde Bauch hüpfte auf und ab.

»Sie wollen mir ein Abschiedsgeschenk geben und fragten: ›Was willste denn haben, von unserer Gruppe – wir sind elf in der Wohngruppe –, was willste als Abschiedsgeschenk? Willste ein Bild oder willste ein Kissen, wo dann alle drauf sind?‹ ›Dann lieber ein Kissen‹, sag ich, ›mit dem Gruppenfoto drauf. Das leg ich dann aufs Sofa.‹«

Wir tranken Kaffee, und Biber ließ sich wieder zurück in den Sessel fallen, dessen Konstruktion jeden in eine halbliegende Haltung brachte.

»Warum ich dreißig Jahre lang im Knast bin? Ich hatte 'nen Rückfall. Ich bin Alkoholiker. Ich hatte hier drin getrunken. Ach, hier war ja massenweise Alkohol in Umlauf. Den haben die Leute teils selbst angesetzt, jede Menge. Und da bin ich meine Lockerung losgeworden, weil ich gewalttätig geworden bin. Und dann hab ich gesagt: ›Ach Scheiße, jetzt willste gar nicht mehr raus.‹ Hab ich mich fünf Jahre lang aufgegeben, hab weiter gesoffen, hab die Therapie verweigert.

Schließlich haben meine Geschwister gesagt, das gibt's ja nicht, dass unser Bruder keine Aussicht auf Lockerung hat. Sie sagten: ›Er muss in Therapie.‹ Aber ich wollte zu der Zeit noch nicht. Konnte mir kein gutes Leben mehr vorstellen. Hab versucht, mich umzubringen. Aber da war die Geschichte mit dem Gefangenen aus der Nebenzelle. Eines Nachts hör ich Lärmen und Klopfen und Scharren und denk, was müssen die wieder für Krach machen; im Gefängnis ist es eigentlich nie ganz still. Und am Morgen ist Alarm, und ich seh grade noch, wie sie den Zellennachbarn raustragen. Er hatte sich erhängt, doch irgendwie hatte sich die Schlinge nicht richtig zugezogen, mit dem Strick ist es schwierig. Und da hat er sechs Stunden lang gehangen, der Wandputz war schon weg von den Füßen, so lang hat der gestrampelt. Da hab ich den Mut zum Selbstmord verloren.«

Biber verzog den Mund zu einem verlegenen Lächeln. Er blieb hingesunken im Sessel, die kurzen Beine über dem Boden und schwieg. Schließlich nickte er mehrmals, als brauche er diese Bewegung, um die Sprache wieder fließen zu lassen, so wie man den Schwengel einer Wasserpumpe einige Male auf und ab bewegt, bevor Wasser fließt.

»Vor meinen Angehörigen hab ich mich lange Zeit geschämt. Sie waren damals weggezogen, weil die Leute in der kleinen Stadt mit dem Finger auf sie zeigten. Sie waren dort nur noch die Familie des Mörders. Meine jüngste Schwester hatte sich von mir losgesagt, sonst hätte sie nicht studieren können. So war es zu DDR-Zeiten.

Sie musste eine Erklärung unterschreiben, dass sie keinen Bruder mehr hat. Mich gab es von nun an nicht mehr. Ich war nicht mehr vorhanden. Sie brach den Kontakt zur Familie ab und zog in ein Wohnheim, begann zu studieren, durfte ins Ausland reisen und hat schließlich eine Professur bekommen. Der Staat hat alles bezahlt. Und nach der Wende, nach zwanzig Jahren, hat sie sich zum ersten Mal wieder bei unserer Mutter gemeldet.

Meine Mutter war gleich zu Beginn meiner Haftzeit jeden Monat hierhergekommen, aber ich wollte sie nicht sehen, wollte nicht mit ihr sprechen. Hab mich nicht getraut. Bis eines Tages mein Betreuer sagte: ›Los jetzt, ich komm mit, du begrüßt jetzt deine Mutter.‹ Und da ham wir uns das erste Mal nach fünf Jahren wiedergesehen. Das war schön.«

Er schob die Hand in die Hosentasche und klimperte mit dem Schlüsselbund und lächelte dazu.

»Hier drin«, sagte Biber, »können Sie mittlerweile alles werden. Sie können sich hocharbeiten, können Werkleiter, Schichtleiter werden, alles. Ich hab mich für Maschineneinrichter entschieden. Ich komme ja eigentlich vom Handel, bin kaufmännisch ausgebildet, aber in dem Bereich gab es keine Arbeitsmöglichkeit, und so hab ich umgeschult. Und arbeitete jahrelang bei dem Unternehmen, das Traktoren und Getriebe baut. Hab Material bearbeitet und Drehbänke eingerichtet. Das waren die modernsten Maschinen. Schließlich hatte ich vierzehn Maschinenarbeiter unter mir. Das hab ich über Jahre hin gemacht als Schichtleiter. Wir haben im Drei-Schicht-System gearbeitet. Reich konnte man mit der Arbeit nicht werden. Ich hatte ja auch noch die Schulden: die Beerdigungskosten, die Gerichts- und die Anwaltskosten. Vierzehntausend Mark. Den Anwalt damals hab ich allerdings erst nach dem Geständnis gekriegt. So war das zu DDR-Zeiten. Erst das Geständnis, dann gab's den Anwalt.«

Vor dreißig Jahren war Biber zur Polizei gegangen. Er war mit einem kleinen Koffer erschienen und hatte gesagt, er wolle sich stellen. Die Beamten hatten gelacht und ihn nach Hause schicken wollen. Was er da erzähle, sei doch Quatsch. Aber Biber war nicht gegangen. Er wollte, dass man ihm glaubt, und schließlich glaubten sie ihm. Er hatte ihnen den Beweis seiner Glaubwürdigkeit unübersehbar vor Augen geführt.

Das nächste Mal, sagte Biber, wolle er mir von seiner Kindheit erzählen. Von seiner Mutter.

———

»Mögen Sie Milch? Zucker ist hier. Kann's losgehn?« Biber begann sich aufs Neue einzustimmen. Er rutschte aus der Tiefe des Sessels nach vorn, saß auf der Kante und wartete auf die erste Frage.

»Na jut, also, meine Mutter ...«

Seine Mutter war fünfzehn und einen Meter fünfundfünfzig groß, ein dunkelhaariges, blauäugiges hübsches Mädchen und brav. Mit sechzehn bekam sie Biber.

Biber wuchs bei den Großeltern auf, draußen, in der Mark. Dort betrieben die ehemaligen Besitzer eines großen Bauernhofes in Ostpreußen nach dem Krieg eine bescheidene Landwirtschaft. Biber liebte die Großeltern, und sie liebten ihn. Sie waren eigentlich seine Urgroßeltern, Mutters Großeltern. Seinen Vater heiratete die Mutter zwei Jahre später. Sie war mit ihrem zweiten Kind schwanger und sollte noch drei weitere bekommen.

Fragte man Biber nach seinen Kindheitserinnerungen, so sah er als Erstes die Oma, wie sie in der dämmrigen Küche steht und Teig rührt. Sie habe die herrlichsten Kuchen backen können, sagte Biber.

»Wenn die Oma nicht in der Küche stand, arbeitete sie im Garten. Und wenn sie das Gartentor öffnete und die Dorfstraße entlangging, machte sie bei der Kirche halt. Die Oma war Kirchendienerin. Sie hielt die Kirche in Ordnung, richtete die Blumen und läutete die Glocken. Und oben im Kirchturm hingen nicht nur die Glocken, da wohnten auch die Eulen und die Fledermäuse.« Und wie das Kind ganz dicht neben der Oma stand, die das Glockenseil zog, und wie die weiße Eule ihre großen Augen öffnete und herschaute zu Oma und Kind, das sei für ihn das Bild einer glücklichen Kindheit gewesen. Der Kuchenduft in der Küche und der Heuduft auf dem hohen Wagen, den der Opa mit seinen beiden Pferden zur Scheune fuhr, das sei ein friedliches und liebevolles Leben gewesen, zu dem er später immer wieder zurückgekehrt sei, heimlich, viele Male, von den Eltern weg zu den Großeltern, auch wenn am Ende die Prügel des Vaters standen. Sie haben ihn nicht abgehalten.

Mit der Einschulung war er zu seinen Eltern zurückgebracht worden, zu den vier Geschwistern, die ihm fremd waren, zu einer freundlich distanzierten Mutter und einem gewalttätigen Vater. Als Oma und Opa starben, war Biber zwölf. Von nun an war der Rückzug ins Geborgene verloren, sagte er.

Der Hof fiel an den Staat, der den Hinterbliebenen eine kleine Summe dafür zahlte. Sie kauften sich Fernseher, Waschmaschine und Fahrrad davon.

»So kleine Sachen eben«, sagte Biber. »Das war alles, was vom Bauernhof übrig blieb.«

Als sein Vater im Sterben lag, wollte er Biber noch mal sehen. »Da bin ich von hier aus zu ihm, und da sagt er: ›Ich hab so viel falsch gemacht mit dir. Ich hab's jetzt eingesehen. Es tut mir leid.‹ Und als ich ihn so krank sah, und ihm die Tränen kamen, da hab ich ihn umarmt und gesagt: ›Ich verzeih dir.‹

Jahrelang hat mein Vater behauptet, ich sei nicht sein Sohn. Aber ich war es doch. Meine Mutter ist doch nicht fremdgegangen. Er war ja ihre große Liebe. Er schlug zu, wann immer er mich sah. Immer hab ich die Schuld gekriegt und immer die Dresche. Meine Geschwister schlug er nicht. Alle nicht. Manchmal wollte meine Mutter mich schützen, aber da hat sie selbst Prügel bezogen.

Und später, als er sie einmal schlagen wollte, da bin ich dazwischen und hab nun ihn verdroschen. Da hat er die Polizei gerufen, den Dorfsheriff, und der sagte: ›Das sind Familiensachen, da häng ich mich nich' rin.‹ Das hat sich der Polizist getraut zu sagen. Das war mutig, denn mein Vater war Offizier bei der NVA gewesen, hat später bei den Russen auf der Kommandantur und bei der Stasi gearbeitet. Er hatte also gute Verbindungen.

Meine Mutter hat sich dann scheiden lassen. Als alle Kinder aus dem Haus waren, ließ sie sich scheiden, obwohl sie dadurch finanzielle Nachteile hatte. Von Vaters guter Rente hat sie keinen Pfennig abbekommen. Doch als er krank wurde, schwer zuckerkrank, ist sie zu ihm zurück. Beide Beine sind ihm amputiert worden. Und sie hat ihn versorgt, hat gekocht und seine Wäsche gemacht. Sie hat ihn gut gepflegt. Aber mein Vater wollte kein Pflegefall sein, und obwohl sich alle um ihn gekümmert haben, hat er sich umgebracht. Mit einer Überdosis Insulin.«

Jetzt sei die Mutter selbst ein Pflegefall, aber seine Geschwister und er kümmerten sich um sie. Erst vor kurzem habe er ihr eine neue Waschmaschine gekauft von dem Geld, das er hier drin angespart habe. Und sobald er rauskäme, übernähme er ihre Pflege ganz. Er kehre also in gewisser Weise wieder nach Hause zurück.

Doch damals, als er die Schule beendet hatte, habe er nur noch weggewollt. Alles sei ihm besser erschienen als sein Elternhaus.

»Ich bin in eine andere Stadt gezogen und hab dort meine kaufmännische Lehre abgeschlossen. Da ging's mir wunderbar. Doch dann wollte ich Offizier werden wie mein Vater und hatte mich für zehn Jahre bei der NVA verpflichten wollen, aber sie haben mich nicht genommen. Das war ein Schock.

Wissen Sie, was der Grund war? Ich wollte zu den Grenztruppen, auch weil man da an der frischen Luft sein konnte und in der Natur. Doch ich durfte nicht. Sie haben es nicht gestattet. ›Sie haben zu viel Westverwandtschaft‹, haben die zur Begründung gesagt.«

Biber lachte.

»Zu viel Westverwandtschaft. Ist das nicht ein Witz? Die hatten doch ein Rad ab. Sie stellten mich schließlich vor die Wahl, entweder zur Infanterie oder zur Panzertruppe zu gehen. Hab ich gesagt, geh ich lieber zu den Panzern, ick loof doch nich zu Fuß. Nee, nee, steig ich lieber in den Panzer, die richtige Größe hatt ich ja dafür. Ich war eindeutig panzergeeignet. Aber da ist nun nichts draus geworden, weil ich straffällig geworden bin.«

Biber hatte gemeinsam mit Freunden eine Gaststätte demoliert, weil der Wirt keinen Alkohol mehr an die angetrunkenen Gäste ausschenken wollte. Wegen Rowdytums wurde er für zwölf Monate ins Gefängnis gesteckt. Als er freikam, kehrte er nach Hause zurück. Sein Vater wollte es so. Bibers Eltern bewohnten ein großes Haus, auf dessen Nachbargrundstück ein kleines Holzhaus, eine Art Laube, stand. Der Vater hatte seine Beziehungen spielen lassen, und Biber konnte das Häuschen beziehen. Tatsächlich hatte er nicht dort wohnen wollen, so nah beim Vater, aber er hatte nicht den Mut aufgebracht, gegen ihn aufzubegehren.

»Ich war bereits über zwanzig, und dennoch hat sich mein Vater überall reingehängt. In mein ganzes Leben. Er wusste, was gut für mich ist, bestimmte, was ich tun sollte. Alles, was ich selbständig versuchte zu machen, war immer falsch. Mich durchzusetzen hab ich erst hier drin gelernt. Zuvor hab ich alle Kränkung und jedes Problem mit Alkohol runtergeschluckt. Das hat die Umwelt gar nicht mitgekriegt. Bei der

Arbeit war ich zuverlässig und pünktlich. Nie hab ich während der Arbeit getrunken. Nur abends.

Und dann hab ich Margit kennengelernt. Bei ihr fand ich, was ich suchte. Ich hab Geborgenheit gesucht, wollte getröstet und in den Arm genommen werden. Das hat sie alles gemacht. Das war schön. Es ging mir gut mit ihr und ihr auch mit mir.

––––––

Drei Monate vergingen, bis ich Biber wiedersah. Er erwartete mich wie gewöhnlich hinter der Panzerglastür, und ein hünenhafter Beamter führte uns zum Sprechzimmer. »Wenn Sie fertig sind, klingeln Sie«, hatte er gesagt und die Tür von außen verschlossen.

Biber setzte sich auf den immer gleichen Platz und: »Mögen Sie Milch? Zucker ist hier. Kann's losgehn?«

Zu meiner Verblüffung begann er, ohne eine Frage abzuwarten, dort fortzufahren, wo er vor drei Monaten geendet hatte.

»Ich wollte Ihnen von Margit erzählen.

Margit war Wirtin. Sie besaß eine gutgehende große Gaststätte, hatte bereits ein Luxushaus und einen tollen Lada. Die hat sich nicht zufriedengegeben mit 'nem Wartburg oder 'nem Trabi. Wissen Sie, was zu DDR-Zeiten ein Lada kostete? Da konnte man fast ein Eigenheim von kaufen. Margit war älter und erfahrener als ich. Sie war immer noch attraktiv und gut im Bett. Das war ja«, Biber lachte, »das war nicht unerheblich. Ich war damals fünfundzwanzig. Sie war geschieden und hatte einen erwachsenen Sohn. Mit ihm hatte sie ziemliche Probleme, die so anwuchsen, dass sie ihn enterben wollte. Zu meinen Gunsten? Nein, ich war nicht scharf aufs Geld. Ich hatte ja meinen Job, der hat mir Spaß gemacht. Ich hab gut verdient. Zu DDR-Zeiten hab ich 1400 Mark gehabt, das war gutes Geld. Ich war Lagerverwalter bei den Konserven geworden, Edelkonserven. Die waren teuer damals. Ananas, Mandarinen, Mango, all die exotischen Dinge, die es sonst kaum gab.«

Er sei verantwortlich für die gesamte Organisation des Lagers gewesen, habe die Touren zusammengestellt und die Lieferscheine ausgefertigt. Er allein habe den Überblick über den Bestand gehabt.

»Täglich setzten wir 40 bis 50 Tonnen um, und vor Feiertagen war es das Drei- oder Vierfache. Dazu kam der Wareneingang. Die Lastwagen, die Waggons bei der Bahn mussten – zack – entladen, gestapelt und registriert werden. Manchmal haben acht Stunden Arbeitszeit gar nicht ausgereicht, dann hab ich zwölf, dreizehn Stunden gearbeitet. Das wurde dann auch bezahlt. Also hab ich gut verdient. War selten, so'n hoher Verdienst in der DDR. Wenn Zeit war, bin ich auch mal mitgefahren zu den Gaststätten und Küchen, die wir belieferten. Da gab's dann gut zu essen, und es waren nette Mädels da. Das hat Spaß gemacht. Der Job war in jeder Hinsicht gut.

Margit hab ich bei einer dieser Lieferungen kennengelernt. Es war Liebe auf den ersten Blick. Ja, so war es. Ich stand, als ich jung war, auf ältere Frauen. Die sollten ein bisschen füllig sein, was zum Anfassen eben.«

Biber lachte wieder und maß dabei verstohlen die Proportionen seines Gegenübers.

»Ich selber hatte damals nur 65 Kilo, heute hab ich 90, und da stand ich auf mollige Frauen. Margit hatte alles, was ich mir wünschte, und da hat es klack gemacht, und ich hab mich in sie verliebt. Bei ihr hab ich alles bekommen, was mir früher gefehlt hat. Meine Mutter hat nicht verstanden, weshalb ich mit so einer Frau zusammen sein wollte. Sie war siebzehn Jahre älter als ich, also ein Jahr älter als meine Mutter. Das war mir egal. Ich war glücklich, und Margit war stolz, einen jungen Liebhaber zu haben, und hat das genossen und sich überall mit mir gezeigt. Es war eine ganz offizielle Beziehung. Und es war eine gute Beziehung. In jeder Hinsicht, eben auch im Bett. Ach, das Bemuttertwerden, das war schön.«

Biber war im Sessel wieder nach hinten gesunken und seufzte, und während er begann von Margit zu erzählen, schloss er ab und zu wie träumend die Augen.

»Ich streckte die Beine unter ihren Tisch, und sie hat mir jeden Wunsch abgelesen und erfüllt. Sie hat mich eingekleidet, hat mir Sachen gekauft, ich brauchte mich um nichts zu kümmern. Wenn ich nach Hause kam, war alles da, Wäsche, Hose, Hemd, Anzug. Ich war 25, war versorgt und hatte doch alle Freiheit. Hab noch nebenbei andere gehabt. Das war gut möglich. Ich bin ja ab und zu auf den Liefertouren mitgefahren. Da hab ich da und dort mal 'ne junge Frau kennengelernt, die hat mich dann eingeladen, und da bin ich eben mitgegangen. Aber jeden Abend war ich wieder bei Margit. Na ja, wie soll ich sagen, im Bette war sie eben 'ne Bombe, 'ne Granate.«

Biber lachte wieder. Er lachte, sooft es ging, als wären es lustige Stammtischgeschichten, die er da zum Besten gab.

»Also, das war so aufregend mit ihr – ich bin da immer mit Augenrändern zur Arbeit gekommen, so fertig war ich. Aber sie hat ja auch von mir profitiert, nicht nur von meiner Jugend, sondern auch von meinen Beziehungen. Ich sollte Ware für sie ranschaffen, Ware ohne Ende für die Gaststätte. Sie wollte unbedingt den Umsatz steigern und sich vergrößern. Ich war ihr Lieferant.«

Diese Geschäfte habe jeder gemacht damals in der DDR. Im Betrieb habe es eine Kollektivkasse gegeben und am Monatsende sei das Geld geteilt worden.

»Es wurde ja tonnenweise Ware weggeworfen. All die über-lagerten, schlechtgewordenen Konserven, weg damit. Große Löcher wurden gebuddelt und – zack – rin damit. Da ist es nicht aufgefallen, wenn man was in die eigene Tasche gesteckt hat. Also, da hat jeder geklaut, ob das in der Baubranche, bei Möbeln oder sonst wo war. Wer was brauchte und einen kannte, der was hatte, der hat was gekriegt. Haste ein bisschen was bezahlt, und schon haste gehabt, was du wolltest. So war das. Hab ich auch gemacht. Gab's irgendwo Räucherfisch, gab ich dafür Ananas.« Er lachte. »So war det. War schwer zu kontrollieren das Ganze. Denn jeder Betrieb hatte für seine Mitarbeiter einen verbilligten Einkauf, und wir haben jeden Monat eingekauft, um nachweisen zu können, dass in unseren Kellern alles zu Recht lagert, das ganze Geklaute. Wenn sie Kontrollen gemacht haben, konnte man auf die Einkaufsliste verweisen: ›Bitteschön, alles redlich erworben.‹«

Biber nickte mehrmals, immer noch stolz, wie es schien, auf die gelungenen Tricksereien.

»Eine Zeitlang ging alles gut, sogar sehr gut mit Margit und mir. Aber dann begann der Streit. Worüber? Na, sie wollte immer mehr haben, ich sollte immer mehr klauen und ran-schaffen. Sie hat mich benutzt, aber das ist mir erst später auf-gefallen. Sie wollte die Gaststätte vergrößern und brauchte Geld. So hat sie jedes Wochenende Tanzveranstaltungen ge-macht. Da waren regelmäßig zwei- bis dreihundert Leute im Saal. Da kam schon was zusammen. Und für die ganzen Cock-tails sollte ich die Säfte ranschaffen, Grapefruit-, Orangen-, Ananassaft zum Mischen. Wir hatten dafür ein Kontingent, das wir vom Ausland bezogen, und haben die Ware direkt vom Hafen Rostock abgeholt. Da ließ sich nebenbei gleich was abzweigen. Aber eben nur in begrenztem Maß. Meine Kollegen und ich haben das Geld aus solchen Geschäften immer geteilt. Aber Margit wollte nicht dafür bezahlen. Sie hat mich vertröstet, und dabei häuften sich immer mehr Ausstände an. Schließlich waren es fünftausend Mark, die ich der Gemeinschaftskasse schuldete.

Aber sie hat das Geld nicht hergegeben, sondern gesagt: ›Du kriegst ja alles von mir, du hast die Fickerei, du hast Klamotten, du kannst hier wohnen, wirst verpflegt, kriegst jeden Wunsch erfüllt, also kannst du auch was beisteuern.‹ Ich sollte die fünftausend Mark aus meiner Tasche in die Kasse einzahlen. Und da hab ich mir eines Abends richtig einen angesoffen, um ihr die Meinung zu sagen, und da bin ich ausgerastet.

Ich hatte ja schon lange regelmäßig getrunken, aber ich wusste immer, wann's genug ist. Anderntags musste ich ja arbeiten, und auf der Arbeit war ich immer nüchtern. Aber durch den ständigen Alkohol ging's im Bett nicht mehr so richtig. Der Alkohol begann die Potenz zu ruinieren. Und das hat sie mir vorgehalten, immer wieder. Und wenn das immer wieder so giftig vorgebracht wird, macht es eines Tages puff, und man explodiert.

Sie hat gesagt, du kriegst ja keinen mehr hoch, du Schlappschwanz, du Versager – so hat sie mich runtergemacht. Und da hat's bei mir klick gemacht.«

Biber rutschte auf die Sesselkante vor und stierte vor sich hin.

»Ja, und dann – dann hab ich sie gepackt und gewürgt, und da ist sie erstickt.«

Biber saß und schwieg. Er griff zur Thermoskanne und füllte meine Tasse bis zum Rand. »Es war ja nicht so, dass ich sie nicht mehr mochte – nee –, ich war ja völlig vernarrt in sie gewesen, sonst wär ich auch nicht so lange bei ihr geblieben.

Ich hab sie ja geliebt. Es war eine tiefe Kränkung, die sie mir zugefügt hat. Sie hatte alles in den Dreck gezogen.

Viel später hat man nachgewiesen, dass man sie hätte retten können. Der Kehlkopf war eingedrückt, und man hätte ihr den Finger in den Hals stecken müssen, damit sie atmen kann. Aber ich hatte gar nicht gemerkt, dass sie tot war. Ich war neben ihr einfach eingeschlafen. Erst am nächsten Morgen hab ich gesehen, wie sie dalag, hab gesehen, dass sie tot ist. Als der Gerichtsmediziner erklärte, dass man Margit hätte retten können, wenn man ihr rechtzeitig geholfen hätte, da …«

Biber fuhr sich übers kurzgeschorene Haar und murmelte: »Da konnte ich nicht mehr – bin zusammengebrochen.«

Er habe sich nach der Tat fast vier Wochen lang in einer Art selbsterrichteten Isolierzelle befunden, sagte Biber später. Und der Mensch in dieser Zelle habe Margit nicht umgebracht. Die Tat sei für ihn nicht geschehen. So habe er zur Arbeit gehen können und niemandem sei etwas aufgefallen. Nachts aber habe er sie liegen sehen. Jede Nacht habe sie vor seinem Bett gelegen oder im Handwagen. Jede Nacht habe er diese furchtbaren Bilder sehen müssen. Und nach einem Monat habe er seinen Koffer gepackt.

»Am 7. Oktober, am Jahrestag der Deutschen Demokratischen Republik, hatte ich die Tat begangen, und am 2. November hab ich meinen Koffer gepackt, und hab mich gestellt.«

Mit einem Mal habe das Verdrängen nicht mehr funktioniert, und eine panische Angst habe ihn erfasst.

»Wenn die Tür geklappert hat, wenn jemand klingelte, dachte ich: Jetzt kommen sie. Und weil man so viel Angst hat, dass sie kommen, geht man schließlich selbst hin. So ist das. Ich bin hingegangen, und die sagten nur: ›Ab mit dir nach Hause.‹ Und ich: ›Nein, wir fahren da jetzt hin, und ich zeig, wo sie verbuddelt ist.‹ Ich hab ihnen alles erzählt. Dass wir Streit hatten und sie mich runtergemacht hat und dass ich auf sie los bin und sie gewürgt hab, bis sie endlich still war. Hab ihnen gesagt, dass ich sie umgebracht und weggeschafft hab. Hab ihnen gesagt: ›Ich war das. Dort liegt sie.‹

Und dann ist die Tat nachgestellt worden. Ich musste das noch mal genauso machen, wie ich es getan hatte. Musste zeigen, wie ich sie gewürgt hab, und wie ich dann neben ihr eingeschlafen bin. Und wie ich in der nächsten Nacht erst das Loch im Wald gegraben hab und sie dann in den Leiterwagen gepackt und die Plane drübergelegt hab. Und dann haben sie Margit in meinem Beisein wieder ausgegraben.

Ich musste dabei sein. Sie ansehen. Das war entsetzlich.

Da hab ich gesagt, ich unterschreibe alles, was ihr wollt. Nur lasst mich in Ruh. Schluss jetzt.

Später haben sie mir Beruhigungsspritzen gegeben, denn ich konnte nicht umgehen mit dem, was ich getan hab. Damals gab es noch keine Therapie hier im Knast und keine Psychologen, nichts. Nur der Arzt, der mir die Spritzen gab, hat mit mir gesprochen, da hab ich mich ihm anvertraut. Und dann gab's noch die Leute, die auch einen Mord auf dem Gewissen hatten. Mit denen hab ich mich dann verbunden. Sie erzählten von ihrer Tat und ich von meiner, und dadurch konnte man das Ganze ein bisschen verarbeiten.«

Nach zwanzigjähriger Haft war Biber das erste Mal psychiatrisch begutachtet worden mit dem Ergebnis, dass er unter Auflagen hätte entlassen werden können.

»Obwohl es im Gutachten hieß: ›Herr Bieberger kann unter Auflagen entlassen werden‹, hat sich niemand dran gehalten. Und dann hab ich mich entschlossen, in die Sota zu gehen. – Wie? Sota? Na, die Sozialtherapie. Und am Ende der Therapie kam der Gutachter wieder und sagte: ›Herr Bieberger, Sie haben ja solche Sprünge gemacht. Sie sind eine selbstbewusste Persönlichkeit geworden.‹ Und er hat ein neues Gutachten hingeflattert – zack –, und da stand, wie gut ich die Tat verarbeitet und wie positiv ich mich entwickelt hätte. Im November kam dann das Entlassungsgutachten. Ich sollte von meiner Zukunftsvorstellung sprechen und wie ich beabsichtige, mein Leben zu planen, und da erzählte ich ihm von der Pflege meiner Mutter und von meiner Arbeit beim Blauen Kreuz. Das ist eine Anlaufstelle für Menschen mit Alkoholproblemen. Die können sich an uns vom Blauen Kreuz wenden.

Wir sind knapp zwanzig in der Gruppe. Und es ist dort wie in einer großen Familie, man fühlt sich geborgen. Seit drei Jahren gehe ich jeden Donnerstag hin. Alle Schichten sind vertreten: Arzt, Journalist, Angestellte, alles Westler. Und ich finde ...« Biber saß jetzt kerzengerade und begann mit großem Nachdruck über die Mentalitätsunterschiede von Ossis und Wessis zu sprechen.

»Die Westler sind anders als die Ostler. Ganz anders. Und ich als Ostler komm mit den Westlern weit besser klar als mit den Ossis. Die Wessis sind lockerer und offener, auch die Frauen in der Gruppe, alle einwandfrei. Da fragt dann mal eine: ›Biber, da ist dies und jenes kaputt, kannst du das nicht reparieren, mein Mann kann das nicht.‹ Und dann mach ich's.

Und wenn ich raus bin, werde ich eine sechsmonatige Ausbildung zum Suchtberater machen. Ich weiß ja dann, wovon ich spreche. Ich war ja selbst betroffen. Sagt der Gutachter: ›Ist ja wunderbar‹, und hat alles befürwortet. ›Aber wohnen‹, sagt er, ›nur in Spandau.‹ Dort sei die Kriminalität am niedrigsten. Das hat er gesagt, der Herr Professor.«

———

Seit dem ersten Gespräch mit Biber war ein Jahr vergangen. Es war wieder Frühling geworden, und das Waldstück, durch das die Straßenbahn gerumpelt war, hatte voller Anemonen gestanden und eine freundliche Lautsprecherstimme hatte die Fahrgäste gebeten, sich während der Fahrt festzuhalten.

Biber hatte hinter der Panzerglastür gewartet und mir seine kleine feste Hand gereicht. Wir ließen uns wieder in die Sessel des Sprechzimmers sinken, und wie jedes Mal begann Biber sich einzustimmen. »Mögen Sie Milch? Zucker ist hier. Kann's losgehn?« Und dann legte er los.

»Ich bin ein andrer Mensch geworden.

So wie jetzt war ich damals, also die ersten zwanzig Jahre hier, nicht drauf. Das ist alles erst durch die Therapie gekommen. Davor hätten Sie mir jedes Wort aus der Nase ziehn müssen.

Tatsächlich hab ich mich bis dahin geweigert, eine Therapie zu machen. Ich hab meine Tat nicht mehr erinnern wollen, wollte sie nicht mehr hervorzerren und anschauen müssen. Ich dachte, die Tat verschwände irgendwann von selbst aus meinem Kopf.

Erst nach Jahren hab ich mich vom Gruppenleiter dazu überreden lassen, einer Therapie zuzustimmen. Denn schließlich ist von der Tataufarbeitung auch die Möglichkeit einer Lockerung abhängig gewesen.

Ich hab begonnen, mir Leute zu suchen, denen ich etwas anvertrauen kann, die mir zuhören und die Ratschläge geben können. Offen zu sein, habe ich in der Therapie gelernt. Ich weiß jetzt: Alles muss raus – zack – weg, dann ist's einem wohler.

Und seit ich nicht mehr trinke, hab ich auch meine Aggressionen im Griff. Ich bin jetzt seit fünfzehn Jahren trocken, aber die Gefahr des Rückfalls bleibt. Ich brauch zwar keinen Alkohol mehr, und der Zwang zu trinken ist weg. Aber wenn ich Sekt sehe, wie er sprudelt und perlt, das ist verlockend. Vom Sehen allein beginnt mir die Zunge zu kribbeln. Bei Bier und Schnaps ist die Versuchung nicht so groß. Schlimm ist es bei Sekt. Da muss ich eisern sein und an was anderes denken. Aber ganz allgemein hab ich kein Bedürfnis mehr zu trinken. Wenn ich beim Freigang mit meinen Geschwistern beim Essen bin, und sie trinken ein Glas Wein oder Bier – das interessiert mich gar nicht. Ich hab selbst über mich gestaunt. Schon allein der Geruch stößt mich ab. Jedenfalls brauche ich den Alkohol nicht mehr. Ich trink jetzt Kaffee und esse mehr. Ja, leider.«

Biber klopfte mehrmals auf seinen Bauch, als tätschle er einen braven Hund. »Da muss ich kürzertreten, hat der Doktor gesagt, ich muss achten, dass ich mein Gewicht reduziere und viel Sport mache. Ich weiß noch nicht genau, für welche Sportart ich mich entscheiden werde – vielleicht Fahrrad fahren. Mit dem Rad durch die Gegend fahren – das könnte schön sein.«

Biber nickte sich mehrmals selbst zu.

»Ja, Tataufarbeitung ist die Voraussetzung für eine Entlassung. Das dauert Jahre, bis die Tat aufgearbeitet ist; ja eigentlich das ganze Leben. Wir haben hier einen Häftling, einen Doppelmörder. Bei dem ist nach vielen Jahren rausgekommen, dass er noch einen Menschen umgebracht hat. Er war ein Lehrer und hatte zwei Mädchen umgebracht. Er hatte sie auf der Straße abgefangen, erst vergewaltigt und dann umgebracht. Nach zwölf Jahren ist durch eine DNA-Bestimmung der dritte Mord rausgekommen. Der Mann war bei uns in der Therapiegruppe und sagte ständig: ›Ich kann mich nicht erinnern, ich weiß nicht, wie die Tat geschehen konnte.‹ Das kann mir keiner erzählen. Ich weiß meine Tat genau – das weiß man, das vergisst man nicht. Das kann man nicht vergessen. Und er hat drei Frauen umgebracht und will nichts davon wissen? – Nee, haben alle in der Gruppe gesagt, der ist noch nicht reif für die Sota. Er soll wieder zurück in den normalen Vollzug. Hat er alles hingeschmissen und ist zurück. Es sind einige hier, die ihre Tat nicht wissen wollen, und es sind einige hier, die meiner Meinung nach ein viel zu geringes Strafmaß gekriegt haben.

Da bringt einer seine Frau um und kriegt nur neun Jahre. Er war nach Monaten von der Montage im Ausland nach Hause zurückgekommen, und da steht die Schwiegermutter und sagt: ›Du lässt deine Frau vorerst in Ruhe. Es geht ihr schlecht, und sie darf sich nicht anstrengen. Auf keinen Fall darf sie Sex haben.‹ Und da nimmt er seine Frau mit Gewalt und schmeißt sie anschließend die Treppe runter. Dabei bricht sie sich das Genick. ›Ja‹, sagt er, ›ich bin unschuldig an ihrem Tod.‹ Dass sie starb, sei nur ein dummer Unglücksfall gewesen. Er hat neun Jahre gekriegt. Da fühlt man sich ungerecht behandelt, wenn man so was hört.

Und ein anderer, der war zu DDR-Zeiten beim Wachregiment Dzierzynski – kennen Sie sicher –, der hat seine Frau mit der Plättschnur umgebracht, erdrosselt. Und als sie tot war, hat er die Polizei gerufen. Er hat sechs Jahre gekriegt und ist bereits wieder entlassen. Er hatte sie umgebracht, weil sie nicht richtig gespurt hat. Sie wollte als Kellnerin arbeiten, und das wollte er nicht. Sie sollte nur Haus und Garten pflegen, und da haben sie sich in die Haare gekriegt, nimmt er ein Kabel – zack – und würgt sie. Und als sie daliegt, hat er die Polizei gerufen; kriegt sechs Jahre. – Ja, das erlebt man hier. Auch der hat gesagt, er könne sich nicht mehr an die Tat erinnern. Das ist gelogen. Das ist eindeutig gelogen.

Die Tat vergisst man nicht. Ein Leben lang vergisst man das nicht, was man getan hat. Man kann es nicht vergessen.

Ich kann nicht vergessen, was ich getan habe. Man weiß es und verdrängt es bloß. Doch das hängt für das ganze Leben in einem drin. Es verschwindet nicht. Wenn man nicht abgelenkt wird, ist es immer da. Man sieht abends einen Film, und schon läuft der eigene Film ab. Dann seh ich sie daliegen, verbluten, ersticken, Schaum vor dem Mund – das ist doch ...«

Biber schwieg. Er saß zusammengekrümmt im Sessel, angewinkelt die Beine, die Füße überm Boden, ein kleiner, dicker Mann, der versucht, sich zu verkriechen. Minutenlang verharrte er so, den Arm mit dem feuerroten Blumentattoo über die Augen gelegt. Schließlich richtete er sich auf und schaute mich an.

»Man muss damit leben. Das bleibt, das verschwindet nie mehr. Die Bilder tauchen plötzlich auf, am Tag, bei Nacht. Sie sind wie eingebrannt. Ich versuche dann an was Schönes zu denken, an gute Erlebnisse. Wie ich mit meiner Oma im Garten bin oder oben auf dem Heuwagen sitze. Es hilft für den Moment ein bisschen. Aber es bleibt ein Horror, dem man nicht entkommen kann.«

Biber schwieg. Er saß jetzt auf der Sesselkante und ließ den Schlüsselbund in seiner Hosentasche klimpern.

»Es heißt, die meisten Morde sind Beziehungstaten, und ein forensischer Psychiater hat mal gesagt, dass er es nachvollziehen könne, wenn einer seine Frau umbringt. Das sagt ein Psychiater. Ist das nicht komisch?

Wahrscheinlich hat sich so gut wie jeder schon mal in der Beziehung gefetzt. Aber die meisten kriegen sich ja wieder ein. Sonst hätten wir längst Frauenmangel.«

Biber lachte.

»Ich muss wissen, wann so ein Streit gefährlich wird für mich. Dann muss ich raus, weg, komm in 'ner Stunde wieder. Dann ist alles okay. Ist doch meistens so. Man sagt, Schluss jetzt, dreht sich um und verschwindet. Und nach 'ner Zeit ist alles wieder eingerenkt. Oder man muss sich generell trennen. Es ist ja meist Bequemlichkeit, weshalb man's nicht tut. Man hat alles und will nichts aufgeben. Ich wollte Margit nicht verlieren, dachte, es wird schon wieder werden. Aber dann bin ich ausgerastet – der Alkohol hat die Hemmung weggespült. Ich hab die Kontrolle verloren. Bis dahin hatte ich mir ihre Vorwürfe gefallen lassen. Da war das Maß noch nicht voll. Einmal läuft's über.

Jetzt weiß ich das. Vor zwanzig Jahren hätt' ich nicht so reden können. Hab ich alles der Sota zu verdanken und der Einzeltherapie. Nein, das ist kein gemütliches Leben in der Sota. Das ist ganz schön hart.

Sechs, sieben Häftlinge, ein Psychologe, ein Sozialarbeiter und ein Beamter sitzen im Kreis. Und der dran ist, steht an der Tafel und muss Fragen der andern aus dem Kreis beantworten. Man steht zwei Stunden da, erzählt und muss antworten. Das ist schwer. Da kommen einem manchmal die Tränen, oder man kann nicht weitersprechen, weil man sich schämt. Da ist man am Ende nassgeschwitzt. Ein andermal muss man seine Lebenslinie an die Tafel zeichnen. Von Geburt bis jetzt. Alles Gute, alles Schlechte muss angezeigt werden. Das Gute steht über, das Schlechte unter der Grundlinie. Das, was man als gut erinnert, die Kindheit und die Lehre und die Großeltern, das ist im Plus, das Schlechte, die Schläge, die Ausgrenzung und natürlich die Tat stehen im Minus.

Acht mal vier Stunden stand ich da vorn und zeichnete meinen Lebenslauf an die Tafel. Und da zeigte sich, und das nicht nur bei mir, auch bei den andern, dass es nie nur ein schlechtes Leben gibt und dass oft der Zufall eine Rolle spielt, ob man Glück hat im Leben, oder ob man zum Verbrecher wird.

Ob man nach dieser Therapie als besserer Mensch aus dem Gefängnis kommt? Keine Ahnung. Die Straftat jedenfalls begeht man nicht noch mal. Und man versucht, allem aus dem Wege zu gehen, was zur Tat geführt hat. Also ich werde künftig mein eigenes Leben in meiner eigenen Wohnung führen. Und sollte ich noch mal jemanden kennenlernen, werde ich nicht mit ihm zusammenziehen. Jeder wird getrennt wohnen. Das hab ich gelernt. Das weiß ich jetzt.

Ich hab jetzt niemanden mehr außer meiner Familie. Ein Kumpel aus dem Knast, der in Polen lebt und sich dort was aufgebaut hat, der ruft mich hin und wieder an. Der hat sich eine Autoschrottanlage aufgebaut. Er hat mir schon mal vorgeschlagen, mit ihm zusammenzuarbeiten. Aber so 'ne Arbeit liegt mir nicht, nee. Ich hatte zuerst vor, wieder in meinem alten Beruf zu arbeiten. Hätt ich auch was gekriegt. Aber jetzt nehm ich lieber das Angebot vom Blauen Kreuz. Suchtberater. Ist schon alles klar. Ich werd, sobald ich draußen Fuß gefasst hab und die Wohnung eingerichtet ist, in die Schule gehen. Ich werd mit der Ausbildung im Herbst beginnen. Und Jürgen, der war mal Beamter in der JVA, der hat gesagt, er möchte, dass ich seine Nachfolge antrete, denn er ist schon über siebzig. Und darauf arbeite ich hin.

Mein jüngster Bruder hat gesagt: ›Großer, wenn du rauskommst, hol ich dich ab, mit 'm Auto. Er hat jetzt den zweiten Schlaganfall gehabt, ist 49 und bezieht Rente. Ich bin der Älteste, die andern sind alle jünger und alle krank, und ich bin, toi toi toi, gesund. Na ja, bis auf das Asthma, das hab ich hier drin gekriegt. Ich werde mich um die Pflege meiner Mutter kümmern, werd die Arbeit als Suchtberater machen und täglich ein bisschen Sport treiben.

Ich werd ein gutes Leben haben.«

Ein Beamter öffnete die Tür und rief in Bibers Satz hinein, dass der Raum nun zu einer Therapiestunde benötigt würde. Biber stand auf, nahm Kaffeetassen und Kanne, stellte sie aber wieder ab und streckte mir über den Tisch die Hand hin.

»Solang ich hier bin, hab ich immer Zeit.«

Als Mitternacht war, und der Wirth dachte, sie schliefen alle, kam er mit seiner Frau, und sie hatten eine Holzaxt und schlugen den reichen Kaufmann todt; nach vollbrachtem Mord legten sie sich wieder schlafen.

Jakob und Wilhelm Grimm:
Die drei Handwerksburschen.
Kinder- und Haus-Märchen, 1815

3

PÜPPI

»Sie müssen sich mal überlegen: Die war Diabetikerin. Im Kühlschrank waren mindestens vier Spritzen. Wenn ich so jemand umbringen will, dann bring ich den doch nicht brutal um. Dem geb ich 'ne Spritze in den Bauch, und jut is. Der wär ruck zuck unterzuckert und weg.

Wissen Sie, was ich meine? Da mach ich mir doch nicht die Mühe und erwürg jemand. Hab ich auch damals gesagt. Warum soll ich jemand erwürgen, wenn ick Insulin hab? Da hätt ich bloß sagen müssen: ›Gisela, dein Zuckerwert ist zu hoch, ich muss dir jetzt 'ne Spritze geben.‹ Und dann hätt ich ihr 'ne Dosis verpasst und Schluss.

Also jetzt von der Logik her, wenn ich jemand umbringen will, würd ich das doch mit 'ner Spritze machen. Und nicht, indem ich nachts mehrmals runterrenne und denjenigen schließlich erwürge.«

Frau Mild stand auf. Sie hatte den Besucher mit Kaffee und Kuchen empfangen und legte ihm nun ein Stück Käsetorte auf den Teller. Sie habe die Bereichsleitung gefragt, sagte sie, ob man nicht ein kleines Kaffeekränzchen veranstalten könne. Dabei spräche es sich besser.

»Ist doch so«, sagte sie.

»Ja, mit unserer Leitung haben wir großes Glück …«

Sie sah den Blick ihres Gegenübers und wusste sofort Bescheid.

»Ach, Sie wollen Milch für den Kaffee? Moment.«

Sie eilte zur Tür, die unverschlossen war.

»Könnt ihr uns mal mit Milch aushelfen?«, rief sie zum Büro der Beamten hin und kam mit einer Milchpackung zurück. Sie goss dem Besucher ein, und »Reicht's?«, fragte sie und zog, während sie sich setzte – »det is'n ganz knittriger Stoff« –, den engen blauen Rock glatt.

»Das ist nämlich unser kleines Gitterhotel. Wenn man was braucht und Sorgen hat, ist immer jemand für einen da. Ich find auch das Gebäude, ich will nicht sagen gut, aber man sieht im ersten Augenblick gar nicht, dass es 'ne Haftanstalt ist. Es ist in diese Wohngegend richtig eingebettet. Und wir im Langstrafenbereich, die wir ganz oben untergebracht sind, haben auch mal die Möglichkeit, auf die Straße zu schauen und spielende Kinder oder Hunde zu sehen. Da ist man dann nicht so abgeschottet vom Leben. Ach, übrigens, was ham Sie eigentlich genau vor? Was soll das denn werden?«

Sie habe irgendwie ein Filmprojekt erwartet, aber was Geschriebenes sei schließlich auch gut. Vorsichtshalber habe sie sich für die Kamera zurechtgemacht.

»Bloß etwas Make-up. Hab ganz dezent wat aufgelegt.«

Das Rouge blühte auf ihren Wangen.

Künftig könne sie sich die Schminkerei aber sparen. Das sähen die Leser ja nicht. Frau Mild verfiel in ein kurzes kehliges Lachen.

»Ich muss Ihnen sagen, die Zeit ist mir hier drin schnell vergangen, weil ich mir immer 'ne Aufgabe gesucht hab. Ich hab hier den besten Job, den es überhaupt in einer Haftanstalt gibt. Bin in der Bücherei. Dort haben wir ein ganz neues Computersystem und neue Regale, farbig gestrichen, und an Büchern alles, was es gibt: Weltliteratur, Biographien, Krimis, Horror, Action, Bildbände und Romane, alles da. Auch Sprachkurse. Kann jemand die Zeit nutzen und eine Sprache lernen. Ich sitz da für mich allein und hab meine Ruhe. Eine Junge kommt da gar nicht rin in die Bücherei. Der Job ist altersabhängig und …«

Frau Mild unterbrach ihre Erzählung für einen Moment, als wolle sie ihrem Gegenüber Zeit zur Nachfrage geben oder vielleicht auch um ein Kompliment über ihr jugendliches Aussehen vorzubringen. Ihr rundes Gesicht war glatt, ihre Mimik lebhaft und die blauen Augen strahlten.

»Bald hab ich den geschlossenen Vollzug geschafft. Noch drei, vier Jahre, dann komm ich in den offenen.«

Sie nickte aufmunternd zu mir hin.

»Essen Sie doch, trinken Sie, solange es warm ist.«

Sie hatte für sich keinen Teller mitgebracht. Sie äße keinen Kuchen, aber backe gern, sagte sie. Früher hätte sie das für alle hier getan. Doch jetzt sei damit Schluss.

»Hab früher für die ganze Station gekocht und gemacht, mach ich heut nicht mehr. Hab ich mir abgewöhnt. Ich kann mich entsinnen, da hatte eine ein Loch in der Leber, und die hat aus dem Krankenhaus hier auf Station angerufen. Ick brauch mal Bienchen, hat sie gesagt und mir dann erzählt, dass sie so 'nen Appetit auf Hühnchen und Rotkohl und

Torte hat. Und als sie kam, war alles fertig und schön gedeckt gewesen. Und die hat sich nicht mal bedankt. Also jetzt, wenn ich mal Kuchen backe, ist das was anderes. Da können die auch ein Stück abkriegen. Aber mich ausnutzen lassen, das gibt's nicht mehr. Wenn ich in den Offenen komme, dann mach ich meine Tür abends zu und sprech mit niemandem und morgens das Gleiche. Ich hol mir in der Früh um sechs den Kaffee und werd ansonsten mit meinem Mann frühstücken und ihm den Haushalt machen, und abends um zehn komm ich wieder rin, und jut is. Ich möchte mit keinem hier mehr zu tun haben.«

Frau Mild machte eine wegwischende Bewegung und stieß dabei versehentlich an ihr Brillenetui. Sie griff danach und legte es genau parallel zur Tischkante ab.

»Ich bin stark, Sie werden es nicht glauben. Bin zwar klein und zierlich, aber stark. Müssen Sie hier drin auch sein. Sonst werden Sie untergebuttert. Gehn kaputt. An der ganzen Latte von Gemeinheiten. Da gibt es Frauen, die fragen einen aus und machen einem dann das Leben schwer. Sind neidisch und piesacken einen. Aber die kriegen von mir keine Informationen mehr. Früher hab ich erzählt, mach ich nicht mehr. Sagt eine: ›Wo hast'n die Getränke her?‹ Ick sag: ›Was hat dich das denn zu interessieren?‹ Man muss schon gegenhalten, denn der Neid ist der größte Feind hier.«

Frau Mild richtete ihr wiederum ein weniges verschobenes Brillenetui präzise nach der Tischkante aus.

»Die ersten vier, fünf Jahre hier waren schlimm. Glauben Sie mir. Aber jetzt, nach elf Jahren – man muss es annehmen, ob man will oder nicht. Ich hab in meiner Zelle 'ne Blume am Fenster und meine Familie an der Wand und 'ne Serviette auf'm Tisch, alles ein bisschen nett gemacht, dann lebt sich's auch besser, als wenn ich mich sträube und sag, es interessiert mich nicht, wie's hier aussieht – ich denk, dann ist's noch schwieriger. Aber das Wichtigste ist, dass man draußen Familie hat. Von den 30 Frauen hier sind nur zwei, die Familie haben. Die andern haben keene Bindung. Von einigen sind die Kinder in Heimen, weil die Männer auch noch im Knast sitzen. Und diese Frauen wollen dann einen Intimsprecher – also einen Besucherraum mit 'nem Bett, wo dann eben auch – na ja –, eben auch Sex möglich ist. Na, wer solche Gedanken hat – ham schon sechs Kinder, alle im Heim, Mutter sitzt, Vater sitzt, Brüder sitzen –, det sind die Frauen, wo ich sage, da guckt die Anstalt schon mehr hin, da is nischt mit Ausführung. Und ich sag mir, die haben auch selbst schuld mitunter, dass sie niemand haben.

Wir hatten eine, die kam raus auf Gnadengesuch. Wat macht se? Wird draußen wieder straffällig und ist wieder hier, also da frag ich mich doch, was in so jemand vorgeht. Und jetzt versucht sie wieder aus gesundheitlichen Gründen rauszukommen. Wegen dem Herz. Aber um Straftaten zu begehen und andere zu betrügen, dazu ist das Herz nicht zu schwach. Hab ick keen Verständnis für, bin ick ganz ehrlich. Sind genauso welche, die ham ihre Kinder früh schon in Pflege gegeben, weil sie gar nicht in der Lage waren, sich zu kümmern, aber hier drin immer das Gejammer: meine Kinder, meine Kinder. Und dann wollen sie mehr Freiheiten. Da krieg ich so 'nen Hals. Da bin ich jemand, der richtig sauer wird. Wir haben hier so viele, die hab ich schon drei-, viermal zurückkommen sehen. Ich sag: ›Mila, was machst du denn schon wieder hier?‹ ›Na‹, sagt sie, ›ich hab die Therapie zweimal abgebrochen.‹ Kam raus, um Therapie zu machen, na und jetzt is se wieder hier. Die versauen sich das Leben und kriegen immer wieder 'ne Chance von hier und nehmen sie nicht wahr, und da sag ich mir, da is nischt mit Chance, die werden immer wieder hier sein.«

In der Tür stand ein Beamter und nickte freundlich und: ›Na, bei Ihnen alles in Ordnung?‹ Der rote Knopf neben der Tür müsse gedrückt werden, wenn Frau Mild wieder in den Haftraum geführt werden wolle. »Allet klar, wird gemacht«, sagte Frau Mild.

»Wenn ich hier rauskomme, dann hab ich meine Wohnung und meinen Mann, und selbst wenn ihm was passieren sollte – um Gottes willen bloß nicht«, Frau Mild riss für einen Moment ihre blauen Augen auf, »aber auch wenn ihm was passiert, auch dann hab ich die Wohnung, und die Miete wird weiterbezahlt. Die andern Langstrafler hier, die fangen alle von null an. Die haben gar nichts, die haben das Geld, was sie angespart haben, die Brücke, aber sonst nichts. Und viele verpulvern auch einfach, was sie haben. Da stehen Schminke und Parfum im Mittelpunkt, aber auch Zigaretten und Kaffee. Diese Frauen waren es draußen gewohnt, durch Betrügereien und so sich das alles leisten zu können. Hier drin haste im Monat, wenn's hochkommt, hundert Euro, und davon sollste alles kaufen, Kaffee, Deo, Weichspüler, Tagescreme oder jetzt im Alter, Augencreme, Make-up. Da muss ich doch Abstriche machen. Vor allem, wenn ich noch diese und jene Verpflichtung draußen hab. Ich hab meinen Mann, der darf monatlich dreißig Euro mitbringen, für den Automaten im Besucherraum. Dann zieh ich mir Tabak und hab gleich sechs Pakete im Voraus. Während die andern, die keinen Besuch haben, das über den teuren Einkauf bestellen und von ihrem eigenen Geld bezahlen müssen. Ich muss nichts ansparen wie andere. Mein Mann hat Geld und gibt mir, was ich brauche.«

Sie griff nach dem Stein an ihrer Halskette und zog ihn an der Kette einige Male hin und her. »Hat er mir geschenkt. Letztes Jahr zum Geburtstag.« Es war ein roter kegelförmiger Stein wie ein dicker Blutstropfen.

»Also ich kann sagen, ich hab einen seelenguten, lieben Mann, den würd ich immer wieder heiraten – der ist auch in der ganzen Anstalt beliebt. Mein Mann ist immer jut zu mir gewesen. Bis heute. Dabei war er gar nicht die erste Wahl.«

Frau Mild lächelte. »Ich wollte einen mit dunklen Haaren und braunen Augen, und er war ganz das Gegenteil: Blond und blauäugig. Auch von der Statur her war er – ich will nicht sagen dick, aber – ganz anders, als ich wollte. Doch der hat an mir rumgeackert und hat keine Ruhe gegeben, bis ich ihn genommen hab. Aber ich hätt gar keinen besseren Mann finden können. Der hat alles für mich getan. Jetzt hat er ein Foto gemacht und auf 'ne Wolke geschrieben: ›Du bist mein Engel.‹ Das schau ich vielmals am Tag an. Man muss einen Weg finden, um aus der Trübsal zu kommen.«

Frau Milds Kopf wackelte leicht, wie ein angedeutetes mehrmaliges Nicken.

»Da gibt es die schönen Erinnerungen, an denen ich mich festhalte: Wochenendfahrten, Straßenfest, Rummel, die vielen Reisen, Weihnachten – war allet jut und schön. Ich konnte zu Hause schalten und walten, wie ich wollte.

Wenn mein Mann Freitagnachmittag nach Hause kam, sagte ich: ›Hab schon alles gepackt, wir fahren raus.‹ ›Wie‹, sagt er, ›raus, wohin?‹«

Frau Milds Stimme bekam Befehlston.

»Sag ich: ›Waschen, duschen, frisches Hemd, rin ins Auto, los.‹ Hat er immer alles mitgemacht. Auch weil ich schnell Anschluss finde und er nicht. Er ist eher zurückhaltend. Wenn mich hier Freunde besuchen wollen, sag ich: ›Besucht mal lieber Kurt, der ist allein und hat Abwechslung nötig. Ich hab genügend Leute zum Reden.‹ Und so hab ich das von hier aus alles organisiert. Fast wie früher.« Frau Mild begann plötzlich zu seufzen und faltete ihre kleinen kräftigen Hände mit den perfekt lackierten Fingernägeln.

»Müssen Sie sich mal vorstellen: Da klingelt es bei Ihnen zu Hause. Sie bereiten gerade das Essen für den Ehemann zu, und da klingelt's, und sieben Mann stehn in der Wohnung und legen Ihnen Handschellen an. Und ich sag: ›Was ist hier los‹, und die sagen: ›Sie sind verhaftet. Wegen Mordverdachts.‹ Sie werden abgeführt, und da stehn die weißen Wagen vor der Tür, und die mit den Anzügen von der Spurensicherung. Und dann hab ich erzählt und erzählt, und hab mir nischt dabei gedacht, weil – ich hab ja nichts gemacht. Und der Haftrichter, der hat dann den Haftbefehl mangels Beweisen wieder aufgehoben. Doch dann kam ein Fax vom Staatsanwalt mit einem erneuten Haftbefehl, und ich musste bleiben.«

Frau Mild schüttelte den Kopf.

»Verstehn Sie? Das ist die Schwierigkeit. Man ist hier drin, hat nichts gemacht und muss doch alles annehmen. Man muss. Man verliert alles, aber man muss es annehmen.«

Frau Milds kräftige, raue Stimme verlor plötzlich alle Kraft, als wäre das, was jetzt gesagt werden müsse, gar nicht auszusprechen.

»Wär ich draußen gewesen, ich hätt's vielleicht gesehen. Hätt' gesehen, dass mein Sohn was an den Armen und Beinen hat. Als Mutter kann man das sehen. Er hatte ein paar Monate zuvor einen Herzinfarkt. Und dann bekam er einen zweiten. Da kommt am Mittag die Sozialarbeiterin und sagt ganz ernst: ›Ich hab schlechte Nachricht, Frau Mild.‹ Sagt sie: ›Ihr Sohn liegt im Sterben.‹ Ich sage: ›Liegt wat? Ich hab am Donnerstag noch mit ihm telefoniert. Da kann doch nichts sein.‹ Sagt sie: ›Wir versuchen, dass Sie zur Verabschiedung rauskommen.‹ Das hat dann gedauert von zwei Uhr mittags bis abends um acht. Der Staatsanwalt sagte: ›Handschellen, Fußfessel, vier Beamte.‹ Hat die Leitung gesagt: ›Auf keinen Fall wird Frau Mild mit Handschellen und Fußfesseln zu ihrem sterbenden Sohn gebracht. Wir können zwar welche dabeihaben, zur Not‹, ham sie gesagt, ›aber sie geht ohne.‹ Hat die Anwältin versucht, eine richterliche Erlaubnis zu kriegen. Es war Nachmittag und keiner mehr da. Haben sie rumtelefoniert, um vom Haftrichter die Privatnummer zu kriegen. Als sie den Richter erreicht haben, war es mittlerweile abends um sieben. Er sagte, sie könnten mich ins Krankenhaus ausführen. Aber die telefonische Genehmigung reichte nicht. Da musste der Richter ins Amt fahren und die Genehmigung ausstellen. Da war es mittlerweile halb neun. Kam der Transporter vorgefahren und dann sitzen Sie da. Ja.«

Sie begann zu weinen.

»Warum die Hilfe für meinen Sohn so spät kam? Als er eingeliefert wurde, war nichts mehr zu machen. Die Lunge war schon voll Wasser.«

Frau Mild nahm das angebotene Taschentuch.

»Beerdigung war am 31. Dezember. Ich kam mit dem Justiztransporter an, hatte die Erlaubnis, bis zur Trauerrede zu bleiben, und musste danach gleich wieder zurück.«

Sie wischte sich die Tränen und saß für einen Moment schweigend.

»Was?«, fragte sie und schüttelte energisch den Kopf.

»Suizidgedanken? Nee, um Gottes willen. Obwohl – ich muss Ihnen sagen, hätt ich meine Familie nicht gehabt, hätt ich gesagt, das tu ich mir nicht an. Warum soll ich hier jahrelang sitzen für was, was ich nicht gemacht hab. Hinterher hab ich aber gesagt, nee, du gibst nicht auf. Du nicht. Ich kann manche Selbstmorde in der Haftanstalt verstehen, bin ich ganz ehrlich. Sie müssen doch mal überlegen, ich werd 64, bin über

70, wenn ich rauskomm. Leb ich überhaupt noch so lang? Ich bin mir nicht sicher, aber Selbstmord – dazu hätte mir der Mut gefehlt. Könnt ich gar nicht, mir wat antun. Ich sag mir: Jedem Menschen passieren Fehler, ist mir nun auch passiert. Aber mir selber wat antun – Gottes willen – dazu leb ich viel zu gern.

Was für Fehler? Sag ich Ihnen gleich. Jetzt sag ich mir, die Zeit vergeht, das wird wieder. Sag ich auch zu meinem Mann. Das dauert jetzt noch ein paar Monate mit deinem Heilungsprozess, sag ich zu ihm, und bald gehen wir wieder zusammen spazieren und machen 'ne Dampferfahrt – ick muss nach vorn schaun. Die Angst um meinen Mann, die bleibt, aber ich guck nach vorn, sag mir, das kann noch nicht alles gewesen sein. Es muss noch was kommen. Ich lass mich nicht fallen, bleib stark. War schon immer stark und musste auch immer stark sein.«

Sie begann wieder zu weinen.

»Kennen Sie die Radiatoren noch?«

Sie schniefte und wischte die Tränen.

»Ich meine diese Heizkörper?«

Aber die Tränen hörten nicht auf, und sie sprach weinend weiter. »So einen hab ich vom vierten Stock runtergetragen und im Nebenhaus in den dritten wieder hoch. Ich hab immer geschleppt und geackert. Meine Mutter hat gesagt: ›Kind, irgendwann kriegst du's mit 'm Kreuz‹. Und jetzt hab ich's richtig weg. Hab den dritten Bandscheibenvorfall.«

Die Tränen waren getrocknet und Frau Mild nahm einen Schluck Kaffee. Sie räusperte sich und fuhr dann fort, so schulterzuckend, als ginge es um den Regen vor dem Fenster.

»Ich sitze unschuldig im Knast. Seit elf Jahren.

Die Revision ist damals abgeschmettert worden. Es geht darum, dass ich die ehemalige Nachbarin nicht getötet hab. Die hatte einen Zungenbeinbruch, und da sind die Ermittler davon ausgegangen, dass das vom Würgen herrührt. Es waren alles nur Vermutungen. Zwei Haare sind bei der Toten gefunden worden. Die waren beide nicht von mir. Und auch die Faserspuren waren nicht von mir. Nichts war mir nachzuweisen. Die Schlafzimmertür war zu. Die Polizei musste sie aufdrücken.«

Frau Mild stieß verächtlich Luft aus.

»Wie soll ich jemand töten, ihn auf den Fußboden vor die Tür legen und dann die Tür von außen zumachen – wie soll das gehen?«

Sie zog die schmalen Augenbrauen hoch und saß für einen Moment wortlos, ein lebender Vorwurf.

»Ich denke immer noch, die Gisela ist gestürzt. Sie hat ein Pflegebett gehabt, das man automatisch verstellen kann, und ich vermute, dass sie da rausgefallen ist. Vermut ick. Das hab ich auch dem Staatsanwalt gesagt. Was? Wie sie bis zur Tür gekommen ist? Keine Ahnung. Aber wenn man erwürgt wird, sind Abdrücke da. Es waren aber keine da. Die hatte hier« – Frau Mild zeigte seitlich an ihren Hals –, »hier hatte sie blaue Flecke. Und ich denke, das ist jedenfalls meine Vorstellung, wenn jemand erwürgt wird, dann sind doch Abdrücke hier.« Sie fasste sich an den Kehlkopf.

»Aber da waren keine Abdrücke. Nischt war da. Und dennoch ham die sich auf mich festgefahren.«

Frau Mild richtete sich auf und saß jetzt kerzengerade am Tisch, als wolle sie ihre Aufrichtigkeit auch durch ihre Haltung ausdrücken.

»Ich hab mich um die Frau Neumann gekümmert. Zwei Jahre lang. Sie wohnte im gleichen Haus. Hab sie versorgt, hab gekocht für sie, die Wohnung geputzt und die Wäsche gemacht. Bin morgens früh runter, hab sie gewaschen, bin einkaufen gegangen für sie. Hab ihr gebracht, was immer sie wollte. Hab sie wirklich rundherum betreut. Hab Weihnachten einen Baum hingestellt und bin ein bisschen bei ihr gesessen. Und wenn sie im Winter Heidelbeeren wollte, hat sie die gekriegt. Wenn sie eine teure Gesichtscreme brauchte, hat sie die gekriegt. Hab ihr ein schönes Nachthemd geschenkt und ihr die Haare gemacht. Hab ich alles für sie gemacht. Sie war 'ne ganz Liebe und geistig war se auf der Höhe gewesen. Die hatte die Telefonnummern von allen Bekannten im Kopf gehabt. Also, die war kein bisschen dement.

Sie hatte mir eine Vollmacht gegeben für die Bank, dass ich über ihr Geld verfügen kann. Das war, als sie ins Krankenhaus musste. Da bin ich immer hingefahren, hab die Wäsche mitgenommen und alles gemacht, und da hat sie gesagt, ich soll mir das Geld nehmen, weil es ja auch Mühe ist. Sie werde gut versorgt von mir, hat sie gesagt, und sie brauche sonst nichts mehr. Ihr is det Wichtigste, dass ich sie weiter versorge. Ja, das hat sie gesagt, die Gisela. Hab ich auch gemacht.

Morgens, wenn ich kam und ihr das Frühstück brachte, hat sie immer gerufen: ›Ach, da kommt ja meine Kleene.‹ Sie hat sich immer gefreut, wenn ich kam. Da ham sie behauptet, ich hätte mich falsch, als eine andere ausgegeben, um mich vertrauenswürdig zu machen. Ich hätte gesagt, ich sei die Frau eines Polizisten. Hab ich gar nicht nötig, so was zu behaupten. Alle, für die ich gearbeitet hab, haben mich gleich gern gehabt. Und vor allem die Gisela. Wenn die das wüsste, dass ich hier drinsitze, die käm aus dem Grab und würde auf den Tisch hauen und rufen, seid ihr alle verrückt geworden, meine Kleene in den Knast zu stecken. Das würde sie sagen.«

Frau Mild lehnte sich zurück und legte die Hände in den Schoß. »Ich war noch nie gewalttätig gewesen. Nicht mal 'ne Fliege oder Spinne im Zimmer hab ich umgebracht. Auch hier drin nicht. All die zehn Jahre nicht. Ich bin die Ruhigste. Bin nicht auffällig, schrei nicht rum, und ich denke, zehn Jahre lang kann sich ein Mensch in Haft nicht verstellen. Ich hab noch nie was gegen die Tür geworfen oder getreten, ick bin unauffällig, so wie ich das auch draußen war. Ick hasse Hauen. Gewalt ist was, was nicht zu mir gehört. Ich kann's mir nicht erklären, weshalb das Gericht mich für gewalttätig gehalten hat. Ich kann in den Spiegel gucken, kann meinen Mann angucken, mein Enkelkind, kann andern Leuten in die Augen gucken und sagen: ›Ick hab diese Tat nicht begangen.‹«

Frau Mild saß da und schaute ihr Gegenüber an. Mit festem, klarem Blick schaute sie mir direkt in die Augen. »Der Staatsanwalt hat beim Haftprüfungstermin gesagt, er will erst mal überprüfen, wie meine Mutter, Tante, mein Onkel ums Leben gekommen sind und alle, die ich gekannt, und um die ich mich gekümmert hab, ob die normal gestorben sind. Ich sag: ›Wat wollen Sie mir erzählen. Ich hab meine Mutter gepflegt bis zu ihrem letzten Atemzug.‹ Ich sag, ich war rund um die Uhr für sie da. Meine Mutter ist friedlich verstorben, wie meine Tante und mein Onkel und wie meine Schwiegermutter auch. Alle. Das wollte der mir noch mit druffpacken, dass ich die alle ins Jenseits befördert hätte. Das müssen Sie sich mal vorstellen. Wat soll ich mit Tataufarbeitung, wenn ich nichts gemacht habe? Wissen Sie, was ich meine? Man wird praktisch ständig angehalten, zu erzählen, was man gemacht hat. Da sagt die Sozialarbeiterin: ›Frau Mild, wir müssen was Greifbares für die Lockerung haben‹, und da hat sie mich nach meiner Kindheit gefragt. Ich sollte über meine Ehe und die Familie erzählen, damit sie irgendwat haben, woran ich mitgearbeitet hab. Über die Tat kann ich ja nicht reden. Ich kann doch nicht über 'ne Tat reden, die ich nicht begangen habe. Ich kann mir da auch nischt ausdenken. Die kennen mich hier nun schon jahrelang, wissen, wie ich bin, aber ich werd nicht gelockert. Krieg seit Jahren keine Lockerung. Deshalb versuchen sie jetzt, einen Weg zu finden, dass ich gelockert werden kann. Also hab ich ihnen mein Leben erzählt, und jut is. Da ist alles wieder lebendig geworden. Da hab ich gesehen, wie der Onkel meinen Sohn auf dem Arm getragen hat und dabei Hänschen klein gesungen hat.«

Sie seufzte.

»Ja, so ist das alles wieder zum Vorschein gekommen.«

Wieder wackelte zitternd ihr Kopf wie zur mehrmaligen Bestätigung.

»Wenn ich heute an meine Kindheit denk, dann war das Wichtigste die Fröhlichkeit und die Herzlichkeit. Das war alles dagewesen. Ich war Einzelkind und bin sehr verwöhnt worden von allen. Ich war die Püppi. Ich war wie 'ne kleine Prinzessin zu Hause. Ich war das einzige Mädel. Meine Tante hatte nur zwei Söhne. Alle haben immer versucht, mir alles zu geben. Brachten mich zur Schneiderin, die mir ein Organzakleid mit Schleifchen genäht hat, und brachten mich zum Friseur, der in meine langen blonden Haare ...«, sie griff in das bleiche kurze Haar, und schob es mit zwei, drei kurzen Bewegungen zurecht, »da hat er die Stocklocken mit der Brennschere eingebrannt. Für mich war nichts zu teuer. Ich musste mich zwar an Regeln halten, aber ich bin wohlbehütet aufgewachsen. Ich war sehr beliebt als Kind. Können Se glauben und bin's eigentlich auch heute noch. Einmal ham sie mich schön angezogen, ganz in Weiß mit Rüschen und Spitzen. Und ich sag, ich geh schon mal runter. Und die Mutter: ›Pass aber uff, mach dir nich so dreckig, wir wollen gleich in'n Zoo.‹ Es hatte die Nacht geregnet, und der Bus kam vorbei und hat mich von oben bis unten vollgespritzt. Sind so Sachen, die man im Alltag gar nicht mehr parat hat.

Oder ich bin mal sonntags ins Kino, für zwanzig Pfennig in

die Vormittagsvorstellung, und die Sitze waren früher solche hölzernen Klappdinger. Da setz ich mir hin, und als ick wieder uffstehn will, ist der Rock eingeklemmt – det war ein Plisseerock. Der war maßgeschneidert für mich. Und ich mit 'nem Ruck steh uff, und der Rock zerreißt von oben bis unten. Ja, so war det. Ham sie geschimpft, aber och gelacht. Wollen Sie noch Kaffee? Milch?«

Frau Mild stand auf, um einzuschenken. »Ich bin ein Familienmensch –« Und während sie sich setzte, strich sie mit der einen Hand den Rock glatt, und richtete mit der andern das Brillenetui auf Kante aus. »Ich hab eine sehr schöne Kindheit gehabt. Auch wenn sich meine Eltern früh haben scheiden lassen. Ich hab ja einen Ersatzpapa gehabt, meinen Onkel, der wohnte mit seiner Familie im gleichen Haus. Mein Vater war so ein Hans Dampf in allen Gassen. So hat ihn meine Mutter jedenfalls beschrieben. Eines Tages waren sie zusammen ins Strandbad gegangen. Und da hat mein Vater wohl mit irgendeiner Frau rumgemacht, am Badestrand in Wannsee. Da hat meine Mutter sofort gesagt: ›Aus, Schluss, Ende.‹ Hat ihn vor die Tür gesetzt, und dann war jut. Mutter hat nicht mehr geheiratet. Die hat die Schnauze voll gehabt von so 'nem Filou, wollte so eenen nich mehr an der Backe haben. Mein Vater musste dann Unterhalt zahlen. Dreißig Mark im Monat. Und da bin ich später manchmal zu ihm hingefahren und hab das Geld selbst abgeholt. Aber meist war seine neue Frau da, und die war so knausrig. Bei der gab's nie mal 'ne Mark obendrauf.

Später hat meine Mutter jemand kennengelernt, im Ballhaus Berner. Der war als Musiker dort, und das war dann Onkel Rudi gewesen. Der war bei den Verkehrsbetrieben am Fahrkartenschalter. Irgendwann sind sie zusammengezogen. Doch dann ist er auch bald verstorben.«

Frau Mild bemerkte meine volle Kaffeetasse.

»Trinken Sie«, sagte sie. »Nehmen Sie einen Schluck, solang er noch warm ist.«

Sie legte die gefalteten Hände auf den Tisch, zwei Ringe an jeder Hand. »Is' nur Modeschmuck«, sagte sie, als sie meinen Blick sah. »Wenn man schon im Sprechzimmer ist, kann man sich auch mal ein bisschen hübsch machen. Im Haftraum hab ich meist Schlabberlook an, Leggings und langes T-Shirt, vielleicht auch mal ein Kleid. Aber wenn ich Besuch kriege, dann zieh ich mich schon mal gut an. Aber keine Markenklamotten mehr – Markenklamotten brauch ich keine mehr. Ich kauf mir ein T-Shirt aus dem Katalog für fünf oder sieben Euro, das reicht mir. Hauptsache, es ist ordentlich und sauber.«

Sie strich über ihr T-Shirt, an dessen Ärmelende ein Markenname eingenäht war. »Bei uns zu Hause herrschte Ordnung. Unordnung, die gab's bei uns nicht. Ich kann mich entsinnen, dass vor allem mein Onkel für Ordnung gesorgt hat. Mein Onkel war Frührentner, hatte ein Raucherbein und blieb den ganzen Tag zu Haus. Und früher gab's doch noch Übergardinen, und mein Onkel hat hinterm Vorhang einen Schrubber zu stehen gehabt, mit 'nem Zeichen drauf, wie weit die Übergardine zurückgezogen werden durfte, und wehe, einer war dran und hat die Gardine verändert. Das hat er gleich gemerkt. Und auch für die Bettüberdecken hat er 'nen Schrubber verwendet. Diese Decken waren aus so rutschigem Stoff und lagen über den dicken Federbetten. So was hat man heute gar nicht mehr. Und über diese Überdecke, da ist mein Onkel auch jeden Morgen mit 'm Schrubberstiel rüber. Musste alles ganz glatt sein. Da herrschte Ordnung in dem Haushalt. Nein, das war kein Zwang, da hat auch mal wat rumgelegen, aber ebend ordentlich.

Sauberkeit und Ordnung waren bei uns das oberste Gebot. Und die Ordnung hier, die hab ich auch lange so gehalten.

Mein Tisch war immer abgeräumt. Da hatte ich meinen Aschbecher stehen, immer sauber. Hatte ich 'ne Zigarette geraucht, wurde die Kippe gleich entsorgt. Da hat nichts rumgestanden. Heute, wenn ich morgens aufstehe, mach ich als Erstes das Fenster uff und mach dann das Bett, so wie ich das von zu Hause gewohnt bin. Also da würde nie jemand reinkommen und mein Bett so liegen sehen, ist noch nie passiert. Bin nie zur Arbeit, ohne das Bett gemacht zu haben. Sagt die Sozialarbeiterin: ›Warum haben Sie denn die Parfumflasche im Karton.‹ Sag ich, sieht ordentlicher aus. Sagt sie: ›Lassen Sie doch mal die Dinge so liegen.‹ Konnt ich nicht. Hab ich immer, wenn einer rinkam, die Dinge schnell unters Kopfkissen geschoben, damit es aufgeräumt war. So war ich das gewohnt.

Und als ich vom Haftkrankenhaus zurück in meinen Haftraum gekommen bin, da stand die Einkaufskiste auf dem Fußboden und auf dem Tisch die ganzen Sachen von der Untersuchung. Die Röntgenbilder, das EKG, alles lag da, und ich steh in der Tür …« Frau Milds Stimme wurde leise und flehend. »Und ich sag: ›Wie sieht denn mein Haftraum aus?‹ Ich sag, entschuldigen Sie, aber um Gottes willen, sag ich, wie sieht das hier aus? Und dann kam die Sozialarbeiterin fast jeden Tag vorbei und sagt: ›Frau Mild‹, sagt sie, ›ich werf das jetzt mal so hin.‹«

Sie nahm ihr Brillenetui und warf es in die Tischmitte.

»Ich sag: ›Aber das geht doch nicht‹, sagt sie: ›Gewöhnen Sie sich mal an, das lockerer zu nehmen‹, und das hab ich mir so langsam jetzt angewöhnt.«

Sie griff nach dem Etui und legte es an seinen Platz.

»Heutzutage ist mir das scheißegal, ob auf dem Tisch Krümel sind, aber als ich reinkam, war das nicht so. Das war so fest in mir verankert gewesen, dieses Ordnungssystem.

Und als ich das erste Mal Ausführung hatte und nach Hause kam zu meinem Mann, da dacht ich, mich trifft der Schlag. Auf der Mikrowelle standen Pfeffer, Salz, Paprika, Zucker – allet. Da standen die Kochtöppe und der Grill war nicht ordentlich hingestellt. Ich sag: ›Dicker, um Gottes willen, bist du verrückt geworden.‹ ›Nee‹, sagt er, ›ich mach doch nicht jedes Mal den Schrank auf, wenn ich was brauch.‹ Sag ich: ›Dicker, det is ja Fremdchemie mit dir, so wie es hier aussieht.‹ Sagt er: ›Ich fühl mich so wohl. Wenn du wieder da bist, bin ich glücklich, und dann mach ich nichts mehr.‹ Das musste ich erst mal annehmen. Sagt die Sozialarbeiterin: ›Er hat sich sein System jetzt aufgebaut. Lassen Sie es zu.‹ Das hab ich dann gelernt.

Aber meinen Schrank können Se uffmachen, da is alles genau gepackt: Ich hab meine BHs, die sind richtig gelegt, meine Slips« – sie lachte – »sind nach Farben gestapelt, also da hab ich schon einen kleinen Fimmel. Mit der Wäsche, das halt ich noch so und die Schuhe putz ich ooch wie früher. Jeden Sonnabend hat mein Onkel dagestanden und alle Schuhe geputzt. Erst mit der Schuhcreme, und dann hat er poliert mit der Bürste und am besten da noch 'nen Strumpf drüber, und dann hat er gesessen und gepfiffen.«

Sie spitzte die Lippen, um zu pfeifen, aber es kam nur Luft.

»Ich muss sagen, jetzt bin ich wirklich dankbar für das, was ich hier drin gelernt hab. Die ersten Jahre hab ich nichts angenommen. Gar nichts. Weil, ich sitz hier drin ja zu Unrecht. Hab ich sechs, sieben Jahre dazu gebraucht, wat anzunehmen. Sagt der Psychologe: ›Was tun Sie für sich persönlich.‹ Sag ich, ›für mich ist wichtig, was Gutes zu tun.‹ Sagt er, ›Sie sollten für sich selbst auch mal was Gutes tun. Was tun Sie für sich Gutes?‹

Jetzt sag ich: Ich setz mich hin, leg mich, lass mir Zeit für meine Pflege. Das war ja früher nicht. Da hieß es immer nur:

›Biene, mach mal.‹ Mach ich nicht mehr. Der Zwang, der da war, der ist weg. Ich muss nicht mehr funktionieren. Ich hab mir einen Zettel geschrieben. Der hängt in meinem Schrank: ›Vertraue niemand; erzähl nischt Privates; lerne nein zu sagen, bleibe stark; lass dich auf nichts ein.‹ Und der wichtigste Satz im Schrank, was glauben Sie, welcher das ist?«

Sie wartete die Antwort nicht ab. »Nein zu sagen. Als ich das erste Mal nein gesagt hab, da hat es mir gleich wieder leidgetan.«

Frau Mild war auf dem Stuhl zusammengesunken und begann sich jetzt langsam und stöhnend aufzurichten. »Die Bandscheiben«, sagte sie. Sie bekäme bei so einem Schmerzanfall stets Augenringe, so dass die Beamten dann sagten: »Wie sehen Sie denn wieder aus«, und: »Legen Sie sich mal hin.« Aber sie lege sich nicht hin. Sie ginge lieber arbeiten. Das sei Ablenkung und außerdem wäre das auch ein Verdienstausfall.

Sie sah mit einem Mal müde aus und unter dem Rouge hatten sich dunkle Schatten ausgebreitet.

»Jeder Tag beginnt bei mir mit Anspannung. Gleich morgens ruf ich an, hab Gott sei Dank ein Telefon im Haftraum, und immer die Frage, geht er ran oder nicht. Meinem Mann fehlt ja auch die seelische Unterstützung. Ich kann sie ihm nicht so oft geben, wie er sie braucht. Mein Mann war so gesund und kräftig, 46 Jahre als Betonbauer auf dem Bau. 1,86 groß, breit, hundert Kilo, sah aus wie das blühende Leben, und plötzlich vor zwei Jahren fing's an mit dem Herz, und jetzt hat's richtig reingehauen. Krebs. Jetzt ist er ganz und gar auf Hilfe angewiesen.

Manchmal isst er unvernünftig und klagt dann über Schmerzen. Sag ich, ›was hast du denn gegessen?‹ ›Nur 'ne Stulle.‹ ›Mit was denn?‹ ›Mit Teewurst.‹ Sag ich, ›du kannst doch keene Teewurst essen, ist geräuchert und fett‹, und da hab ich ihm was ausgedruckt, was er essen darf. Er muss Buch führen über das, was er isst, und dann sieht man, woran es liegt. Gott sei Dank hat er jemand, der sich um ihn kümmert. Meine Schwiegertochter funktioniert einwandfrei. Obwohl mein Sohn vor zehn Jahren verstorben ist, übernimmt sie die Betreuung von meinem Mann. Und unser Enkel kümmert sich auch, ruft an: Opi, ich komm nach der Schule vorbei und helf dir. Mein Mann war das Leben lang immer an der frischen Luft, aber jetzt ist er praktisch auch eingesperrt.«

Sie schwieg und seufzte und begann schließlich kopfschüttelnd wie zu sich selbst zu sprechen.

»Ich soll die Frau umgebracht haben, um das Konto abzuräumen. Aber das wär ja sinnlos gewesen. Da war ja gar kein Geld mehr druff, als sie starb. Warum sollt ich sie umbringen? Man hat mir vor Gericht Geldgier vorgeworfen. Aber ich hatte immer genügend Geld. Ich war immer sehr verwöhnt mit Geld, hatte immer welches in der Hand. Hatte von Onkel, Mutter, Tante immer zugesteuert bekommen. Brauchte nie um Geld zu fragen.

Ja, das mit dem Konto von der Gisela ist mir vorgeworfen worden. Aber da hat das Schreiben von der Gisela vorgelegen, dass ich über das Konto verfügen kann. Und da haben sie gesagt, das hätt ich gefälscht. Und als kein Geld mehr für die Miete übrig geblieben sei, hätte ich sie umgebracht. Ich hätt sie wegen dem Geld, aus Habgier umgebracht. Keine Ahnung, wie die auf so was gekommen sind.

Sie müssen sich vorstellen: Deren Stiefschwiegertochter hatte gegen mich Anzeige erstattet. Die war der Annahme, ich hätte das Konto unbefugt genutzt. Aber ich hatte ja eine schriftliche Kontovollmacht. Ich konnte also über das Konto verfügen.

Die Stiefschwiegertochter hatte aber mit einer gefälschten Vollmacht Kontoauskunft bekommen. Also die hat noch Glück gehabt, dass sie keine Anzeige bekommen hat. Denn die Frau Neumann hatte ihr nischt unterschrieben. Und als Frau Neumann, die Gisela, von der Anzeige erfuhr, hat sie die Stiefschwiegertochter vom Krankenbett aus rausgeworfen. Die Gisela wollte, dass ich sie weiterhin pflege und wollte mit der Stiefschwiegertochter nichts mehr zu tun haben. Deshalb haben die Krankenschwestern auch weiterhin mich informiert und mich angerufen, als sie entlassen wurde, und sonst niemand. Und die Frau Neumann hatte seit dem Tag, als die Stiefschwiegertochter die Anzeige aufgegeben hat, seitdem hat sie jeden Kontakt zu der abgebrochen gehabt. Da hat die Stiefschwiegertochter versucht, sie als verwirrt hinzustellen, aber die war fit gewesen, die Gisela. Einzig, dass sie schwerkrank war und nicht laufen konnte und dass sie oft gestürzt ist. Sie hat zu mir gesagt, ich soll das Pflegegeld nehmen. ›Biene, das steht dir zu‹, hat sie gesagt. Ganz klar, ich konnte das Pflegegeld nehmen und den Betrag für meine Unkosten. Das hat auch die Kripo gesagt.

Nur für die Zeit, in der die Gisela im Krankenhaus war, hätte ich kein Geld nehmen dürfen, hat die Kripo gesagt. Aber wie oft bin ich mit der Taxe ins Krankenhaus gefahren, hab die Wäsche gemacht, ihr Obst und Kuchen gebracht. Ick hab zu den Kripobeamten gesagt, natürlich bin ich an dem Geld dran gewesen, hier ist die Kontovollmacht, und jut is.«

Frau Mild hatte mit einer heftigen Handbewegung ihr Brillenetui vom Tisch gestoßen. Sie bückte sich erstaunlich rasch und gelenkig und legte das Etui an seinen Platz.

»Ich bring doch nicht einen Menschen um, um 'ner Haftstrafe von höchstens ein, zwei Jahren zu entgehen, und nehm stattdessen lebenslänglich in Kauf. Verstehn Sie, was ich meine? Das war auch die Begründung des Haftrichters. Deshalb hat er den Haftbefehl zuerst wieder aufgehoben. Es war ja bekannt, dass ich das Geld hatte und das Konto leergemacht hab. Das war doch bekannt. Warum sollte ich jemand umbringen für das, was allen bekannt war? Warum sollte ich versuchen, eine Tat zu verschleiern, die schon bekannt war? Ich hatte die Kontovollmacht und konnte über das Geld frei verfügen. Das war ja bekannt. Warum sollte ich, wenn ich die Vollmacht hab, die Frau umbringen? Det is ja – « Frau Mild fehlten die Worte.»In der Urteilsbegründung ham sie gesagt, ich hätte hohe Schulden gehabt und deshalb das ganze Geld haben wollen. So hoch waren aber die Schulden gar nicht, dass ich dafür jemand hätte umbringen müssen. Also die ham das alles vollkommen falsch ausgelegt.«

Frau Mild saß mit hochgezogenen Augenbrauen und schüttelte den Kopf. »Da waren wir in Westdeutschland gewesen, mein Mann und ich, und ich hatte auf der Krankenstation Bescheid gesagt, dass ich erst in zwei Tagen die Frau Neumann wieder zu Hause pflegen kann. So lang muss sie noch im Krankenhaus bleiben, hab ich gesagt. Und da haben sie mir später angehängt, ich hätte sie nicht zu Hause haben wollen, weil ich geplant hätte, sie umzubringen.

Hams se gesagt, ich hätte auswärts in der Apotheke Blutdrucksenker gekauft und später der Gisela gespritzt. Weil, wenn ich vom Insulin was genommen hätte, das hätte der Pflegedienst von der Diakonie gemerkt. Aber das war nur eine Behauptung ohne Beweiskraft.«

Frau Milds Stimme wurde scharf. Sie sprach jetzt schnell in diesem schnoddrigen Berlinisch.

»Müssen Se sich mal überlegen: Ich soll nachts, mehrmals nachts« – sie wiederholte »nachts« mit Nachdruck, als sei vor allem die Nacht gänzlich ungeeignet für so ein Vorgehen –,

»nachts soll ick bei ihr in der Wohnung gewesen sein und soll mehrmals, weil sie nicht gleich tot war, immer wieder versucht haben, sie –« Frau Mild konnte dieses Wort nicht aussprechen. »Also, dann muss ich sie danach nachts aus dem Bett auf den Boden gelegt haben – die Frau hat 85 Kilo gewogen und war ein Meter sechsundsiebzig groß und gucken Sie sich mal meine Figur an. Ich bin zierlich.«

Sie stand auf und drehte sich wie vor einem Spiegel. Sie war klein und drahtig, mit kräftigen Beinen und muskulösen Waden, die der enge blaue Rock sehen ließ. »92 Kilo hat sie gewogen, nicht 72«, sagte Frau Mild. »Und die soll ich vors Bett gelegt haben, soll sie drapiert haben, so dass es aussieht, als ob sie gefallen wär?« Sie schüttelte den Kopf und strich mehrmals über die Tischplatte, als striche sie ein widerspenstiges Tuch glatt.

»Und dann muss ich die Tür verschlossen haben und muss frühmorgens ganz normal runtergegangen sein und die Feuerwehr gerufen haben. Wie sollte ich die Frau jetzt vor die Tür gelegt haben? Sollt ich die Tür vielleicht einen Zentimeter offen lassen, weil sie davorliegt, mich durch den Türspalt quetschen und dann aus der Wohnung gehen? Und dann frühmorgens ganz normal runtergehn? Ich hab damals schon gesagt, also so viel Phantasie wie der Staatsanwalt da entwickelt hat – weeß ick nicht, wo die ihre Phantasie herholen. Dass so was überhaupt irgendjemand gemacht haben soll.

Der Notarzt hat noch gesagt, dass er ihr blaue Flecken zugefügt haben kann, weil er ja versucht hat, sie zu drehen. Die war so verkantet dagelegen.

Ham se gesagt, dass ich mir schon früher Geld ergaunert hätte, weil ich spielsüchtig sei. Nur weil es da Fotos aus Las Vegas gibt, wie ich an so 'nem einarmigen Banditen zocke. Aber die Frauen, denen ich im Haushalt geholfen hab, die ham mir das Geld geschenkt. Aus Dankbarkeit. Ja, später ham sie anders geredet. Da war die Dankbarkeit verflogen. Da wollten diese alten Frauen das Geld wieder zurückhaben. Menschen werden ja oft geizig im Alter.«

Frau Milds Gesicht drückte Enttäuschung und Unverständnis aus. »Alles spricht gegen mich als Täter. Ich geh immer noch davon aus, dass die Gisela gestürzt ist. Aber die Ermittlungen waren speziell auf mich gerichtet. Obwohl am Glas ein Abdruck war, der nicht von mir stammte. Obwohl ein Hausschlüssel unauffindbar war. Und obwohl die Eintragung von der Diakonie fehlte. Die sind immer morgens gekommen und haben sie gespritzt. Auch die Auffindesituation spricht gegen mich als Täter. Die Feuerwehr musste die Tür aufdrücken, denn sie hat davorgelegen. Ham sie gesagt, ich hätte die so manipuliert, dass ich die Tür nachher zumachen konnte. Wenn die gemessen hätten, meine Armlänge, und wo sie gelegen hat und der Rollator davor, das hätte vom Technischen gar nicht gehen können.«

Frau Mild seufzte.

»Was? Wie viel Geld gefehlt hat? Die ham behauptet, es seien zwanzigtausend gewesen. Aber das war nicht so viel. Das war viel weniger. Genau weiß ich es nicht mehr. Ich muss sagen, Geld ist für mich ohnehin nicht mehr im Vordergrund stehend. Früher war es vielleicht ein bisschen anders. Heutzutage schätz ich andere Werte. Ganz andre Werte schätz ich heutzutage. Freiheit nämlich – die kann ich mir nicht kaufen. Natürlich hab ich an eine Wiederaufnahme gedacht. Ich wollte damals Gysi nehmen. Na, unter dreihundertfünfzig Euro die Stunde wär ich da bei dem nicht weggekommen. So. Wo sollt ick det Geld herholen? Mein jetziger Anwalt ist gut, arbeitet auch am Sonnabend und Sonntag und schläft mitunter sogar in der Kanzlei. Er sagt, Frau Mild, da wurden so viele Unstimmigkeiten produziert in Ihrem Prozess. Er arbeitet bereits seit zwei Jahren daran und hat immer noch nicht alle Akten vorliegen. Also zwei Jahre sind schon mal weg, ohne dass irgendwas geschehen ist. Und wenn er alles hat, muss er die Begründung finden, und das dauert auch wieder. Da kann er noch so fleißig sein und bis in die Nacht arbeiten. Schneller geht es in der Bürokratie nicht. Und ob überhaupt eine Wiederaufnahme zugelassen wird, das kann drei, vier Jahre dauern, bis das entschieden ist. Bis dahin bin ich vielleicht schon entlassen. Glauben Sie mir, ich hab so viele Schicksalsschläge erleben müssen, dass mir jetzt nichts Schlimmes mehr passieren kann. Es kann jetzt nur noch besser werden.«

Frau Mild neigte mit schmerzlichem Ausdruck den Kopf zur Seite. »Sie wollen wissen, was ich mir wünsche? Einzig mit meinem Mann noch ein paar schöne Tage erleben, das wünsch ich mir. Andere Wünsche hab ich nicht. Gemeinsam ein sorgenfreies Leben führen. Mein Mann hat 'ne schöne Rente, ich hab meine, wir können gut leben. Geld allein macht nicht glücklich. Offenheit, Ehrlichkeit, das sind die Dinge, die am meisten zählen. Natürlich wäre reisen schön. Noch mehr von der Welt kennenzulernen wär schön. Nach Abu Dhabi möchte ich gern. Doch jetzt kann mein Mann nicht mehr reisen. Gut, dann können wir auch mal im Umland Wellness machen. Kann auch nett sein.

Mir ist wichtig, dass ich meinen Vollzug gut mache, dass es so schnell wie möglich in den offenen geht. Dann kann ich bei meinem Mann sein, das ist mein wichtigstes Ziel. Normal wären es jetzt noch fünf Jahre, aber der Anwalt sagt, er macht einen Antrag auf Gnadengesuch. Mein Herz ist nicht in Ordnung, und das Herz ist ein wichtiger Punkt beim Gnadengesuch. Auch die soziale Bindung spielt 'ne Rolle. Da kommen viele Faktoren zusammen, wo ich Glück haben kann, dass es angenommen wird. Na, hoffentlich. Ick bin zuversichtlich.«

Frau Mild nickte mir aufmunternd zu.

»Essen Sie noch ein Stückchen Kuchen. Schmeckt er Ihnen?«

*(...) bei dem Verbrecher, und zwar
fast bei jedem, setzen im Augenblick
der Tat in einer gewissen Weise Wille
und Verstand aus und werden
überdies von einem kindischen,
phänomenalen Leichtsinn abgelöst,
ausgerechnet in einem Augenblick,
in dem Verstand und Umsicht vor
allem andern nötig sind.*

Dostojewski, Schuld und Sühne

4

FAHRTKOSTEN

Dieser Teil der Stadt ist voll Hässlichkeit und Verwahrlosung, und die Menschen bewegen sich zwischen den hinfälligen und beschmierten Gebäuden mit einer latenten Wut, rempeln schimpfend die nicht in ihrem Takt gehenden Passanten mit Taschen und Ellbogen an, ziehen ihre maulenden Kinder mit sich fort, das Handy am Ohr, die Zigarette im Mund.

Mike Wernig war um zehn am vereinbarten Ort. Fünf Stunden zu früh. Um sechs war er aufgestanden und hatte Kaffee gekocht. Die Frau war zur Arbeit, das Kind zur Schule und er zum vereinbarten Treffen gegangen. Stand da, fünf Stunden zu früh. Was hätte er tun sollen? Zurückfahren zwei Stunden lang? Das hätte nicht gelohnt. Spazierengehen? Bei dem Sauwetter, nein, da hatte er sich die Zeit lieber mit Zeitunglesen und Rauchen vertrieben.

Er stand auf, als ich eintrat, und drückte die Hand mit einem schmerzhaften Griff. Er war groß, wirkte athletisch in der braunen Lederjacke und trug das Basecap tief ins Gesicht gezogen. Er hatte den blassen sommersprossigen Teint eines Rothaarigen.

»Es war dumm von mir«, sagte er. »Ich hatte mich vertan, war irgendwie freudig erregt. Und auch ein bisschen unsicher wegen der Sache, und so kam's zu dem Irrtum.«

Im Flur stand ein Kaffeeautomat, und Wernig nahm den Becher so behutsam in die Hand, wie es nach dem Händedruck nicht möglich schien. Dann setzte er sich mir gegenüber an den Tisch und schaute mich an.

»Was wollen Sie wissen?«, fragte er scharf und ungeduldig. Unvermittelt hatte er alle Verbindlichkeit abgelegt.

Wernig war in Thüringen aufgewachsen. Seine Eltern hatten eine Gaststätte, später einen Lebensmittelladen und einen Bratwurststand. Ihr Leben war Arbeit, sagte er. Das ihrer vier Kinder auch. In der Schule und daheim. Das große Fachwerkhaus, der Schuppen, die Stallung, die Wiese – Platz gab es genügend und genügend Arbeit auch. Die beiden Mädchen besorgten das Haus, die beiden Jungs den Stall. Hundertzwanzig Kaninchen, zwanzig Hühner, elf Schäferhunde, vier Ponys: füttern, striegeln, ausmisten, Gras schneiden, Heu einholen. Mike war der Jüngste. Der Bruder, elf Jahre älter, führte das Kommando. Er war Vaters Liebling, und nichts gab's an ihm auszusetzen. Der Bruder tat ohne Murren, was der Vater forderte.

Es sei keine schöne Kindheit gewesen, sagte Wernig. »Es war eine ausgefüllte Kindheit. Das schon. Ausgefüllt bis zum Rand.« Doch zu einer schönen Kindheit gehöre Freizeit, Zeit für Spiele und Spaß. Die habe es nicht gegeben.

»Wir waren zwar immer in der Natur, aber wir hatten keine Zeit, mit der wir machen konnten, was wir wollten. Wir mussten uns kümmern.«

Er habe, wie die andern, die befohlene Arbeit gemacht, aber nie gern. Und schließlich habe er sie gehasst.

»Meine Mutter war der softe Part in der Familie«, sagte Wernig. »Und mein Vater bestimmte, wo es langging. Das war gut, und das war schlecht.« Der Vater sei ein Arbeiter vor dem Herrn gewesen. Ohne Ende habe der gearbeitet.

»Der hat gearbeitet wie ein Wilder. War ein Perfektionist, mein Vater.« Bis zu seinem Tod sei er das gewesen. Alles habe immer perfekt sein müssen.

»Sie hätten mal sehen sollen, was der aus dem alten Fachwerkhaus gemacht hat. Das war ein ziemlich oller Kasten, aber es war toll, was er draus gemacht hat.« Und Wernig begann in hohen Tönen die Arbeit seines Vaters zu loben. Gleich zweimal habe er Haus und Hof erneuert. »Das zweite Mal, als die Grenze offen war und es die Möglichkeit gab, Material zu kaufen. Da hat er noch mal von vorn begonnen und alle Fenster wieder rausgerissen und alles neu gemacht. Ganz allein«, sagte Wernig. Der Vater habe das Haus geerbt und ein Stück Land dazu, und bald habe er sich sogar ein Auto leisten können.

»Er sorgte, dass es der Familie nie am Nötigen fehlte. Der Kühlschrank war immer voll. Wir hatten alles. Und trotz seines Alkoholproblems hat es immer genügend Geld gegeben. In Sachen Arbeitsleistung – Respekt, da zieh ich den Hut bis zum heutigen Tag.«

Aber Familiengefühl habe er nicht besessen. Er sei ein emotional unzugänglicher Mensch gewesen. Und in Sachen Kindererziehung, sagte Wernig, da habe der Vater versagt. Vollständig versagt. »Meine Mutter hat auch hart gearbeitet, aber sie ist so gewesen, wie eine Mutter eben sein soll. Sie hat gezeigt, dass es Liebe gibt, und hat uns auch mal in den Arm genommen.

Das konnte sie. Das konnte der Vater nicht. Der Vater hat bestraft. »Er war«, sagte Wernig, »das Gesetz mit Vollstreckung. Mein Vater war als Kleinkind adoptiert worden. Seine Eltern hatten ihn an einer Straße zurückgelassen. Ausgesetzt. Sie hatten ihn nicht mehr gewollt.«

Doch auch in der neuen Familie sei er ohne Liebe aufgewachsen und dadurch ein misstrauischer, verschlossener Mensch geworden. Was er empfand, habe er nicht gezeigt, sagte Wernig. Hin und wieder sei es zum Vorschein gekommen. An Weihnachten habe man schon mal Tränen bei ihm sehen können. Gewöhnlich aber sei er wie ein Offizier gewesen, der seinen Dienst versehen habe, Dienst für die Familie. Was der Vater vorschrieb, war verbindlich. Fleißig musste man sein, gut und erfolgreich arbeiten, das war Pflicht. Wer dagegen verstieß, bekam Prügel.

»Wenn ich eine Fünf nach Hause brachte, gab es Backpfeifen. Doch was haben die Backpfeifen bewirkt? Nichts. Die konnten gar nichts bewirken. Mit den Backpfeifen hab ich weder die Note verbessern können noch die Aufgabe begriffen. Man hätte mit mir üben sollen und das Problem sachlich angehen. Stattdessen blieb es bei der immer gleichen Prozedur: Du hast 'ne Fünf. Backpfeife. Ab ins Zimmer. Stubenarrest. Das ist doch dumm, nicht wahr? Damit ist die Aufgabe immer noch nicht gelöst und beim nächsten Mal wird's wieder 'ne Fünf, und so greift eins ins andre.«

Wernig ließ gar nicht ab von diesem Bild. Immer wieder stand da das Kind mit der Fünf, geprügelt und eingesperrt im Zimmerarrest.

»Ich wusste: Durch Schläge wird die Fünf keine Eins, und die Backpfeife hilft mir nicht, die Aufgabe zu lösen. Doch ich musste sie ja auch gar nicht lösen. Es hieß ja nicht: Backpfeife und jetzt setzt du dich hin und löst die Aufgabe, sondern: Backpfeife, geh ins Zimmer, Stubenarrest. Mit der Backpfeife und dem Stubenarrest war die Angelegenheit erledigt. So hat sich das bei mir festgesetzt damals. Es ist mir diese Art der Problemlösung gewissermaßen eingebläut worden, bis ich dann selbst mit Problemen auf die gleiche Weise umging.«

Wernig senkte den Kopf und zog am Basecap. »Theoretisch würd ich heute noch genauso reagieren. Wenn mein Kind 'ne Fünf schreibt, dann gib ihm, statt die Aufgabe mit ihm zu lösen, 'ne Backpfeife, und dann ist's gut. Das tu ich natürlich nicht, aber das würd ich tun, wenn ich weiter auf dieser Schiene gefahren wär.«

Die Mutter habe gelitten, wenn der Vater die Kinder zuge-richtet habe. Meist sei sie aus dem Zimmer gegangen. »Was hätte sie auch tun sollen. Wenn sie sich eingemischt hat, hat sie selbst Prügel bezogen.« Sie habe es hinnehmen müssen, dass ihre Kinder verdroschen wurden mit schweren Schlägen an den Kopf, mit dem Lederriemen auf den blanken Hintern. »Die Umwelt? Die hat sich doch damals einen Dreck um die Spuren der Schläge gekümmert. Niemand hat das interessiert. Auch keinen in der Schule.

Die Lehrer haben die schlechten Schüler in die letzte Reihe gesetzt. Dort konnten sie machen, was sie wollten. Die hat man einfach abgeschrieben. Natürlich ist das das falsche Rezept gewesen. Man hätte die Schlechten in die erste Reihe setzen sollen, damit man ihnen auf die Sprünge hilft. Aber daran war niemand interessiert.«

Wernig fuhr sich erneut an seine Kappe und zog mit seiner großen Hand am Schild. Der hing nun dicht über den Au-gen.

»Auch meinem Vater war ich schließlich egal. Wenn ich schlechte Noten brachte, hieß es nur noch: ›Du taugst eben nichts. Wirst mal auf der schiefen Bahn landen.‹ Und wenn dir das schon im Elternhaus prophezeit wird, dann entwickelt sich ein gewisser Glaube an das, was kommen wird, ein Glaube, dass man es nicht schafft, vernünftig zu sein.

Als Kind weißt du nicht, was du alles schaffen kannst, wenn du nicht jemand hast, der dich ermuntert und dir was zutraut. Mir hat niemand was zugetraut, und ich mir selber auch nicht. Und so hat sich dieses fehlende Selbstvertrauen ins Leben eingefressen. Bis in mein zwanzigstes Jahr. Es ist nicht so gewesen, dass ich mich aus allem ausgeklinkt hab und keine vernünftigen Interessen hatte als Kind. Mit zehn, mit zwölf hab ich alte Röhrenfernseher und Radios organisiert und in meinem Zimmer dran rumgebastelt.«

Und tatsächlich sei es ihm auch gelungen, diese Geräte wieder herzurichten. Er habe sich eine kleine Werkstatt in seinem Zimmer eingerichtet und die kaputten Toaster und Föhne der Nachbarn repariert.

»Und eines Tages komm ich aus der Schule nach Haus, und da war meine Werkstatt aus dem Zimmer verschwunden. Weggeräumt, auf den Müll geworfen. Vater wollte nicht, dass ich mich mit dieser Bastelei, wie er sagte, noch länger aufhalte. Das sei Drückebergerei. Mein Vater wollte mich in der Landwirtschaft haben. Er hat mich in die Landwirtschaft gezwungen. Ich durfte nicht Elektriker werden, sondern musste in den Beruf, den mein Vater mir vorschrieb. Rinderzüchter. Wie Gregor Gysi. Der hat das auch gelernt. Es war genau das, was ich nicht wollte. Ich hab nun mal gern mit Elektrogeräten gebastelt und mich nicht für Kühe interessiert, verstehen Sie? Das hat mein Vater einfach nicht begreifen wollen, dass die Landwirtschaft nicht meine Welt war, aber er zwang mich hinein. Und wenn das ganze Leben immer nur nach den Gesetzen des Vaters läuft, wenn immer nur getan werden muss, was er will, was er denkt, das richtig ist, dann greifen Sie immer mehr ins Leere. Statt Unterstützung gab's Prügel. Und dann versuchen Sie, dagegenzuhalten und das zu machen, was Sie wollen, und machen dabei Fehler. Jede Menge Fehler. Warum? Weil es schwer ist, allein den richtigen Weg zu finden.«

Wernig stand unvermittelt auf und stieß gegen den Tisch, dass der kippte und polternd wieder zurückfiel. Er müsse mal raus, sagte er, Zigarettenpause.

Mit zwölf hatte Wernig sich das erste Mal auf den Weg gemacht. Er hatte Brot und Limonade in seinen Rucksack gepackt, war mit dem Rad zum Bahnhof gefahren und in den Zug gestiegen. In Probstzella wollte er aussteigen und dann den Weg über die Grenze finden. Das war 1980. Aber die Volkspolizisten erwischten ihn bereits im Zug, und er wurde in ein Heim gebracht. Dort hat ihn der Vater abgeholt und windelweich geschlagen.

Ob er später mal versucht habe, nun seinerseits den Vater zu verprügeln?

»Ich hab's getan. Einmal nur. Ich hab ihn verprügelt, als er meine Frau angebaggert hat. Ich war damals mit meiner späteren Frau abends zu den Eltern gefahren. Wir waren verlobt, und sie war schwanger mit unserem Sohn. Sie saß mit meiner Mutter in der Wohnstube, und mein Vater und ich waren im Zimmer meines Bruders. Mein Vater hatte was getrunken und hat sich lauthals über meine Frau lustig gemacht. Er wollte nicht aufhören damit, und da hat er von mir 'n Brett gekriegt. Er ist übern Tisch gefallen, und von da an war Schluss. Schluss mit dem Kontakt. Ob ich den Schlussstrich bedauert habe?«

Wernig zögerte. »Nicht wirklich. Froh war ich auch nicht darüber. Es war einfach so. Er sollte mal wissen: Das geht auch irgendwann mal umgekehrt. Als Kind kannst du dich nicht gegen Erwachsene wehren, und nun war ich in dem Alter, wo ich's konnte. Und das war ein Stückweit Genugtuung. Hört sich böse an, aber so war es. Es war bloß ein Schlag. Er fiel übern Tisch und rannte dann aus dem Zimmer. Damit wusste er: Jetzt ist Schluss mit diesem ewigen Drangsalieren. Er hat mich von da an in Ruhe gelassen.«

Er hätte in Kindheit und Jugend jemanden gebraucht, der seine Fähigkeiten erkennt und ihn darin fördert. Aber es habe weder Zeit noch Interesse gegeben. Viel später erst habe sich seine große Schwester um ihn gekümmert. Aber da sei alles schon in die falsche Richtung gelaufen.

»Bei meinen beiden Schwestern war die Entwicklung anders gelaufen. Die waren beide sehr gut in der Schule. Sie saßen abends da und lasen Bücher. Ich dagegen wollte Abenteuer erleben und nicht zu Hause sitzen und Bücher lesen. Das hab ich erst später in der Haft gemacht. Dann war's zu spät. Mein Leben war bereits im Dreck gelandet.«

Wernig hatte, während er sprach, die großen Hände auf die Tischplatte gelegt und zu Fäusten geballt. Die rötlichen Fingerknöchel waren dabei weiß geworden.

»Heute läuft die gesamte Erziehungsgeschichte ja auf andere Weise falsch. Ich seh es ja an der Tochter meiner Freundin. Große Klappe, Respektlosigkeit – ›Was willst du denn von mir‹ und ›Laß mich in Ruh‹ – es läuft einfach falsch. Erstaunlich, dass es immer noch falschläuft.

Ich hab zu Hause immer mein Essen gehabt, meine Kleidung, diese Fundamente haben gestanden, aber die Feinheiten, die haben vollständig gefehlt. Keiner hat gesagt: ›Ach, der kann Radios reparieren und hat Spaß daran. Vielleicht will er mal ein Buch darüber lesen oder mal in einer Werkstatt zuschauen, damit er sieht, ob ihm die Arbeit gefällt.‹ Das hat komplett gefehlt. Stattdessen wurde der ganze Kram auf den Müll geschmissen, und ich in den Kuhstall gestellt – wutsch. Nun melk mal Kühe. Eigentlich liebe ich Tiere. Aber wenn man gezwungen wird, mit Tieren umzugehen, dann bekommt man einen Hass auf sie. Und eigentlich auf alles. Mit dreizehn hab ich selbst um meine Heimeinweisung gebeten. Hab es zu Haus nicht mehr ausgehalten. Bin zum Kreisrat gegangen, um mich einweisen zu lassen. Hat nicht geklappt. Wurde abgelehnt. Mit vierzehn bin ich das zweite Mal von zu Hause weg. Ich wollte übers Dreiländereck in den Westen. Meine Mutter hat mir noch Geld zugesteckt und Stullen eingepackt. Sie wollte mir helfen, vom Vater wegzukommen. Ich bin durch den Wald, den Rucksack voll mit allem möglichen Werkzeug und einer Geländekarte. Aber in der DDR gab es keine richtigen Karten. Alle Grenzgebiete waren an den entscheidenden Stellen geschwärzt, das heißt grün eingefärbt. So bin ich direkt einer Patrouille in die Arme gelaufen. Da war auch die zweite Flucht in die Hose gegangen.

Es waren ja nicht nur Fluchten weg von zu Hause, es waren Republikfluchten. Ich wurde zum Feind des Staates und hatte mir damit alles verbaut. Dazu kamen die Diebstähle und die Körperverletzung, und da hab ich achtzehn Monate Jugendstrafe bekommen. So bin ich mit siebzehn nach Bautzen eingefahren. Wir waren achtundzwanzig Mann in einer Zelle. Und weil ich keine Anweisungen von irgendeinem Zellengenossen bekommen wollte, war ich es, der Anweisungen gab. Ich war ja Hobbyboxer, groß und gut trainiert und hab schließlich bestimmt, wo's langgeht. Ordnung musste sein, und wenn sich einer nicht dran hielt, gab's 'n Brett.

Damals hab ich Leute kennengelernt, die fast ihr ganzes Leben im Knast verbracht haben. Das waren oft gute Kumpels, und ich dachte mir: Alles klar, das ist jetzt auch dein Weg. Ich wusste, dass ich privat gar nicht mehr auf die Beine kommen konnte. Mit diesen Eintragungen in deiner Akte hast du wenig Chancen, wieder vernünftig am Leben teilzuhaben. Ich hätte in die SED eintreten müssen. Aber auch dann hätte es

Jahre gedauert, bis ich mich aus dieser Drecksecke rausgearbeitet hätte. Es hätte viele Jahre gedauert, um wieder auf den Level eines normalen Bürgers zu kommen und vielleicht die Möglichkeit zu haben, eine kleine Werkstatt aufzumachen.

Als ich entlassen wurde, hat man mir den Personalausweis weggenommen. Ich durfte den Wohnort nicht verlassen und hatte Berlinverbot. Mein Ausreiseantrag wurde vor meinen Augen zerrissen, und man kann sagen, dass ich von diesem Zeitpunkt an tatsächlich ein Staatsfeind war. Ich hab nur noch mein Ding gemacht. Hab mich völlig auf die Verbrecherschiene eingelassen. Ich war von da an gegen alles. Opposition auf jeder Ebene. Ich hatte was gegen den Kuhstall, in dem ich arbeiten sollte, hatte was gegen die Politik, war gegen das System und gegen diese Art der Lebensführung. Dieses Leben wollte ich nicht führen. So hatte ich mir das nicht vorgestellt, im Kuhstall und geschurigelt. Dann kam die Wende. Da hab ich noch mal eine Chance gewittert. Bin in den Westen und hab geguckt, wo ich vorwärtskommen kann. Hat auch geklappt, am Anfang.«

Er schwieg und stieß plötzlich mit einem Ruck seinen Stuhl zurück und sprang auf. »Können wir mal 'ne Kaffeepause machen?«

Er verließ den Raum und kam nach kurzem mit Kaffee zurück. Trank, schwieg und starrte vor sich hin. Hatte er Freunde gehabt? Jemanden, den er mochte?

»Natürlich hab ich Freunde gehabt, damals in der Jugend. Wir waren drei Kumpels, und die Tatsache, dass wir die gleichen Interessen hatten, zeigt, dass es bei ihnen zu Hause ähnlich gelaufen ist. Auch sie hatten gewalttätige Väter und Mütter, die eher devot und schwach waren. Deswegen hat das auch gepasst.

Wir drei wollten vor allem Blödsinn machen. Wir wollten

bewusst Mist bauen. Wir stiegen in Gartenlauben ein, tranken den Wein der Besitzer, aßen das Eingemachte, feierten Party. Wir brachen Scheunen auf und schlossen Traktoren kurz, klauten Alkohol und Zigaretten und schließlich auch Autos für 'ne Spritztour; – Diebstahl, Einbruch, Körperverletzung, die ganze Latte. Es war ein Protest gegen das Establishment. Wir hatten unsern Spaß.

Meine Mutter war völlig machtlos gegen unser Treiben. Sie konnte sich weder gegen Vater durchsetzen noch gegen uns Kinder. Sie war 'ne ganz Brave. Sie lebt noch. Mein Vater ist gestorben.

Ob das eine Erleichterung für mich war? Es war mir egal.

»Nein«, rief er gleich darauf, als fiele ihm ein, dass er Dinge differenzierter sehen sollte. Seine Stimme wurde hart und laut.

»Es ist mir natürlich nicht egal, das ist Quatsch, 's ist ja mein Vadder. Es gab auch gute Seiten an ihm, nicht nur schlechte. Meine Mutter allerdings hatte noch Jahre nach seinem Tod Albträume und Panikattacken, weil sie dieses Leben mit dem Mann wie eine Tortur erlebt hat. Zu seinen Lebzeiten hatte sie sich nicht von ihm lösen können. Sechsundfünfzig Jahre war sie mit ihm verheiratet. Erst vor kurzem hat sie das Haus verkauft und ist weggezogen. Jahre nach dem Tod meines Vaters hatte sie erst die Kraft, diese Welt aus Zwang und Gewalt hinter sich zu lassen.

Jetzt hat sie's geschafft. Sie wohnt mit meinem Bruder zusammen. Haben sich eine Dreizimmerwohnung in der Kreisstadt genommen. Er betreut sie. Sie ist jetzt 78 und krebskrank. Jetzt, da sie langsam aus dieser Ehe, dieser geistigen Umklammerung rauskommt, wird sie krank. Doch mein Bruder kümmert sich um sie. Er war sein ganzes bisheriges Leben der Handlanger meines Vaters gewesen, hatte sich ihm vollständig untergeordnet und hatte nicht den Mumm zu sagen: ›Leck mich, ich geh weg.‹ Er hat sich diese Tortur gefallen lassen. Er hat sich dem Vater unterworfen. Jetzt ist er fünfundfünfzig. Und jetzt sind Mutter und ihr Ältester beide so halbwegs zufrieden. Sie haben jetzt alles, und gut ist's.«

Er kramte in seiner Jackentasche, zog Zigaretten hervor und steckte sich eine hinters Ohr. »Aber um jetzt mal auf das eigentliche Problem zu kommen – ich saß ja schließlich nicht wegen Fahrraddiebstahls zwanzig Jahre in Haft. Sie wissen, weswegen ich saß.«

Nach der Wende war Wernig zu seinem Onkel ins Ruhrgebiet gefahren. Der nahm ihn auf und verschaffte ihm Arbeit. Beim Straßenbau, als Lagerarbeiter, in einer Großküche. Wernig war jetzt dreiundzwanzig, mietete sich eine kleine Wohnung und begann Pläne zu schmieden, wollte seine Frau mit dem Kind nachkommen lassen und hatte sich für einen Job als Metallarbeiter entschieden. Zum Bewerbungsgespräch war er in die nächste Stadt gefahren, und als er dabei war, aus dem Zug auszusteigen, stieß ihn jemand mit einem Gepäckstück derart, dass er auf den Bahnsteig stürzte. Er hatte sich nicht verletzt, und der Reisende hatte sich entschuldigt, aber Wernig fand die Entschuldigung ungenügend und versetzte dem Mann einen Kinnhaken. Der ging zu Boden und musste ins Krankenhaus gebracht werden. Wernig wurde verhaftet und landete für fünf Monate im Gefängnis, verlor die Chance auf den Arbeitsplatz, verlor seine Wohnung und die Lust auf einen Neubeginn. Als er freikam, fuhr er erst mal in Urlaub und brach sich bei einem Motorradunfall den Fuß. Da hielt am Straßenrand ein Auto. Denis öffnete die Tür, brachte Wernig zum Arzt und nahm ihn später in seine Wohnung mit. Dort stand ein Sofa für ihn.

»Eines Abends sind wir los und wollten Zigaretten holen. Aber der Zigarettenautomat nahm keine Scheine, und wir hatten nur einen Zwanzig-Mark-Schein. Also sind wir die Straße runter zum Kiosk. Doch der Kiosk hatte geschlossen. Ich konnte nicht gut gehen, hatte den Fuß ja noch in Gips. Da hab ich mich auf die kleine Brüstung vor dem Kiosk gesetzt und gab Denis die zwanzig Mark. Ich sagte: ›Geh zur Gaststätte da vorn und hol Zigaretten. Ich bleib hier sitzen und warte auf dich.‹ Er haute ab, und als er wiederkam, hatte er die Taschen voller Geld. Ich sag, was ist denn das? Sagt er: ›Erzähl ich dir zu Hause.‹ Als wir dort ankommen, steht die Polizei bereits vor dem Haus. Vermutlich hatte jemand Denis in Aktion beobachtet. Er hatte einen Passanten auf der Straße überfallen. Mit 'ner Gaspistole. Hatte ihm das Geld abgenommen. 1023 Mark. Der Typ war offenbar gerade vom Geldautomaten gekommen. Die Bullen haben uns gleich mitgenommen. Sie haben Denis den Raub zwar angehängt, aber er hat Bewährung bekommen, weil er nicht vorbestraft war. Ich war der Ältere und vorbestraft, und obwohl ich bei der Tat gar nicht dabei war, ging ich für vierzehn Monate in den Knast. Wegen Planung eines Raubüberfalls. Das war Irrsinn, diese Behauptung. Denis hatte den Mann ja zufällig auf der Straße getroffen. Kann man den Zufall planen? Das Urteil war ungerecht, und vierzehn Monate wollte ich nicht absitzen. Nach neun Monaten hatte ich den ersten Ausgang, und da bin ich abgehauen. Bin nicht mehr zurück. Fand, ich saß zu Unrecht.«

Wernig schlug sich als Gelegenheitsarbeiter durch und begann zu trinken. Auf einer seiner Sauftouren lernte er Erich kennen. Erich war alkoholkrank und lebte in einer leerstehenden Wohnung. Wernig, der keine Bleibe hatte, zog bei ihm ein. Über Monate versanken beide im Suff. Gemeinsam lebten sie von Erichs Rente und von dem, was Wernigs Schwester ihm zusteckte.

»Die Wohnung war in einem furchtbaren Zustand. Total vermüllt. Erich war Messie und sammelte aus dem nahe gelegenen Park, was er an Müll fand. Den hortete er in seinem Zimmer. Weil er die Außentoilette nicht benutzen mochte, standen im Zimmer zwischen dem Müll Eimer mit Fäkalien. Ich hab dann begonnen, die Wohnung zu reinigen, bis sie einigermaßen sauber war. Bis auf Erichs Zimmer. Irgendwann hab ich zu ihm gesagt: ›Weißte wat, ich hab jetzt noch fünf Monate Reststrafe, die sitz ich ab, dann komm ich raus und wohn wieder bei dir. Hab dann erst mal ein Dach überm Kopf und kann ein vernünftiges Leben beginnen.‹ Erich sagte: ›Alles klar, kein Problem, kannste einziehn, wenn de rauskommst.‹ Am nächsten Tag haben wir Stress miteinander gehabt.«

Es sei nicht wegen Erichs Sammelwut gewesen, dass sie in Streit gerieten, obwohl in dessen Zimmer der Müll bereits wieder kniehoch gelegen habe. Er habe Erich vorgeworfen, zu leichtsinnig mit dem Geld umzugehen, von dem sie beide lebten. Die Saufbrüder im Park auszuhalten sei bekloppt, habe er Erich gesagt. Damit müsse Schluss sein. Daraufhin sei Erich aufgestanden und habe Wernig eine Ohrfeige gegeben.

»Ich musste fast lachen, wie er da so schwankend vor mir stand und mir 'ne Backpfeife gab. Ich bekam keine Wut, sondern fand ihn einfach nur widerlich, verwahrlost und stinkend. Ich konnte ihn nicht mehr ertragen und hab ihn umgehauen. Peng. Da lag er. Mit einem Schlag umgehauen – tscht –, und dann war Schluss.

Ja, ich wusste, dass man mit einem Schlag töten kann, aber nicht, dass ich das kann. Dass ich das bin, der das macht, hätte ich nicht gedacht. Deshalb hab ich auch gar nicht gemerkt, dass er tot ist. Der ist einfach nur umgefallen – tscht –, ich hab weiter fernsehgeguckt, weil ich dachte, der ist bewusstlos. Halbe Stunde später hab ich erst gemerkt, der bewegt sich gar nicht mehr, hab festgestellt – ubs –, der ist ja tot.

Im Urteil wurde behauptet, dass ich auf Erichs Kopp eingedroschen hätte. Stimmt nicht. Erich hat sich den Schädel selbst zerschlagen. Er ist durch meinen Faustschlag nach vorn auf den Tisch gefallen und hat sich dabei die Verletzung zugezogen. Ich wollt ihm ja nix Schlimmes tun. Ich hab ihn bloß dazu bringen wollen, die Wohnung zu entmüllen und vernünftiger mit dem Geld umzugehen. Ich hatte die Schnauze voll von seinem ekelerregenden Verhalten. Das Gericht sah das anders. Es gab siebeneinhalb Jahre Nachschlag. Damit bin ich nach Tegel eingefahren. So begann diese Geschichte.«

Zum zweiten Treffen erscheint Wernig nicht. Er habe leider verschlafen, sagte er anderntags. Ja, sein Mittagsschlaf habe sich überraschenderweise so ausgedehnt, dass er erst am Abend aufgewacht sei. Das täte ihm leid. Zum nächsten Termin käme er bestimmt pünktlich. Ich könne mich darauf verlassen.

Beim dritten Treffen verspätete sich Wernig um zwei Stunden. Er drückte mir wieder schmerzhaft die Hand, gab dem Stuhl einen Tritt, dass er umfiel, und ging mit großen Schritten zum Fenster und riss es auf. Er müsse jetzt erst mal eine rauchen, und klopfte eine Zigarette aus dem Päckchen. »Was? Rauchen auch nicht am Fenster? Na gut«, sagte er und knallte das Fenster zu, »dann eben draußen.«

Als Wernig zurückkam, war seine nervöse Wut verflogen.

»Ich hab heut nur Scheiß erlebt. Tut mir leid, dass ich ausgerastet bin.«

Er wolle heute mit der richtigen Version der Tatgeschichte rausrücken. Es mache für ihn keinen Sinn, jetzt noch drum

rum zu reden. Tatsächlich habe er an jenem Abend ein Eisenrohr gegriffen, das im Müll lag, und Erich mit Wucht damit ins Gesicht geschlagen.

»Ich hab ihm den Gesichtsschädel zerdroschen. Den Oberkiefer ins Gehirn rin. Der Schädel ist gesplittert und das Gehirn rausgequollen. War alles zerkleinert, Nase, Backen, Augenhöhlen, das ganze Gesicht eben. Ich hab ihn gar nicht weiter angeschaut. Der is schließlich umgefallen und hat dagelegen, auf der Seite, im Müll, und hat geröchelt. Ich dachte, das wird schon wieder, und hab mich in den Sessel vor die Glotze gesetzt und weiter Bier getrunken. Irgendwann merk ich, dass das Röcheln aufgehört hat, und da hab ich versucht, ihn zu reanimieren. Aber das war eklig. Das Gesicht sah aus wie Matsch, und da hab ich es mit Herzmassage probiert. Hat nix genutzt. Was sollt ich tun? Hab eine Decke über ihn gezogen, mich wieder vor die Glotze gesetzt und weiter getrunken, bis ich eingeschlafen bin.

Am nächsten Morgen lag er immer noch so da. Da hab ich den restlichen Schnaps getrunken, na, vielleicht eine halbe Flasche, und ihn dann unterm Müll begraben. Hab die Fenster geöffnet und bin raus aus der Wohnung.«

Das Gericht verurteilte Wernig zu zehn Jahren, sechs Monaten und wies ihn zunächst in die forensische Psychiatrie zur Entzugstherapie ein. Nach zwei Wochen war er wieder frei. Er hatte gemeinsam mit einem anderen Häftling die beiden Pfleger bedroht, das Alarmgerät zerschlagen und war geflüchtet. Wohin?

»In der Großstadt ist es nicht schwer, unsichtbar zu werden. In einer Kneipe lernte ich Fuhrer kennen.« Fuhrer besaß zwei Kneipen, und Wernig begann für ihn zu arbeiten. Er trank nicht mehr, arbeitete gut und führte nach wenigen Wochen eines der beiden Lokale erfolgreich allein.

»Ich hatte plötzlich wieder Hoffnung, mein Leben doch noch auf 'ne normale Schiene setzen zu können. Ich hatte vor, sobald ich etabliert wäre, mich zu stellen und meine Reststrafe zu verbüßen.«

Fuhrer, der mit Wernigs Arbeit hoch zufrieden war, war alkoholkrank, aber längere Zeit trocken gewesen. Jetzt steckte er in finanziellen Schwierigkeiten und hatte wieder zu trinken begonnen. Seine Freundin hatte ihn aus der gemeinsamen Wohnung geworfen und war zu Wernig gewechselt.

Es war ein warmer Abend im August, die Bewohner des Mietshauses saßen auf ihren Balkonen, grillten, rauchten, schwatzten, und auch Wernig verbrachte den Abend mit Fuhrers ehemaliger Freundin auf dem Balkon.

»Ich war mit einer kleinen Reparaturarbeit beschäftigt und kürzte gerade mit dem Messer ein Kabel, als es Sturm klingelte. Fuhrer stand betrunken im Hausflur und hämmerte und trat wild gegen die Wohnungstür. Er wolle sofort mit seiner Freundin reden, schrie er. Er schlüge die Tür ein, wenn ihm nicht geöffnet würde. Die Schwester meiner Freundin, die mit ihrer kleine Tochter bei einem Videospiel saß, kannte Fuhrer seit langem und glaubte, vernünftig mit ihm reden zu können. Sie ging zur Tür und öffnete. Aber Fuhrer wollte gar nicht reden. Er rannte an ihr vorbei zum Balkon und schrie: ›Wo ist die Schlampe? Ich schlag sie tot.‹ Er war bereits so besoffen, dass er schon unsicher auf den Beinen war. Die Frauen und das Kind schrien vor Angst, und ich sprang auf und ging dazwischen, ohne das Messer abzulegen. Es blieb ganz unabsichtlich in meiner Hand. Ich drückte Fuhrer zurück in den Flur und zur Wohnungstür hinaus. Dort hab ich ihn umgehauen. Er fiel rückwärts auf die obere Treppe. Dann nahm ich das Messer.«

Er habe Fuhrer für sein aggressives Verhalten bestrafen

wollen, sagte Wernig, und habe ihm mit dem Messer, das er ja immer noch in der Hand gehalten habe, einen Denkzettel verpasst. Und dann noch einen. Und noch einen. Vier Stiche in den Brustkorb seien es insgesamt gewesen. Fuhrer habe einfach keine Ruhe gegeben und nichts Besseres verdient. Mit der Bestrafung Fuhrers habe er seiner Freundin und deren Tochter das Leben gerettet. Er habe Fuhrer »plattgemacht«, damit die Frauen künftig vor weiteren Übergriffen geschützt seien. Fuhrer sei zwar 1,86 groß, aber für zwei Meter blöd und sein Leben lang ein Arsch gewesen.

Wernig schaute mich an. Er schob den Unterkiefer nach vorn und seine Augen wurden schmal. Es sah aus, als fixiere er angespannt einen Gegner. »Ich hab ihn einfach plattmachen müssen, weil er sonst immer wieder aufgetaucht wär und Stunk gemacht hätte. Er sollte mir mein mühsam aufgebautes normales Leben nicht versauen können.«

Nach dem zweiten Stich sei Fuhrer bereits handlungs-unfähig gewesen, habe die Gerichtsmedizin festgestellt. Der vierte sei dann tödlich gewesen. Der habe den linken Herz-beutel und die Lungenschlagader durchstoßen. Fuhrer sei, ohne das Bewusstsein wiedererlangt zu haben, gestorben.

Wernig begann in seiner Jacke nach Zigaretten zu kramen, klopfte eine aus dem Päckchen und steckte sie sich hinters Ohr. »Ich bin noch am Abend abgehauen und hab mich zwei Wochen lang versteckt. Dann hab ich mich gestellt. Ich wollte einen Schlussstrich ziehen. Das gab noch mal zwölf Jahre Nachschlag. Und damit war dann auch Schluss.«

Die Kammer habe noch einmal von einer Sicherungsver-wahrung abgesehen, weil nicht mit Bestimmtheit feststellbar gewesen sei, dass bei ihm ein Hang zu Tötungsverbrechen bestehe. »Ich kam in den Knast und blieb da zwanzig Jahre lang.«

Wernig lachte auf. »Sie schaun mich an und denken: Was für 'ne Geschichte. Ich weiß. Die Geschichte eines versauten Lebens.«

Seine Augen waren jetzt so dunkel, dass die Pupillen im Braun verschwammen.

»Im Grund war alles Zufall. Zufall in dem Sinn, dass, wenn ich ein normales Leben geführt hätte, wär ich nicht an diese Leute geraten. Aber wenn man sich in solchen Kreisen aufhält und mit so dubiosen Schattenfiguren zusammen ist, dann passieren schon mal solche Sachen. Ich hab's nicht angestrebt, dass so was passiert, aber wenn ich in so 'ner Szene lebe, dann kann das passieren. Im normalen Leben und in dem, was ich jetzt führe, da kommt keiner und will mir eine vor den Kopf hauen. Das sind normale Menschen, mit denen ich es zu tun hab. Aber im Leben davor und ganz besonders während meiner Fluchtzeit, da konnte ich kein bürgerliches Leben führen, sondern musste mich bei Leuten aufhalten, die alle auch ein Stück weit kriminell waren. Du kommst dabei an Leute, die es gern mal wissen wollen und sich rumprügeln, und dadurch passieren dann solche Sachen. Mehr oder weniger bin ich in diese kriminelle Szene reingeschlittert. Durch die Flucht. Reingeschlittert. Nichts war da zielgerichtet.«

Auch seine Ehe sei das nicht gewesen, zielgerichtet. Er habe geheiratet, weil er in die Beziehung reingeschlittert sei. Er habe seine Frau, seit er in den Westen gegangen war, nie mehr wiedergesehen. Seinen Sohn kenne er nicht. Seine Eltern hätten Unterhalt gezahlt, und seine Mutter habe eine gute Beziehung zu ihrem Enkel. So viel immerhin wisse er. Aber er habe zu niemandem aus der Familie mehr Kontakt. Außer zu seiner Schwester. Sie sei die Einzige gewesen, die ihn im Gefängnis besucht habe. Die ganzen Jahre hindurch. Zweimal im Monat sei sie gekommen. Kein einziges Mal habe sie den Termin versäumt. Sie sei immer da gewesen. Zwanzig Jahre lang. Also, die beste Schwester, die man sich wünschen könne.

Damals, in der Kindheit, habe er keine Beziehung zur großen Schwester gehabt. Sie war zehn Jahre älter und hatte anderes im Kopf als den kleinen Bruder. Die Schwester sei Sachbearbeiterin bei einer Zeitung, führe ein bürgerliches Leben mit Kind und Mann und Haus und Auto und habe ein rundum gutes Leben.

»Die haben alles, was man haben muss«, sagte Wernig, »ja, auch Probleme – aber für alles gibt's auch 'ne Lösung. Ich wüsste nicht«, sagte er und schlug zum Rhythmus der Worte mit der Hand auf den Tisch, »was man nicht lösen könnte.«

Das Handy klingelte und Wernig stand auf und ging zur Tür.

»Das ist sie. Sie ruft mich täglich an, immer um die gleiche Zeit.«

Als er zurückkam, brachte er zwei Becher Kaffee mit. Nein, er wolle sich nicht dazu einladen lassen. Er sei es, der hier einlade.

»Das Knastleben hat fast die Hälfte meines Lebens gedauert.

Zwanzig Jahre Knast, da musst du sehn, dass du durchkommst. Das war im Osten nicht anders als im Westen. Du musst anpassungsfähig sein. An das System. Nicht an jenes, das die Beamten vertreten. Im Osten waren die noch Offiziere, die hatten Dienstgrade damals, die heutigen sind ja bloß noch kleine Schließer. Die haben einem wenig zu sagen. Anpassen musst du dich an das Leben der Knackis. Gegen die Regeln der Beamten kannste verstoßen, aber nie gegen die Regeln der eigenen Klientel. Das geht nicht. Da kriegste Probleme. Gleich zu Beginn der Haft hatte ich einen Kumpel, der hat mir ein paar Regeln gesagt. Ich hab mich dran gehalten. Zuallererst muss man wissen, dass nicht jeder darf, was andere dürfen. Nur ein paar dürfen alles. Die dürfen die ganze Nacht Karten spielen, dürfen tätowieren, dürfen Alkohol trinken, während die andern die Toiletten putzen oder das Essen reinholen und verteilen müssen. Ich hab dabei immer versucht, ein bisschen die Mitte zu halten zwischen Anpassung und Auflehnung. Die zwanzig Jahre hindurch musst du versuchen, irgendwie klarzukommen. Es ist eben 'ne Zwangslage.«

Ob man in dieser Lage zu etwas Gutem finden könne?

Wernig dachte nach. »Das geht im Prinzip schon. Es kommt darauf an, was für ein Typ man ist. Wenn man 'ne gute Erziehung und Bildung hat, dann kann man im Vollzug schon was erreichen, man bekommt Ausgänge, Weiterbildung und blabla. Man kann auch an Kursen teilnehmen, mit dem PC arbeiten und auf dem neuesten Stand bleiben. Aber wenn man jetzt von meinem Fundament herkommt, wenn man mehr oder weniger schon Opposition war, als man auf die Welt kam, dann ist es schwierig. Weil: Die Akte ist voll und die Sozialarbeiter lesen diese volle Akte und sagen, na ja, bei dem ist Hopfen und Malz verloren. Also dieses Abwinken ist dann schon von vornherein gegeben, selbst wenn man Interesse zeigt und denkt, na ja, jetzt versuchst du doch mal ein bisschen normales Leben auf die Reihe zu kriegen. Das ist im Knast im Prinzip schwer. Und es ist weitaus schwerer mit einer dicken Akte vorwärtszukommen, als wenn du eine saubere hast und bloß mal wegen einer einzigen Geschichte reinkommst, die auch noch larifari ist.«

Wernig zog die Zigarette hinterm Ohr vor, rollte sie zwischen Daumen und Zeigefinger hin und her und schob sie wieder zurück.

»Es sollte im Vollzug das Interesse bestehen, den Gefangenen so halbwegs wieder auf die Reihe zu bringen. Die müssten versuchen, den wieder vorwärtszubringen, wenn er denn mitmacht. Es macht ja nicht jeder mit, vielleicht einer von zehn. Aber der sollte die Chance haben. Doch so läuft's nicht. Erst mal gibt's Strafe. Und dann lange nichts. Erst mal wird weggesperrt, damit die Gesellschaft beruhigt ist und sieht, es wurde was getan.«

Wernig stieß eine Art Knurren aus. »Die Resozialisierung ist reines Wunschdenken. Nix funktioniert da. Gar nix. Rausgeschmissenes Geld. Würd man das jedem Häftling ausbezahlen, erhöhte sich automatisch die Erfolgsquote. Viel weniger würden dann rückfällig. Aber so – das ist einfach dumm, wie das eingerichtet ist – ja.«

Zum vierten Gespräch war Wernig nicht erschienen. Die Verabredung habe er vergessen, sagte er am Telefon. Zur neuen käme er aber bestimmt. »Fest versprochen. Sie können sich auf mich verlassen.« Jede Uhrzeit sei ihm recht. Diesmal sei er ganz sicher zur Stelle. Seine Bassstimme war weich und freundlich gewesen, ganz ohne die übliche Schärfe.

Ich habe Wernig nicht mehr gesehen.

Er war nicht mehr zu erreichen. Er hatte sein Handy abgeschaltet. Auch sein Bewährungshelfer erreichte ihn nicht mehr. Es zeigte sich, dass sein Proband mitsamt der Freundin und deren Kind weggezogen war, hinaus in die Mark und damit weg aus der Zuständigkeit der städtischen Bewährungshilfe. Das sei unerlaubt und habe Konsequenzen. Er sei aber, sagte der Bewährungshelfer, in gewisser Weise erleichtert, die Verantwortung abgeben zu können. Wernig habe während des letzten Jahres bereits mehrmals gegen Bewährungsauflagen verstoßen und ihm das ungute Gefühl vermittelt, dass er ein straffreies Leben nicht schaffen werde.

Am Ende des letzten Gesprächs hatte Wernig mir einen Zettel gereicht, ein Stück kariertes Papier. In einer großen, weitausholenden Schrift waren mit Bleistift Vorder- und Rückseite beschrieben.

»Das hab ich im Bus geschrieben«, hatte er gesagt, »auf der Rückfahrt damals nach unserem ersten Gespräch. Hab's nur so hingeschrieben. Zum Spaß. Vielleicht interessiert Sie's.

Die glaubt, alles über mich zu wissen. Sie kennt, sagt sie, aus den Akten meine Kindheit mit den Tieren und die Jugend mit dem Blödsinn, die Zeit, als es aufwärtsging, und die Zeit, die nur Zeit war, meint man, sagt man zu denen, die keine Ahnung haben, keine Ahnung von der Wirklichkeit, die jeden anders erwischt.

Sie glaubt, dass sie mich kennt und weiß, wie alles kam, aber ich weiß, dass sie gar nichts weiß, keine Ahnung hat. Sie macht sich ihren Reim auf die Dinge. Der ist möglich, aber falsch.

Ich sitz ihr gegenüber, seh, wie sie das Mikrophon aufstellt, nicht sehr geschickt, seh ich gleich, sie redet mit einer dünnen, fast heiseren Stimme, erklärt, weshalb sie hier ist, warum sie meine Geschichte haben will. Was krieg ich dafür, sag ich.

Meine Aufmerksamkeit, sagt sie. Und ich: Bisschen wenig für die Zeit, die ich investiere. Und sie: Was ich mir vorgestellt hätte. Na ja, sag ich, immerhin Arbeitsausfall. Aber ich seh gleich, dass sie informiert ist, und sag: »Nu, wenigstens die Fahrtkosten.«

5

LIEBESGEFLÜSTER

Durch das vergitterte Fenster konnte man schnurgerade in das ernste Gesicht eines rundköpfigen Beamten sehen, der im Container zwischen meterhohen Mauern mit dicken Messerdrahtrollen saß. Er hatte die Zugänge zu den verstreut liegenden Gebäuden der Haftanstalt unter Kontrolle und jeder, der das eiserne Tor und die dahinterliegenden beiden Gittertüren passiert hatte, musste am Container vorbei.

Die Stimmen des vorübergehenden Wachpersonals, das zeitweise Fiepen der elektronischen Überwachung, das ratternde Starten eines Lieferwagens, aus dem Kartoffelsäcke abgeladen worden waren, all das drang herein in den Besucherraum mit seinem abgewetzten Tisch und den vier Stühlen. Vor der geöffneten Zimmertür lag der fensterlose rotgeklinkerte Flur, verschlossen an beiden Seiten mit weißen Gittertüren.

Die Beamtin, die jetzt eine junge Frau hereinführte, verwies auf die Sprechanlage, die bei Bedarf zu betätigen sei, und ließ uns allein. Und noch ehe die Tür verschlossen war, noch ehe sich Frau Astor überhaupt gesetzt hatte, hatte sie schon zu erzählen begonnen.

»Es sind jetzt fast fünf Jahre, dass ich hier bin, und glauben Sie mir, als ich herkam, hielten mich alle für die Schwester meines Sohnes.«

Sie lächelte. Ein weltberühmtes Lächeln. Diese sanfte Selbstgewissheit, der leicht verschleierte Blick der grünblauen Augen, die gerade schmale Nase, die gerundeten Wangen und das dichte rotblonde Haar ließen sie wie die lebendig gewordene Flora aus Botticellis Primavera erscheinen. Nur der schwäbische Akzent irritierte das Bild.

»Vielleicht fang ich mal an, ein bisschen von meinem Leben zu erzählen, möchten Sie das hören? Ich bin verheiratet und habe vier Kinder. Der Älteste wird jetzt fünfundzwanzig und hat einen guten Beruf als Bürokaufmann, der zweite ist Elektriker, meine Tochter arbeitet im Einzelhandel und mein Jüngster ist noch in der Ausbildung zum Monteur.«

Sie sprach schnell und mit geweiteten Augen, als beschriebe sie schon mit diesen wenigen Stichworten ein schreckliches Geschehen. Frau Astor war aufgeregt. »Meinen Mann habe ich mit siebzehn kennengelernt und bin mit ihm, kann man so sagen, durchgebrannt. Wir haben geheiratet und sechs Monate später kam mein Sohn auf die Welt. Er ist jetzt seit drei Jahren verheiratet und hat eine kleine Tochter. Ja, ich bin schon Oma.«

Frau Astor war vor kurzem zweiundvierzig geworden, und man hätte sie immer noch für die Schwester ihres Sohnes halten können.

»Meine Mutter war glücklich über meine Heirat. Nicht aber mein Vater. Er war entschieden dagegen gewesen. Er mochte meinen Mann nicht. Aber er hätte auch keinen anderen gemocht. Meine Mutter war jedenfalls froh, dass ich geheiratet habe und von meinem Vater weg war. Er ist nicht gut mit der Familie umgegangen.«

Sie schwieg für einen Moment und tupfte mit dem Finger den Augenwinkel.

»Er war ein brutaler Mensch. Ich habe nie verstanden, warum er sich so benommen hat. Erst jetzt begreife ich es langsam.«

Sie schüttelte leicht den Kopf. »Darüber will ich vielleicht später reden.«

Ihre Augen wurden feucht, und sie nahm ein Tuch aus einer kaum handgroßen umgehängten Stofftasche. »Das, was geschehen ist und weshalb ich verurteilt bin, das liegt zwanzig Jahre zurück. Damals war ich ein junges Mädchen.«

Sie tupfte mit dem Tuch ihre Augen. »Manchmal könnte ich schreien, nur sitzen und schreien, dass mir das passiert ist. Vor sechs Jahren ist es erst rausgekommen. Es ist eine lange Geschichte. Wollen Sie die wirklich hören?« Sie strich sich eine Locke aus der Stirn.

»Ich hab vieles falsch gemacht in meinem Leben. Ich hab zu jung geheiratet und zu jung Kinder bekommen ... Nein – « rief sie plötzlich und warf den Kopf nach hinten. »Nein«, rief sie zur Decke. »Meine Kinder waren kein Fehler. Über meine Kinder bin ich froh. Ich bin froh und glücklich, dass ich sie habe. Meine wunderbaren Kinder. Es wäre kein Leben ohne sie. Aber ich bedaure, keinen Beruf erlernt zu haben, das wäre wichtig gewesen. Etwas Richtiges zu können gibt dem Leben einen Sinn. Ich komme mir manchmal vor wie ein Niemand. Und manchmal fühle ich mich richtiggehend verachtet. Wenn man nur Kinder großgezogen, den Haushalt gemacht und für andere geputzt hat, dann wird man von niemandem respektiert.«

Sie lächelte schmerzlich und wischte eine Träne. »Ganz besonders bedauere ich, dass ich nicht genauer hingeschaut habe, ehe ich meinen Mann wählte – wer kann schon nach drei Monaten wissen, in was für einen Menschen man sich verliebt hat. Wir haben geheiratet, weil wir uns liebten. Aber diese Liebe ist bei meinem Mann schnell wieder verflogen und bei mir schließlich auch. Ich wollte damals von meinem Vater weg, um ein besseres Leben zu haben, aber ich habe mein Leben verdorben, weil vieles zu schnell ging. Ja, es ist tatsächlich alles zu schnell gegangen.«

Sie schob ihr Tuch zurück in die kleine Tasche und verschloss sie mit einem Knopf. »Nach meiner Scheidung, hab ich einen Mann kennengelernt, von dem ich dachte, er sei der Richtige. Ich kannte diesen Mann bereits. Er war der Chef meines Mannes gewesen. Mein erster Mann hatte als Koch bei ihm gearbeitet. Und nach meiner Scheidung war ich mit einer Freundin ausgegangen, und da kam er, er hieß Paolo, kam an die Bar und fragte, wie es mir ginge, und erzählte, dass seine Frau ihn verlassen habe, und er jetzt allein sei. Und ich sagte, ich sei auch gerade getrennt. Und da bestellte er Champagner.

So fing das an. Zehn Jahre war ich mit ihm zusammen. Wir haben nicht geheiratet, aber in einem eheähnlichen Verhältnis gelebt. Ich hab für ihn gekocht, geputzt, gewaschen und im Restaurant mitgeholfen als Bedienung. Zuerst konnte ich das nicht. Vor allem konnte ich dieses Getränketablett nicht tragen und habe Bier und Wein verschüttet. Aber die Gäste mochten mich und kamen trotzdem.

Irgendwann aber haben sich Paolos Schulden so vermehrt, dass er Insolvenz anmelden musste. Es waren Schulden, die er mit seiner Exfrau gemacht hatte. Autos, teure Klamotten, ein Boot – und da hat er irgendwann weder Miete noch die Lieferanten bezahlt und hat sich einfach gehenlassen. Die Insolvenz aber hat er gut überstanden, und eines Tages sagt er: ›Ich hab einen tollen Laden gesehen; wenn du eine Bürgschaft unterschreibst, können wir dort gemeinsam das Geschäft führen.‹

Ich hab mich darauf eingelassen. Ich liebte ihn und wollte ihm helfen. Das Restaurant lief gut, aber die Anfangskosten waren hoch. Und Paolo war ein guter Trinker. Ich hab zunächst nichts gesagt, hab mir gedacht, ein, zwei Gläschen – das ist nicht schlimm.

Aber bald hatte er die Sektflasche unter dem Tresen versteckt, und auch in der Küche fand ich immer wieder Flaschen. Mein Sohn hatte es schon sehr früh bemerkt und gesagt, Mama, merkst du denn gar nicht, dass Paolo trinkt?

Ich hab ihn schließlich damit konfrontiert und gesagt, die vielen Flaschen Sekt und Martini gehen auch ins Geld, und vor allem kannst du nicht mehr richtig arbeiten. Du brauchst Hilfe.

Aber er hat es nicht zugegeben und gesagt: ›Was willst du, ich bin kein Alkoholiker. Ich brauch keine Hilfe.‹ Aber seine Trinkerei hat das Geschäft ruiniert, und es begann eine Zeit, in der alles schieflief. Und zum geschäftlichen Ruin war eine alte, fast vergessene Geschichte wiederaufgetaucht.« Sie stieß die Luft mit einem feinen Ffff aus.

»Für die Bürgschaft muss ich bis heute bezahlen. Für das andere zahle ich mit lebenslänglich. Während Paolo heute draußen ein schönes Leben führt, bleiben mir von meinem Lohn dreißig Euro. Alles andere geht in die Tilgung. Noch drei Jahre lang. Sehen Sie«, sagte sie, und eine kleine Falte erschienen zwischen den Augen, »auf so was lässt man sich ein, wenn man jung, dumm und verliebt ist.«

Mit einer kleinen Kopfbewegung warf sie die Locke, die immer wieder ins Gesicht fiel, aus der Stirn.

»Wissen Sie, ich wollte das Geld, das ich hier verdiene, ein bisschen sparen, damit ich ein Auto kaufen kann, wenn ich rauskomme. Dann kann ich zur Arbeit mit dem Auto fahren. Dass so kleine, angenehme Dinge möglich sein werden und ich nicht mit leeren Händen hier rausgehen muss. Aber dieses Geld, was ich die vergangenen sechs Jahre hätte sparen können, ist nun schon mal weg.«

Sie strich sich durchs Haar.

»Der Sozialarbeiter hat gesagt, da kann man nichts ändern. Viele Frauen, und ich sei eine davon, mache die Liebe blind. Und wenn man verliebt ist, sieht man alles schön. Ich hab damals zu Paolo gesagt, natürlich, mein Liebster, ich unterschreibe die Bürgschaft, und dachte überhaupt nicht an das, was kommen könnte.«

Wieder erschien dieses kleine schmerzliche Lächeln.

»Zu Beginn hat Paolo mich hier noch besucht. Er sagte: ›Ich hol dir die Sterne vom Himmel, heirate dich auch hier drin.‹ Dann hat er mir insgesamt drei Briefe geschrieben. Briefe voller Vorwürfe. Das war ein Schlag ins Gesicht. Ich hatte gedacht, dieser Mann liebt mich wirklich und wird mich nicht verlassen. Wir sind eins, dachte ich, und hatte es auch so empfunden. Die Realität sah anders aus«, sagte sie und seufzte.

»Glauben Sie mir, wenn ich draußen gewesen wäre, hätte ich seine Sachen einfach aus dem Fenster geworfen. Er hat sich richtig gemein benommen.« Unmutig zog sie die Brauen zusammen.

»Er besaß noch einen Schlüssel zu meiner Wohnung, und während meine Kinder arbeiteten, hat er das Beste eingepackt und mitgenommen. Ist das nicht niederträchtig und gemein? Es waren meine Sachen. Sie gehörten ihm gar nicht. Sie gehörten alle mir.«

Sie begann zu weinen, ein stilles Weinen, ohne Schluchzen und Schniefen. »Ich hab viel Schlimmes mitgemacht. Meine Kindheit war nur Schmerz und Hilflosigkeit.« Sie nahm ihr Taschentuch wieder aus der kleinen Tasche und tupfte Augen und Nase. »Ich hab gedacht, ich höre irgendwann auf zu weinen, aber es gelingt nicht. Ich weine jeden Tag. Ich kann nicht anders. Zu Anfang glaubte ich: Wer weint, ist schuldig, wer nicht weint, eiskalt. Vielleicht ist es so. Und vielleicht gibt es ein richtiges und ein falsches Verhalten, wie man auf die Tat reagieren muss. Ich weiß es nicht, weiß nicht, ob ich mich richtig verhalte. Eines aber weiß ich: Ich habe eine schlechte Kindheit gehabt.

Ich war nie Kind, nie jugendlich, nie erwachsen. Ich war irgendwann Mutter und am Ende ...« Sie schaute mich an und sagt fast flehend: »Verstehen Sie, als Kind musste ich die Aufgaben von Erwachsenen übernehmen, als Jugendliche war ich Ehefrau und Mutter und jetzt, als Erwachsene, nachdem die Kinder groß sind, bin ich eingesperrt. Ich gehöre nicht zu jenen, die sagen, warum hat die weniger Strafe bekommen und warum ich mehr. Aber wenn man die Fälle ansieht, dann zeigt sich, dass es eigentlich keine Gerechtigkeit gibt.

Wissen Sie, natürlich muss bestraft werden, wer böse Dinge tut. Aber viele, die die gleiche Tat begangen haben oder die ihre Kinder töten, bekommen drei Jahre und sechs Monate. Das kann ich nicht verstehen. Nicht, dass ich ihnen mehr wünsche, aber ist es nicht schlimmer, wenn man seine Kinder umbringt? Eine Frau hier hat neun Kinder umgebracht. Eines kann man vielleicht noch verstehen, aber sie hat neun Kinder jeweils nach der Geburt umgebracht und im Garten vergraben. Das ist doch der blanke Horror, finden Sie nicht? Aber diese Menschen kommen frühzeitig wieder raus, obwohl sie kriminelles Blut in den Adern haben. Und ich werde bestraft, weil ich einmal etwas Böses gesagt, aber mein Leben lang gelitten habe.

Ich sage nicht, dass ich zu Unrecht bestraft wurde. Ich bin zu Recht bestraft. Aber ich bin zu viel bestraft worden. Unschuldig bin ich nicht, das geb ich zu, aber ...« Sie stockte. »Ich finde nicht die richtigen Worte. Jedenfalls ...« Sie zögerte. »Sie wissen, weshalb ich hier drin bin?« Sie blickte mich an. Es hatte etwas Würdevolles, wie sie so aufgerichtet und unverkrampft dasaß. »Man hat mich wegen Auftragsmord verurteilt.«

Sie schwieg und wischte die hartnäckige Locke aus der Stirn. »Ich wollte weg von zu Hause und hab den Erstbesten geheiratet, obwohl ich in der Schule viele Freunde hatte, die später schöne Männer geworden sind. Sie hätten mich jederzeit geheiratet. Aber ich habe diese Chancen verpasst. Diesen Lauf des Lebens habe ich verpasst.« Ihre Stimme wurde schwach. »Ich hab mein Leben verpasst. Verpasst und verdorben.«

Einzelne Tränen rollten über ihr Gesicht, während sie mit dem Taschentuch die Nase tupfte. »Das einzig Gute, was ich gemacht habe, sind meine Kinder. Aber wenn man jung heiratet und Kinder bekommt und nichts erlebt hat, nicht mal im Schwimmbad mit den Freunden war, dann hat man vieles im Leben verpasst. Und plötzlich ist man zwanzig und plötzlich bekommt man Komplimente von wildfremden Menschen, von schönen Männern, gestandenen Männer, die Interesse an einem haben, und dann schaut man in den Spiegel und denkt: Die haben recht, ich seh gar nicht so schlecht aus. Warum sagt mein Mann das nicht? Und dann möchte man unbedingt das andere Leben nachholen, obwohl es zu spät ist. Ich war ja damals noch verheiratet und hatte schon drei Kinder. Alles zu früh. Und dann ist es plötzlich zu spät.«

Wieder begannen Tränen zu rollen, aber Frau Astors Augen röteten sich nicht. Sie blieben klar. Nur die Wimperntusche hatte sich etwas aufgelöst und die Augen untermalt zum tragischen Effekt.

»Begonnen hat alles mit Alexander. Ich habe Alexander kennengelernt, als ich zur Arbeit gefahren bin. Ich stieg aus der Straßenbahn, und da stand er an der Haltestelle. Er hat mich gesehen und ist mir nachgegangen und hat dabei unentwegt Späße gemacht. Er war wie ein lustiger Junge, der einen zum Lachen bringen kann. Er war ja auch noch jung, fünfundzwanzig, und ich war einundzwanzig. So haben wir uns kennengelernt, auf dem Weg zur Arbeit. Wie gesagt, ich begann zu der Zeit, alles nachzuholen, was ich als junges Mädchen nicht gemacht habe. Ich hab mir nichts dabei gedacht. Ich habe mir nicht gedacht, ich bin doch verheiratet und hab drei Kinder und darf das nicht. Es hat einfach Spaß gemacht, diese heimliche Liebe.«

Sie saß lächelnd und sprach jetzt leise und schwärmerisch wie in sich versunken. »Wenn wir uns getroffen haben, für eine Stunde, vielleicht für zwei – das war schön. Mein Leben bekam plötzlich Farbe. Es war ein Abenteuer. Es war nichts Festes, es war auf Abruf, hast du Zeit, ja, gut, ich komme. Ich glaube, er flüchtete wie ich aus dem Alltag. Wir flüchteten beide, und fanden es beide schön. Und natürlich erzählt man sich Geschichten, und ich hab ihm von meiner Kindheit erzählt. Von meinem gewalttätigen Vater. Und manchmal weinte ich dabei, und er nahm mich in den Arm und sagte, dieser Mensch verdient eine Strafe. Und irgendwann sagte ich, ich wünschte, er wäre tot.«

Das »tot« war so undeutlich und verschluckt, dass es klang wie ein »do«, das in ihrer Mundart ein »da« bedeuten konnte.

»Da?«, fragte sie und kniff die Augen zusammen und schaute mich verständnislos an. Es schien ihr nun besser, selbst die Fragen zu stellen und zu beantworten.

»Sie wollen wissen, ob ich irgendeine gute Erinnerung an meinen Vater habe? Nein. Gar keine. Auch meine Kinder haben keine guten Erinnerungen an den Großvater. Mein Sohn war vier, als er bei den Großeltern war und etwas nicht essen wollte. Als er zurückkam, weinte er und sagte: ›Mama, der Opa hat mich an den Stuhl gefesselt und geschlagen.‹ Da habe ich die Kinder nicht mehr dorthin gebracht. Auch meine Mutter sagte: ›Es ist besser, du bringst sie nicht mehr, denn wenn er die Kinder in Ruh lässt, bekomme ich anschließend die Schläge.‹ Von da an ist meine Mutter zu ihren Enkelkindern gekommen. Die Kinder liebten sie, aber sie wollten nicht mehr zum Großvater. Sie hatten Angst vor ihm. Und glauben Sie mir, es gab niemanden, der sich mit meinem Vater verstanden hätte.

Wenn er eine neue Arbeitsstelle bekam, und er wechselte die Stellen oft, fanden ihn zu Beginn viele nett. Doch dann haben sie sich sehr schnell von ihm abgewendet. Er hatte keine Freunde. Er hatte keinen außer seiner Frau und seinen drei Kindern. Und alle hat er geschlagen.

Mein Vater war gestört. Das scheint mir heute sicher zu sein. Er musste schlagen. Es war ein Zwang. Egal, was wir taten, wir bekamen Schläge, alle, auch meine Brüder. Aber vor allem ich. Es war nicht so, dass er zugeschlagen hat, wenn er mich nur sah. Er hat immer irgendwelche Gründe gesucht. Er brauchte Gründe, um schlagen zu können. Aber diese Gründe waren völlig irrsinnig. Ich war den ganzen Tag zu Hause, hab mit zehn schon Fenster geputzt und den Haushalt gemacht – ich war – ich glaub, ich war unnormal. Die andern Kinder haben draußen gespielt, und ich hab zu Hause gearbeitet.

Aber mein Vater suchte immer irgendetwas, das er schlecht finden konnte, und dann explodierte er. Ich verstand damals nicht, was da passierte. Heute weiß ich, er hätte Hilfe gebraucht. Meine Mutter lief zu den Nachbarn und rief: ›Bitte, bitte ruft die Polizei.‹ Und da hat mein Vater bei den Nachbarn die Tür eingeschlagen. Und wenn man ihn nicht festgehalten hätte, hätte er meine Mutter totgeschlagen. Die Polizei hat nichts gegen ihn unternommen. Und ich frage mich, warum die Polizei damals nicht geholfen hat? So ein Mensch braucht Therapie, oder er muss ins Gefängnis. Wenn meiner Mutter damals geholfen worden wäre, wäre es nicht so weit gekommen.«

Obwohl Frau Astor bewegungslos dasaß, hatte sich die Locke wieder auf die Stirn gelegt und wurde zurückgestrichen. »Meine Brüder sind mit sechzehn und achtzehn von zu Hause weg. Ich hab mit siebzehn geheiratet, um wegzukommen. Meine Mutter blieb, aber sie kam oft weinend zu mir. Wissen Sie, wenn es einem in der Familie nicht gutgeht, und auch der eigenen Mutter nicht, dann kann es einem selbst auch nicht gutgehen.

Ich habe also Alexander meine Geschichte erzählt und gesagt, ich wünschte mir, der Vater wäre tot. Das hab ich gesagt. Ich hab es gesagt. Ich wünschte, er wäre tot. Es ist nicht so, dass ich es nicht gesagt habe.

Alexander hat sich meine Geschichte angehört, und irgendwann ist es passiert. Ich hab ihm damals alles erzählt, und er hat mir zugehört. Ich habe es ihm gesagt, aber habe nicht gesehen, ob er es getan hat. Ich kann nicht sagen, dass er es war. Ich habe nichts gesehen. Ich kann Ihnen dazu nicht mehr sagen. Die Tat geschah vor einundzwanzig Jahren.«

Sie schwieg und schüttelte kaum merklich den Kopf.

»Alexander wurde wie ich vor sieben Jahren angeklagt und

verurteilt. Er bekam lebenslang. Bis heute sagt er, dass er es nicht gewesen ist.«

In ihrem makellosen Gesicht war keine Regung zu sehen.

»Wenn ich die Uhr zurückdrehen könnte, würde ich nie mehr so etwas über die Lippen bringen. Als ich es sagte, hatte ich nicht an das Böse dabei gedacht. Ich hatte sogar Lob erhofft. Ich dachte, alle würden sagen: ›Das hast du gut gemacht. Wir sind erlöst.‹«

Wieder erschien dieses kleine schmerzliche Lächeln. »Mein Vater ist tot, daran kann man nichts mehr ändern. Aber für meine Kinder war das schrecklich, dass ich verurteilt wurde. Sie waren wie versteinert. Haben nicht begriffen, was passiert war. Ich war immer ihre Bezugsperson gewesen. Tag und Nacht … meine Kinder … sie haben jetzt gesagt, Mama, wir sind dir dankbar, was du alles für uns gemacht hast.

Meine hübschen Kinder. Alle mit blauen Augen – nur der Jüngste hat braune. Auch die Beamten hier sagen, dass ich wunderbare Kinder habe. Sie kommen mich, sooft es geht, besuchen. Sie lieben mich. Sie wohnen jetzt in dem Häuschen, das ich gemietet habe. Da wohnen jetzt meine beiden älteren Söhne. Sie halten das Haus in Ordnung und pflegen den Garten und sagen: ›Mama, wenn du wieder da bist, dann hast du hier dein Haus in bestem Zustand.‹ Über meine Kinder mache ich mir keine Sorgen. Ich bete zu Gott, dass er sie behütet und gut auf sie aufpasst. Es wäre das Schlimmste für mich, wenn ihnen was passierte.

Manchmal, wenn ich nicht einschlafen kann, dann träume ich mich weg zu den Kindern. Sie geben mir Kraft. Doch manchmal hilft das nicht, und ich will dieses schlechte Leben beenden. Aber dann denke ich, ich darf sie nicht noch mehr verletzen. Ich hab sie schon zu sehr verletzt.«

Sie schwieg, saß unbeweglich, die Hände im Schoß.

»Wie mein Vater starb? Er wurde erschossen. Er ging zur Arbeit und wurde auf dem Weg dahin erschossen. Ob es dunkel war? Möglich. Ich weiß es nicht. Es muss jedenfalls sehr früh morgens gewesen sein. Und niemand hat den Schützen gesehen.«

Sie schwieg.

»Ich weiß nicht, wo mein Vater getroffen wurde. Vielleicht in den Kopf. Ich denk schon, es war ein Kopfschuss. Aber ich weiß es nicht. Ich war nicht dabei. Ich habe nichts gesehen. Ich weiß nicht, wer es war.«

Sie habe nach dem Tod ihres Vaters nicht mehr mit Alexander gesprochen. Sie hätten sich aus den Augen verloren. »Ich habe ihn erst wieder während des Prozesses vor sieben Jahren gesehen.«

Sie schaute zur Decke und seufzte. »Eines Tages war die Polizei gekommen. Es war – ich hatte –« Sie schien einen Ausweg aus der Geschichte zu suchen, schwieg und seufzte.

»Es hatte mit dem Ukrainer zu tun. Dieser Ukrainer – also, er war ein Verbrecher.« Sie stockte, und wie ihr zur Hilfe ertönte ein schrilles Läuten. Sie sprang auf. »Jetzt müssen wir Schluss machen. Gleich ist Kontrolleinschluss.«

———

Beim nächsten Termin war Frau Astor voller Abwehr. Ihre Erinnerung schien zu versagen. Sie schüttelte auf Fragen nur den Kopf und nein, das wisse sie nicht mehr. Eine mühsam versteckte Aggression lag in ihrer Haltung. Schließlich nannte sie den Grund. Sie hatte von dem Alarmgerät gehört, das die Vollzugsbeamten dem Besucher vorschrieben zu tragen. Im Falle eines Angriffs, beim Sturz des Trägers oder bereits, wenn er sich nach vorn oder hinten beugte, würde das Gerät Alarm auslösen.

»Sie haben dieses Kästchen heute nicht an?«

Sie beugte sich über den Tisch und musterte mich.

»Ihr Sicherheits-Kästchen. Wenn ich das letztes Mal gesehen hätte, dass Sie das anhaben, hätt ich kein Wort mehr mit Ihnen gesprochen und wär zurück auf die Station gegangen. Schätzen Sie mich als Totschläger ein? Als Schwerverbrecher? Wenn ich wüsste, dass Sie das heute anhaben, wär das für mich eine weitere große Kränkung. Sicher, ich bin im Gefängnis, wegen eines schweren Vergehens, aber dennoch fühle ich mich tief verletzt, dass die Beamten und Sie denken, ich wäre ein wildes Tier und brächte jeden um. So hört sich das an, und so fühlt sich das auch an. Das trifft mich mitten ins Herz.«

Sie habe sich heute nur zum Gespräch bereit erklärt, um mir das persönlich zu sagen. Denn unter diesen Umständen könne sie nicht mehr mit mir sprechen. Sie wolle das Gespräch hiermit beenden, sagte sie, und stand auf.

Es gelang, ihr klarzumachen, dass die Sicherheitsvorschriften eines Gefängnisses nichts mit Meinung und Denken des Besuchers zu tun haben. Und schließlich war sie bereit, mit ihrem Bericht fortzufahren. »Das Schlimme ist – wie heißen Sie noch mal? Das Schlimme, Frau Tamin, ist, dass es ja nicht nur ein Flirt mit Alexander war. Ich schäme mich das zu sagen, wir hatten ja eine Liebesbeziehung. Wissen Sie, wenn man jung heiratet und jedes Jahr ein Kind bekommt, ist der Ehemann nicht mehr der aufmerksame Liebhaber. Und irgendwann ist man offen für Komplimente anderer Männer, und dann geschieht so etwas. Aber keiner von uns hatte je daran gedacht, sich von seinem Partner zu trennen. Er war ja auch verheiratet und hat Kinder gehabt.

Eines Tages wurde ich schwanger. Ich dachte, das Kind sei

von meinem Mann. Ich hatte keine Ahnung, dass ich von Alexander schwanger war. Und deswegen sitze ich hier.«

Natürlich säße sie nicht im Gefängnis, weil sie schwanger geworden sei. Aber die Polizei habe die Schwangerschaft und die Geburt ihres jüngsten Sohnes als Indiz für die Tat genommen. »Sie behauptete, Alexander hätte mir ein Kind gemacht, weil ich mir ein Kind gewünscht hätte, und er hätte auch für mich getan, worum ich ihn angeblich gebeten hätte. So hat die Polizei das hingestellt.«

Sie schwieg und schaute auf ihre schmalen Hände in ihrem Schoß. »Weshalb hätte ich ein Kind von ihm gebraucht? Damit er das für mich tut?«

Sie hob den Kopf und schaute mich an. »Ich hatte drei hübsche Kinder von meinem Ehemann. Wieso musste ich einen andern Mann bitten, mir ein viertes Kind zu machen? Mein Mann war ja nicht impotent. Ich versteh diese Logik nicht. Ich wusste selbst nicht, dass dieses Kind von Alexander war, bis vor sieben Jahren nicht. Zwar hat mein Mann blaue Augen und mein Jüngster hat braune Augen, die niemand sonst in der Familie hat. Aber im Übrigen sieht er mir ähnlich und nicht Alexander.

Vor sieben Jahren kam die Kripo. Sie hat meinen Sohn aus dem Praktikum geholt und einen DNA-Test gemacht. Das Ergebnis war, dass das Kind zu 99 Prozent nicht von meinem Mann ist. Da war mein Sohn geschockt. Er war sechzehn. Er stand da und wusste plötzlich nicht mehr, wer er ist. Später hat er in den Akten gelesen, wie er entstanden ist.

Es war eine peinliche Situation. Furchtbar, solch intime Dinge öffentlich zu machen, die normalerweise keinen etwas angehen. Die Polizei hatte den biologischen Papa gefunden, als er irgendetwas mit Falschgeld gemacht hat. Sie haben seine Fingerabdrücke genommen und seine DNA und die stimmte mit der meines Sohnes überein. Und da begannen sie, die Dinge miteinander zu verknüpfen, und klärten schließlich den Fall auf. Nach mehr als zwanzig Jahren wurde der Tod meines Vaters aufgeklärt. Durch den Ukrainer.« Ihre Augen begannen sich mit Tränen zu füllen. Weit geöffnet schwammen sie – ja, das drängte sich bei diesen Augen auf – im Tränensee.

»Ich schäme mich, das zu sagen. Ich weiß nicht, was Sie von mir denken. Es kommt alles wieder hoch. Und wissen Sie, was das Schlimme ist? Das Ganze ist vor Gericht öffentlich gemacht worden. In diesem großen Saal. So etwas ist entsetzlich. Es war eine Bloßstellung. Das darf man nicht machen mit dem intimen Leben einer Frau. Das ist wie ein Kästchen, das man versteckt und das niemand öffnen darf. Doch auf einmal wurde in aller Öffentlichkeit das Kästchen geöffnet und sein Inhalt preisgegeben. Alle konnten in mein Leben sehen, in die geheimsten Bereiche, und die eigenen Kinder wissen nun, was da war. Ich saß da und musste die Blicke meiner Kinder und die von Fremden ertragen – ach, ich wollte, dass die Erde mich verschluckt hätte. Wie die Polizei nach so vielen Jahren auf mich gekommen ist?«

Sie hob die Augenbrauen und zog mit einem kleinen Zischen die Luft ein. »Zwei Jahre nach dem Tod meines Vaters waren meine Mutter und ich bereits einmal verdächtigt worden, den Mordauftrag gegeben zu haben. Meine Brüder haben den Verdacht angezeigt. Meine eigenen Brüder. Sie haben uns angezeigt. Obwohl sie auch geschlagen worden sind, haben sie sich plötzlich gegen uns gewendet. Plötzlich sind sie zur Polizei gegangen und erzählten, dass ich und meine Mutter mit dem Tod meines Vaters zu tun hätten. Meine Mutter besaß Grundstücke in der Slowakei und ein Haus, und meine Brüder lebten mittlerweile dort. Sie haben gedacht, die bringen wir ins Gefängnis, alle beide, dann gehört alles uns. Meine Brüder, die den gewalttätigen Vater erlebt haben, zeigen die eigene Mutter und Schwester an. Das bleibt für mich unverständlich.

Ich hab es mittlerweile verziehen, aber vergessen kann ich es nicht.

Wir haben wieder Kontakt, und sie haben vor dem Prozess die Anzeige zurückgenommen und ausgesagt, dass das ein falscher Verdacht war. Aber obwohl die Aussage zurückgezogen wurde, hat der Richter das im Kopf gehabt. Wenn die eigene Familie solch einen Verdacht äußert, muss da was dran sein, hat er wohl gedacht. Drei Wochen lang waren meine Mutter und ich damals in Untersuchungshaft, ehe wir wieder freikamen. Und dem Ukrainer habe ich das alles erzählt.«

Sie seufzte, und mit einem Mal sah Frau Astor so alt aus, wie sie tatsächlich war. Sie war innerhalb weniger Sekunden um zwanzig Jahre gealtert. Sie saß zusammengesunken, die Stirn in Falten, die Augen zusammengekniffen, die Mundwinkel herabgezogen und hatte sich in eine verhärmte Frau verwandelt. »Ich habe leider diesem Mann alles erzählt.«

Sie richtete sich auf und starrte zur Wand.

»Ich war fünfundzwanzig, als mich meine Freundin in eine Disco mitnahm. Das erste Mal in meinem Leben, dass ich in eine Disco ging. Zuerst wollte ich gar nicht mit, hab Angst gehabt. Ich war ja noch verheiratet und hatte vier Kinder. Und in der Disco an der Theke stand ein Mann. Er stand da, hat sich nicht bewegt, hat mich nur angeschaut. Er hat ständig nur mich angeschaut. Schließlich lud er mich zu einem Getränk ein. So hab ich ihn kennengelernt. Er war Ukrainer und fünf Jahre jünger als ich, ein hübscher Kerl. Groß und schlank und mit einem schwarzen Lockenkopf. Er sah wirklich sehr gut aus.

Er wollte mich unbedingt treffen. Und ich hab mich auch mit ihm getroffen. Aber immer in der Angst, dass mich jemand sieht, meine Mutter, mein Mann oder Freunde. Dennoch begannen wir ein Verhältnis. Es war ein höchst leidenschaftliches Verhältnis, und er war unersättlich. Er wollte mich jeden Tag treffen, doch das ging natürlich nicht. Wenn mein Mann etwas davon erfahren hätte – das hätte Mord und Totschlag gegeben, und er hätte mir bestimmt die Kinder weggenommen. Ich musste das Ganze beenden und wollte es auch. Ich sagte zu ihm, dem Ukrainer, bitte, lass mich jetzt in Ruhe und ruf nicht mehr an. Es ist vorbei. Das hat er nicht kapiert. Er wollte es nicht kapieren. Er sagte, er liebe mich und ließe mich nicht gehen. Und so begann er, mich zu stalken. Und ...« Sie stockte und schien zu überlegen, was sie preisgeben wollte. Plötzlich schien sie Erinnerungsschwierigkeiten zu haben.

»Also dieser Ukrainer war ein Verbrecher. Er war ein Betrüger und hatte auch mit Drogen zu tun. Er hat schließlich jemanden mit dem Messer schwer verletzt und ist wegen Totschlags und Dealens zu acht Jahren verurteilt worden. Nach vier Jahren wurde er abgeschoben, mit der Auflage, nicht mehr nach Deutschland einreisen zu dürfen. Von der Ukraine aus hat er mich mehrmals angerufen, bis ich sagte, bitte ruf mich nie mehr an. Und da hat er gesagt, ich werd es dir zeigen, du Hure. Ich habe das nicht weiter ernst genommen, denn ich wusste von dem Einreiseverbot. Irgendwann aber ist er illegal nach Deutschland gekommen, und die Polizei schnappte ihn bei einem Drogengeschäft, und da sagt er: ›Stopp, ich hab eine Geschichte für euch. Wenn ich die erzähle, will ich straffrei abgeschoben werden.‹

So hat dieser Ukrainer der Polizei erzählt, ich hätte ihm gesagt, dass Alexander meinen Vater umgebracht hat. Alexander habe das getan, weil ich ihm einen Sohn geschenkt habe, und er mir im Gegenzug einen Wunsch erfüllen wollte. Und so kam alles ins Rollen. Durch diesen Ukrainer. Und die Richter glaubten ihm und sagten, ja, so ist es geschehen, so war es.«

Sie nickte. »Aber was sie im Urteil schreiben, dass es geplant war – so war es nicht. Dennoch haben sie mich zu lebenslänglich verurteilt, wegen Anstiftung zum Mord an meinem Vater.«

Frau Astor hatte sich aufgerichtet und war wieder die mädchenhafte Frau, sanft und anziehend. »Es wäre besser gewesen, wenn ich ihn selbst getötet hätte. In dem Moment, wenn er zuschlägt, hätte ich ihm ein Messer ins Herz stoßen sollen.« Ruhig und sachlich hatte sie diesen Satz vorgebracht. »Dann hätte ich vielleicht nur drei Jahre bekommen und wäre längst wieder in Freiheit. Aber ich dachte nie dran, es wirklich zu tun. Man will so etwas nicht tun. Man tut es höchstens in Gedanken. Und dann geschieht es plötzlich wirklich, und nichts ist mehr rückgängig zu machen.«

Sie hatte ihr langes Haar zu diesem Termin zusammengebunden, aber die Locke fiel auch jetzt ab und zu in die Stirn und wurde immer wieder weggestrichen oder mit einer kleinen Kopfbewegung nach hinten geworfen. »Ich hatte damals, als ich das erste Mal verdächtigt worden war, so in etwa zugegeben, dass ich meinem Vater den Tod gewünscht habe. Vor zwanzig Jahren im Verhör. Sie hatten mich stundenlang vernommen, ohne Anwalt, und da hab ich es zugegeben. Meine Anwältin hat die Verwendung dieser Aussage im Prozess untersagt. Doch ich habe das damals zugegeben. Ich konnte nicht lügen und wollte auch die Last loswerden.

Ich habe die Tat nicht geplant. Und es gab auch keinen Beweis dafür. Aber das Gericht hat daran festgehalten. Dabei heißt es doch, im Zweifel für den Angeklagten. Am Ende erging das Urteil im Namen des Volkes: lebenslänglich.«

Sie schüttelte kaum merklich den Kopf.

»Aber ich frage mich, welches Volk haben sie gefragt, welche Leute? Wenn wirklich das Volk gefragt worden wäre, zum Beispiel die zwanzig Leute, die im Publikum saßen, und die diese Geschichte gehört haben, dann glaube ich, die hätten mich nicht so hoch verurteilt wie der Richter. Ich habe ja die Zeitung gelesen. Da stand, dass viele traurig waren über das, was mir passiert ist in der Kindheit, und sie fanden, dass die Strafe zu hoch war. Das stand alles in der Zeitung. Es hatte auch ein Polizist als Zeuge ausgesagt. Er hat so gut über mich gesprochen und hat gesagt, ihr habt das Mädchen unter Druck gesetzt. Aber andere Polizisten haben ihn für verrückt erklärt. Auch die Nachbarn, die meinen Vater noch kannten, haben erzählt, wie schrecklich er gewütet hat. Aber das zählte vor Gericht nicht viel. Wenn man so etwas tut wie Anstiftung zum Mord, dann zählt die Kindheit nicht viel.«

Sie saß aufrecht und unbewegt. Nur die Locke war wieder in die Stirn gefallen und sie strich sie wie gedankenverloren zurück. »Ich weiß, es war falsch. Wenn ich noch mal auf die Welt käme, würde ich mich hüten, irgendetwas in der Art zu sagen. Ich weiß jetzt, dass alles gegen mich verwendet werden kann. Man muss aufpassen im Leben. Auf wen kann man sich verlassen? Gibt es jemanden, auf den ich mich noch verlassen kann? Nicht, dass ich das Vertrauen ganz verloren habe. Aber vielen kann ich nicht mehr vertrauen. Sie sehen es ja an meinem Lebensgefährten. Ich habe ihm alles, Vertrauen, meine Liebe, meine Kraft geschenkt, und er hat mich nur benutzt. Auch mein geschiedener Mann. Er hat mich betrogen und das ganze Geld verspielt, das wir für die Familie brauchten. Ihm hatte ich auch vertraut. Ebenso meinen Brüdern – überall nur verletztes Vertrauen. Wo ist da etwas falschgelaufen?«

Ein Schlüssel wurde im Schloss gedreht, einmal, zweimal, und die Beamtin stand in der Tür. Die Sprechzeit war zu Ende. Frau Astor musste in ihren Haftraum zurück.

———

»Wann haben wir uns das letzte Mal gesehen? Vielleicht vor zwei Monaten? Sie können sich gar nicht vorstellen, wie es mir geht. Ich sitze hier, und die Zeit vergeht, und mein Leben verrinnt. Ich wundere mich, dass ich nicht verrückt geworden bin. Zehn Jahre lang werd ich noch eingesperrt sein. Dann bin ich zweiundfünfzig. Wissen Sie, wie schnell man im Gefängnis altert? In zehn Jahren werde ich aussehen wie eine uralte Frau.

Manchmal gibt es Tage, wo ich sage, Gott hol mich, und wenn ich noch mal auf die Welt komme, werde ich alles anders machen. Aber – ich glaube nicht ernsthaft an die Wiedergeburt. Und alles würde ich auch nicht anders machen. Meine Kinder waren kein Fehler. Das würde ich noch mal so machen. Aber ich würde langsam beginnen. Ich würde als Erstes schauen, wie der Mann situiert ist, damit nicht jeder Cent umgedreht werden muss, und ich mit den Kindern rechts und links putzen gehen muss. Dann hätte ich bestimmt jetzt auch keine Bandscheibenprobleme. Es müsste kein Millionär sein, den ich mir wünschte, aber es müsste ein Mann sein, der gut situiert und liebevoll …«

Sie unterbrach sich. »Ach, was rede ich da – jetzt ist es zu spät, jetzt brauch ich keinen Mann mehr.«

Doch gleich darauf schüttelte sie den Kopf und warf dabei ihre Locke wieder aus der Stirn. »Es stimmt nicht wirklich, wenn ich sage, ich brauche keinen Mann mehr. Man braucht immer jemanden, auch der Kinder wegen. Die Geborgenheit, dass einer da ist und mich umarmt und sagt, ich denk an dich, ich vermisse dich. Das bekomme ich zwar auch von meinen Kindern gesagt, aber das ist etwas anderes. Ich bin ja noch nicht neunzig. Man braucht diese Liebe, diese Geborgenheit. Und das fehlt mir auch hier drin.

Wenn ich daran denke, wie viele Jahre ich noch hier sein muss, dann bin ich verzweifelt. Aber dann kommt plötzlich etwas Schönes, ein Brief von der Familie, ein Besuch von Freunden, und es geht wieder besser. Ein Lichtblick war auch, dass ich Ende nächsten Jahres nochmals eine Ausführung bekomme. Das sind so kleine Schritte, die mich erfreuen. Es wird nicht viel sein, drei, vier Stunden, aber es ist doch ein kleines Geschenk. Man sieht und spürt die Freiheit. Und ich kann meine Familie in ihrer Umgebung erleben. Darauf freue ich mich. Das ist wie ein Lottogewinn.«

Sie lächelte. »Ich werde meine Kinder und mein Enkelkind sehen und werde mit ihnen durch die Zimmer ihrer Wohnung gehen können. Das wird schön.«

Sie schien diesem Gedanken für einen Augenblick nachzuhängen. »Aber meinen ehemaligen Lebenspartner will ich nicht sehen. Ich will Paolo nie mehr sehen. Das wissen meine Kinder. Er wollte kommen, aber ich will das nicht. Ich kann ihn auf der einen Seite verstehen, dass er sich abgewendet hat nach meiner Verurteilung. Er kann nicht so viele Jahre auf mich warten. Doch dann denke ich daran, dass ich immer noch seine Schulden abzahlen muss, während er sich ein schönes Leben macht, und beginne ihn zu hassen.

Dann ist mit einem Mal so viel Hass in mir auf diesen Menschen und kein Funke Liebe und Verständnis mehr. Ich weiß nicht, ob ich irgendwann noch mal einem Mann vertrauen kann. Ich habe so viel Vertrauen gegeben und habe statt Geborgenheit und Liebe nur Gemeinheit bekommen. Das Herz wird einem gebrochen. Dieser Mann hat mir wirklich das Herz gebrochen. Ich habe für ihn gearbeitet, im Haushalt, im Restaurant, und der Dank ist, dass er mich für seine Schulden zahlen lässt. Wenn ich daran denke, wächst in mir der Hass. Die zehn Jahre meines Lebens, die ich mit diesem Mann gelebt habe, die hätte ich besser im Gefängnis absitzen sollen, dann hätte ich den Großteil meiner Strafe schon hinter mir. Ich hab alles für ihn getan, und dann lässt er mich fallen wie ein Stück Abfall. Das tut heut noch weh. Nach so langer Zeit. Aber ich wünsche ihm trotzdem viel Glück.«

Warum sie ihm Glück wünsche? Warum sie jemandem Glück wünsche, den sie tatsächlich hasse?

Frau Astor blickte zur Decke und zog die Augenbrauen hoch.

»Können Sie sich das nicht vorstellen? Ich will nicht, dass jemand hier erfährt, dass ich ihn hasse. Wissen Sie, ich bin verurteilt worden, weil ich sagte, ich hasse meinen Vater. Da muss ich jetzt auf jedes Wort achtgeben, das ich sage. Ich hab wirklich Angst, dass das jemand hier hört. Wenn ich so etwas laut sagen würde, heißt es sofort, die Frau hasst ja alle Menschen. Und wer weiß, was in ihrem Kopf steckt. Verstehn Sie mich?«

Die schöne Frau Astor zog eine hässliche Grimasse. Sie saß und schaute mich finster an. »Mein Vater hat mein Leben verdorben. Ihm gebe ich mehr oder weniger die Schuld, dass ich jetzt im Gefängnis bin. Ja, mehr oder weniger.«

Sie schwieg. »Ja«, wiederholte sie nach einer Pause und schwieg erneut. »Und wenn ich meine Geschichte von Anfang an preisgegeben hätte, dann wär das Urteil anders ausgefallen.«

»Was hätten Sie anders erzählt?«

»Das möchte ich hier nicht sagen.«

»Ich dachte, dass Sie einverstanden waren und mir Ihre Geschichte erzählen wollten.«

»Sie machen ja ein Buch daraus. Und auf einer Seite hab ich Angst, dass jemand, der mich kennt, die Geschichte liest und dann alles über mich weiß. Daher bin ich mir nicht sicher, ob ich mir etwas Gutes damit tue. Andererseits sollen andere Menschen Geschichten von Frauen hören, bei denen sich das Leben plötzlich gedreht hat. Warum und wieso. Verstehen Sie mich? Ich bin ein ehrlicher Mensch. Als ich mich für Ihr Projekt gemeldet habe, dachte ich nicht, dass ich über die Sache, wegen der ich hier bin, sprechen soll. Ich dachte, wir sprechen über anderes. Aber gut, nun hab ich schon mal begonnen, was möchten Sie so genau wissen?

Warum nach Jahren noch so viel Wut und Hass gegen meinen Vater in mir war? Es stimmt, ich lebte ja längst nicht mehr zu Hause, und dennoch waren diese bösen Gefühle so stark in mir.«

Sie zögerte.

»Ja«, sagte sie schließlich, »ich musste damals mit Alexander darüber sprechen, ich musste ihm alles erzählen. Und ich frage mich, ob mich nicht viele verstehen werden, denn es gibt genügend Fälle von Frauen, die jahrelang geschlagen und gequält worden sind von ihren Vätern. Man kann das nicht vergessen. Sicher, ich hätte mit der Heirat mit meiner Kindheit und Jugend abschließen können. Ich hätte sagen können, mit dem Menschen hab ich nichts mehr zu tun. Aber ich habe es damals nicht gekonnt. Ich war jung, dumm und naiv und – wie soll ich sagen – ich hab mir nichts dabei gedacht. Das ist wie der Wunsch, dich soll der Blitz treffen. Man äußert ihn, aber er bleibt ohne Folgen. Ich hatte es gesagt, aber im Grunde genommen wollte ich das gar nicht. Ich würde so etwas niemals mehr ...«

Ihr Blick schweifte suchend die Wand entlang.

»Es ist grauenvoll ... ich hab mir damit weh getan, und ich habe meine Familie, meine Kinder leiden lassen. Und für was? Für einen Menschen, der es nicht verdient hat, dass man ihn überhaupt berührt. Vielleicht wäre er von allein gestorben in einem Jahr. Aber vielleicht sterben böse Menschen nie.«

Sie lächelte schief. »Das war ironisch gemeint. Aber wie gesagt, wenn ich die Uhr zurückdrehen könnte ... ach, das kann man eben leider nicht. Als ich von seinem Tod erfuhr, dachte ich zuerst, er hätte Streit auf der Arbeit gehabt. Er war ja immer streitsüchtig. Und dann – dann war ich erleichtert. Es wäre gelogen, wenn ich es abstreiten würde. Ich hoffe, es gibt genügend Frauen auf dieser Welt, die wissen, wie sie sich gegen Gewalt in der Familie schützen können. Denn es wird immer brutaler, wie Männer mit Frauen umgehen. Alle fünf Minuten dreht auf der Welt ein Mann durch, weil er eifersüchtig ist oder wütend oder gestört. Aber uns Frauen wird die Schuld gegeben.

Ich hab eine Vollzugshelferin, und die hat vor kurzem zu mir gesagt: ›Versprechen Sie mir, Frau Astor, wenn Sie rauskommen, tun Sie nichts Böses mehr.‹ Ich weiß jetzt, dass diese Frau kein Vertrauen in mich setzt. In ihren Augen bin und bleibe ich eine Mörderin, bei der man auf der Hut sein muss. Sie kennt offenbar meine Geschichte nicht richtig. Oder sie scheint sie falsch zu verstehen. Ich werde sie ihr noch einmal erzählen müssen, damit sie nicht wieder sagt: ›Ich hoffe, Sie werden das nicht noch mal tun.‹ Das hat mich verletzt. Sie ist eigentlich eine Person, zu der ich Vertrauen aufgebaut habe, und dann sagt sie so was zu mir. ›Gell, Frau Astor, wenn Sie rauskommen, tun Sie das nicht mehr.‹ Ich stand da und konnte nichts mehr sagen. Seh ich aus wie eine Amokläuferin? Ich habe vier Kinder, würde Leben retten, wenn ich könnte. Ich würde meine Niere spenden, wenn sie jemand das Leben rettet.«

Sie schaute zur Uhr über der Tür und stand auf, um zu läuten.

»Gleich haben wir Einschluss.«

»Würden Sie auch Ihren Vater retten?«

Sie zögerte, ehe sie sich umdrehte. »Sie haben offenbar nichts verstanden.«

*Ich bin überzeugt, dass der Mensch
darauf ausgelegt ist, Gewalt auszuüben (…). Die Untersuchungen stein-
zeitlicher Kulturen zeigen, dass die
Hälfte aller Männer erschlagen
worden ist (…). Dass wir heute im
Alltag weniger töten, ist eine
kulturelle Errungenschaft – von
unserer Biologie haben wir uns
seitdem kaum verändert.*

Thomas Elbert, Neuropsychologe

6

FEIGLING

Damals, während des heißen Sommers, saß Wilhelm Irmer im Zimmer und lernte Vokabeln. Dreißig Wörter täglich würde der Vater abends abfragen. Die Kinder sollten eine gute Zukunft haben. Doch abends waren die Wörter bereits wieder vergessen, und es setzte Schläge.

Es war mühsam, die Sprache zu lernen, und das wenige reichte für die Schule nicht aus. Sie hatte ihn nach einigen Monaten mit einem Abgangszeugnis wieder entlassen. Doch weder er noch seine Eltern gaben auf, und schließlich konnte er die Sprache und bestand den Hauptschulabschluss mit guten Noten.

Der Wortführer seiner Klasse war ein schlechter Schüler, aber gut im Kampfsport. Er hatte das Sagen in der Klasse und in der Schule. Irmer bewunderte ihn und seine Anhänger. Zu ihnen wollte er gehören, unbedingt. Und schließlich gehörte er dazu. »Dieses Bedürfnis nach Zugehörigkeit«, sagte er, »hat meine Zukunft bestimmt.«

Er wurde Mitglied einer Gruppe von sechs jungen Männern, die am Wochenende durch die Discos zog, trank, Drogen nahm und sich stark fühlte. Von Freitag bis Sonntag war Party. Die Woche über blieb Irmer solide. Er trank nicht, trieb Sport und arbeitete zuverlässig. Er machte eine Ausbildung zum Installateur, war ehrgeizig und begabt und sein Meister schätzte ihn. Er bot ihm noch vor Ende der Lehrzeit einen Arbeitsplatz an. Gleich nach der Prüfung könne er bei ihm beginnen. Einen Tag vor der Abschlussprüfung wurde Wilhelm Irmer verhaftet. »Im Grund war es das Ergebnis einer jahrelangen Entwicklung«, sagte er.

Irmer hatte im gut geheizten Raum seine schwarze Daunenjacke anbehalten. Nur die wildledernen Handschuhe hatte er ausgezogen und sein Handy darauf abgelegt. Mit dem karierten Wollschal, der schwarzen Jeans und den blitzblanken Schuhen wirkte er wie ein solider Geschäftsmann.

»Es begann damit, dass ich zwei Freundeskreise hatte, die nicht miteinander verbunden waren. Die Freunde der einen Gruppe hatten die höhere Schule besucht und zwei von ihnen studierten bereits. Die der anderen Gruppe hatten kein besonderes Interesse, sich anzustrengen. Ihr Anführer war der Kampfsportler, der als Autorität galt und mit dem ich, wie viele, zu tun haben wollte. Wenn ich jetzt zurückdenke, war er vor allem frech. Er hatte eine große Klappe und konnte ganz gut boxen. Und es war cool, wie er seine kleinen Geschäfte machte. Er hat sonst nichts gearbeitet, hat sich nur mit diesen kleinen Geschäften aufgehalten, dem Vertickern von Speed und Ecstasy und anderen Partydrogen. Ich wollte unbedingt zu ihm gehören, auch weil er sich in Discos bewegte. Er kannte die Türsteher, und ich wollte nicht nur da rein, sondern auch dort arbeiten. Ich dachte, da sehen dich viele, und du hast Einfluss und wirst bekannt. So wurde ich Kassierer, drückte den Leuten den Stempel auf« – Irmer tippte mit dem Zeigefinger auf den Handrücken – »und kontrollierte, wenn sie raus- und reingingen, ob sie bezahlt hatten.

Das Geld, das ich dafür bekam, war nur ein Taschengeld, aber Geld war mir in dem Fall gar nicht wichtig. Wichtig war die Zugehörigkeit. Wichtig war die Anerkennung. Ich saß im Vorraum und hatte mit den Vorgängen in der Discothek gar nichts zu tun. Doch wenn es Probleme gab, bin ich mit rein. Niemand sagte zu mir: ›Du musst jetzt dem eine Tracht Prügel verpassen.‹ Ich musste gar nichts tun, aber ich hab's getan, um mich wichtig zu machen. Ich hab mich an die Security gehängt und mitgemischt. Ich wollte allen zeigen, dass auch ich hier was zu sagen habe. Sie sollten mich alle respektieren.«

Irmer lachte auf und schüttelte den Kopf, als wundere er sich über das törichte Verhalten einer wildfremden Person. »Dumm war das. Das war einfach nur dumm. In Discos gibt es immer Stress. Immer gibt's Besoffene und immer welche, die sich prügeln. Manche müssen Schläge einstecken, andere ziehen Messer oder Pistolen raus. Es gab dort, wo ich arbeitete immer Gewalt. Jedes Wochenende Kämpfe und Prügeleien. In der Woche selbst veranstalteten die Betreiber Treffen, um die Vorgänge zu diskutieren. Das fand ich auch cool. Ich konnte mich auf diese Weise im Kreis der Discobetreiber und Organisatoren bewegen. Aber ich hatte eben noch den anderen Freundeskreis, mit dem ich überwiegend Zeit verbrachte und der nichts mit dieser gewaltbetonten Welt zu tun hatte.«

Irmer saß aufrecht, und wie er sprach und auftrat, wirkte er selbstsicher und gleichzeitig bescheiden. Er war breit und kräftig und kaum größer als 1,70. Seine weichen Hände waren gepflegt und sein rundes Gesicht glänzte frisch und rosig. Irmer war 35, ein sympathischer Mann, dem man versucht war, seine Visitenkarte zu geben.

»Wenn wir uns früher in der Schule geprügelt haben, geschah es, um den Rang in der Hierarchie festzulegen. Man musste sich durch Kämpfe positionieren, musste sich körperlich messen, um aufsteigen zu können. Anders ging es nicht. Erst nach dem Kampf war klar, wer was zu sagen hat. Dabei gab es feste Regeln. Die erste hieß: Bis zum ersten Blut. Lippe geplatzt: Fertig. Blutende Nase: Schluss. Blaues Auge: Aufhören. Als wir älter wurden, sind die Schläge kräftiger geworden. Da gab's schon mal einen ausgeschlagenen Zahn, ein gebrochenes Nasenbein, Jochbeinbruch, Kieferbruch, bis man aufhörte. Und schließlich war es cool, mit dem Schlagstock umzugehen. Ich war nicht so besonders sportlich, hab zwar ein bisschen Ringen und Boxen gemacht, aber nicht jeden Tag wie die andern. Die haben jeden Tag Sport gemacht. Training, Training, Training, kein Alkohol, keine Zigaretten, immer fit sein, immer bereit sein. So war ich nicht. Ich war mehr partymäßig unterwegs. Am Samstag in der Disco ein bisschen Taschengeld verdienen, am Sonntag das Geld in einer anderen ausgeben. Bier trinken, Wodka trinken, tanzen, Mädchen anmachen – so war das.

Mein Vater hatte mich dazu erzogen, kein Feigling zu sein. Ein Feigling war für meinen Vater das Verachtenswerteste. Wenn ich mit einem blauen Auge von der Schule kam, dann hat Vater gesagt: ›Hast du wenigstens zurückgeschlagen? Hast du dich gewehrt, oder bist du wie ein Feigling mit dem Kopf nach unten davon.‹ Er wollte wissen, mit wem ich mich geschlagen hab, um nachfragen zu können, wie ich mich benommen hatte. Und er sagte, wenn du Schläge kriegst und dich nicht wehrst, wenn du den Kopf nach unten machst, kriegst du von mir noch Schläge dazu. Gegen mich kannst du dich nicht wehren, aber auf der Straße kannst du es und sollst es. Mit dieser Regel bin ich groß geworden. In Kasachstan.«

Wilhelm Irmers Vorfahren stammten aus Hessen. Sie waren dem Ruf Katharinas der Großen gefolgt und hatten Deutschland Ende des 18. Jahrhunderts verlassen. In Russland an der Wolga kultivierten sie Land, bauten Dörfer und kleine Städte und blieben Deutsche. Sie behielten ihre Sprache, ihren Glauben, ihre Bräuche, hatten ihre eigenen Schulen und die eigene Verwaltung; Privilegien, die die Zarin gewährt hatte.

Irmer begann die Geschichte seiner Familie mit tiefer weicher Stimme zu erzählen, einer Stimme, bei der man jeden Moment den Einsatz der Balaleika erwartete. »Während des Zweiten Weltkriegs hatte Stalin die Deutschen zum großen Teil nach Sibirien deportieren lassen. Auch meine Großeltern waren darunter. Stalin hatte Angst, dass die Deutschstämmigen seiner Armee in den Rücken fallen würden. Die Deutschen an der Wolga haben ja fast ausschließlich Deutsch gesprochen. Mein Opa konnte nur ganz schlecht Russisch. Er war noch in die deutsche Schule gegangen. Und auch mein Vater sprach als Kind kein Russisch. Erst als er in die Schule kam, hat er angefangen, Russisch zu sprechen.

Die Deutschen hatten an der Wolga eine Subkultur aufgebaut, ähnlich wie die Türken hier in manchen Bezirken. Die leben schon zwanzig, dreißig Jahre hier und sprechen kein Wort Deutsch. Und die Deutschen in Russland haben sich auch nicht assimiliert, nicht wirklich. Erst die Generation meines Vaters, die dort in die russische Schule gegangen ist, sprach fließend Russisch und konnte so gut wie kein Deutsch mehr. Diese Nachkriegsgeneration war die erste, die auch russische Ehepartner wählte. Meine Mutter ist Russin. Vater war der Erste in der Familie, der sein Glück gemischt hat.«

Das Display des Handys leuchtete auf und verdunkelte sich wieder. Irmer hatte, ohne in der Erzählung zu stocken, einen schnellen Blick darauf geworfen. »Die Sowjets hatten in den fünfziger Jahren begonnen, Kasachstan aufzubauen. Die Kasachen sind eigentlich Nomaden, und man schickte die Komsomolzen, die jugendlichen Parteigenossen, zur Aufbauhilfe nach Kasachstan. Sie sollten gemeinsam mit den Deutschen aus Sibirien die Entwicklung des Landes vorantreiben. Die Deutschen hatten in Sibirien das Dorf nicht verlassen dürfen. In Kasachstan war ihnen nun erlaubt, sich frei zu bewegen.

Und so sind die Familien von Opa und Oma von Sibirien nach Kasachstan gezogen. Auch weil die Verdienstmöglichkeiten dort besser waren. Anderswo in Russland war es für Deutsche zu der Zeit schwer, Geld zu verdienen. Die Großeltern haben sich in der kleinen Stadt Rudy kennengelernt, haben Kinder bekommen und ihr eigenes Haus gebaut. Und ich bin in dieser kleinen Stadt mit etwa 100 000 Einwohnern geboren.

Mein Vater war Bergmann. Hat 17 Jahre unter Tage gearbeitet. Im Eisenerzbau. Früher war dort auch Silber abgebaut worden. Vater hat als Bergmann sehr gut verdient. Manchmal musste er zwar drei, vier Monate auf seinen Lohn warten. Aber schließlich wurde der doch immer ausgezahlt. Meine Mutter hat als Kranführerin gearbeitet und machte Schichtarbeit in einer Verhüttung. Dort gab es viele Unfälle mit den Kesseln und dem glühenden geschmolzenen Eisen. Viele Kranfahrer sind eingeschlafen, rausgefallen und in die Kessel gestürzt. Oder sie sind eingeschlafen, und der Kübel ist umgekippt und im kochenden Eisen ist jemand verbrannt. Diese Unfälle gab es immer wieder. Schließlich wurde die Fabrik privatisiert und meine Mutter wurde arbeitslos. Von da an hat sie im Lebensmittelgeschäft gearbeitet, immer an der Kasse.

Als die Sowjetunion Anfang der Neunziger zerfiel, sind viele schnell reich geworden. Und die es nicht geschafft haben, sind noch ärmer geworden. Meine Familie gehört nicht zu den

Absteigern. Wir waren auf der gleichen sozialen Stufe geblieben. Aber auch nur durch den Onkel, der seine Hand über uns gehalten hat.«

Irmer machte eine kleine bedeutungsvolle Pause, als käme er jetzt zum Kernpunkt der Familiengeschichte.

»In der Familie meines Vaters war es seit je Brauch, dass der Älteste studieren sollte. Das jüngste Kind war Mamas Kind und das mittlere musste die Haus- und Hofarbeiten übernehmen. Holzhacken, Wasser holen, Feuer machen und sich um die Kühe, Schweine und Enten kümmern. Das mittlere Kind war mein Vater. Er hatte nur vier Schulklassen besuchen dürfen, denn mein Opa meinte, du kannst jetzt lesen und schreiben, mehr brauchst du nicht. Du arbeitest ab jetzt zu Hause. So wurde mein Vater als Zwölfjähriger für die kleine Landwirtschaft verantwortlich.

Später, bei der Armee, hat mein Vater ein Zeugnis bekommen, ohne dafür gelernt zu haben. Er brauchte für den Job dort die mittlere Reife, und weil er ihn gut machte, gab man ihm einfach eine Abschlussbescheinigung.

Alle haben in der Familie hart gearbeitet. Mein Opa ist um fünf aufgestanden und zur Arbeit gegangen. Er war Schuhmacher und hat nebenbei Schrott gesammelt, damit genügend Geld zusammenkam. Vor allem Geld für das Studium des ältesten Sohnes. Alle Hoffnung hatte der Opa auf den Ältesten gesetzt. Er sollte studieren, um die Familie später unterstützen zu können.

Der Sohn hat Medizin studiert und hat sich hochgearbeitet zum Direktor des Gesundheitsamts. Das war eine sehr gute Position, und durch seine Beziehungen konnte er der Familie tatsächlich bei vielem helfen. Als zum Beispiel seine Schwester für ihr Kind einen Platz im Kindergarten brauchte, genügte ein Anruf von ihm, und sie hatte den Platz, obwohl der Kindergarten belegt war. So hab ich es in Erinnerung. Mein Onkel hat die Hand über die Familie gehalten.

In unserer Stadt war die Bevölkerung sehr gemischt. Nur etwa fünf Prozent davon waren Kasachen. Zum überwiegenden Teil waren es Ukrainer, Weißrussen, Russen und Deutsche. Alle lebten friedlich miteinander. Ich hab dort nie Ausgrenzung oder Ablehnung erlebt. Dabei waren die Unterschiede offensichtlich. Allein wenn man durch ein Dorf gefahren ist, konnte man am Zustand der Häuser sehen, wo ein Kasache, ein Ukrainer, ein Russe oder eben ein Deutscher wohnte. Bei den Deutschen war alles fast übermäßig gepflegt. Selbst im Winter waren die Schneehaufen vor ihren Häusern kerzengerade aufgeschichtet. Es herrschte strenge Ordnung. Die meisten Deutschen waren in sehr guten Positionen. Das hat damals keinen gestört. Viele hatten Leitungspositionen, denn sie waren immer pünktlich, zuverlässig und …«, Irmer lachte, »clever eigentlich. Erst Anfang der neunziger Jahre begann die Diskriminierung.«

Wieder leuchtete das Display auf und wieder hatte Irmer einen fast unmerklichen Blick darauf geworfen. Jetzt griff er nach dem Apparat und stand auf. Ob eine kurze Unterbrechung möglich wäre? Er müsse zurückrufen. Er verließ den Raum.

»Ich hatte eine schöne Kindheit«, sagte Irmer und sein rosiges Gesicht strahlte jetzt noch rosiger. Er hatte sein Handy wieder auf den Handschuhen abgelegt, saß wie zuvor sehr aufrecht am Tisch und wirkte entspannt. »Mein Vater hatte fünf Geschwister, deren Kinder alle ungefähr gleich alt waren. Wir Kinder wurden oft zur Tante gebracht, die ein großes Haus mit großem Grundstück bewohnte. Daneben lag ein altes, unbewohntes Haus in einem verwilderten Garten. Dort haben wir besonders gern gespielt. Heute kommt es mir so vor, als hätte ich meine ganze Kindheit dort in diesem Garten verbracht.

Als ich die achte Klasse beendet hatte, lagen schon die Unterlagen für die Ausreise auf dem Tisch und meine Eltern warteten nur noch auf den Aufnahmebescheid aus Deutschland. Der konnte jeden Tag eintreffen. Aber dann dauerte es von der Antragsstellung bis zur Ausreise über zwei Jahre. Warum sollen wir auf Koffern sitzen und warten, sagte mein Vater und begann noch ein Haus zu bauen. Klappte es nicht mit der Ausreise, hätten wir ein schönes Haus, klappte es, könnten wir es gut verkaufen. So dachte Vater. Den Eltern erschien die Übersiedlung als Glück. In Deutschland, so dachten sie, sei eine sichere und bessere Zukunft für ihre Kinder möglich. Das waren aber nur Annahmen. Keiner aus meiner Familie war je in Deutschland gewesen.

Lange vor unserer Ausreise hatten wir von jenen, die schon ausgereist waren, gehört, dass man als Schüler in Deutschland gleich zwei Klassen runtergestuft würde. Und da wir bald ausreisen würden, hab ich die Lust verloren, in die Schule zu gehen. Meine Eltern hatten Angst, dass irgendwas am Ende nicht klappen könnte und wir nicht fahren könnten. Sie fürchteten, dass ich dann Probleme bekäme, weil ich nicht mehr zur Schule ging. So sollte ich eine Lehre zum Koch machen. Dahinter steckte noch ein anderer Gedanke. Wenn wir blieben, hätte ich zur Armee gemusst.

Mittlerweile waren die Kasachen etwas nationalistisch geworden und sagten, ihr dürft zwar in unserem Land wohnen, aber wir sind hier die Herren und ihr habt zu tun, was wir sagen. Sie begannen, die slawischen und deutschstämmigen Männer nach Südkasachstan zum Militärdienst zu schicken. Da kam auf zehn Kasachen ein Russe oder ein Deutscher.

Mein Cousin war noch einberufen worden, und er hatte dort eine schwere Zeit. Er hat dreißig Kilo abgenommen, musste ins Krankenhaus gebracht werden mit Knochenbrüchen und inneren Verletzungen. Er war die ganze Wehrdienstzeit hindurch gemobbt worden. Schläge standen dort auf der Tagesordnung. Die Berichte über die Zustände in den Kasernen haben sich verbreitet, und meine Eltern dachten, wenn ich noch eingezogen würde, dann sollte ich wenigstens an den Töpfen stehen und genug zu essen kriegen. So hab ich einen Kochlehrgang gemacht, ein Zertifikat bekommen und ein halbes Jahr in der Kantine gearbeitet, die meine Tante geleitet hat. Hab Kartoffeln geschält, Zwiebeln geschnitten – solche Sachen. Noch heute kann ich meiner Frau ein paar Küchentricks beibringen.

Und dann kam die Einreisegenehmigung.

Eines Tages lag sie auf dem Tisch, und wir begannen alles zu verkaufen, die Wohnung, das fast fertige Haus, das Auto, die Garage. Garagen waren dort sehr gefragt, denn man konnte das Auto nicht über Nacht draußen stehen lassen. Am Morgen fehlten sonst die Räder. Und schaffte man das Auto dann nicht gleich weg, wäre am nächsten Tag das ganze Fahrzeug auseinandergenommen. Deswegen wollte jeder Autobesitzer eine Garage haben. Zu der Zeit reisten aber viele Deutsche aus, und alle mussten ihr Hab und Gut verkaufen. Das haben die Leute ausgenutzt. Plötzlich waren Häuser und Garagen fast nichts mehr wert.

Im August 1998 sind Mutter, Vater, meine jüngere Schwester und ich in Deutschland angekommen. Wir hatten ungefähr 8000 Mark in der Tasche. Von ihrer lebenslangen Arbeit und Sparsamkeit waren meinen Eltern nicht mehr als 8000 Mark geblieben. Ich hab Jahre später mit Vater darüber gesprochen. Er sagte: ›Für uns selbst haben wir nichts mehr erwartet. Wir hatten dort alles gehabt und hatten unsere Möglichkeiten ausgeschöpft. Aber ihr solltet vorankommen und etwas im Leben erreichen können. Nur deshalb sind wir nach Deutschland gezogen.‹

Da standen wir am Bahnhof von Friedland und sollten nach Berlin fahren. Wir haben die Tickets in die Hand bekommen und einen Reiseplan dazu, denn wir mussten mehrmals umsteigen. Aber keiner von uns konnte diesen Plan lesen. Doch auf einmal begann mein Vater deutsch zu sprechen. Er konnte sich plötzlich den Leuten auf dem Bahnsteig verständlich machen. Da hab ich gestaunt. Allerdings verstanden ihn nur wenige Leute. Es war eine Art Plattdeutsch, das er sprach. Ich sprach gar kein Deutsch. Nur ein paar Wörter: Haus, Mutter, Vater, ich heiße Wilhelm Irmer. Mehr nicht. In Berlin hat man uns eine schöne Wohnung zugewiesen, und alle waren zufrieden und zuversichtlich.

Meine Mutter ist zusammen mit Vater zum Sprachkurs und hat danach eine Schulung zur Kassiererin und Verkäuferin gemacht. Sie hatte Spaß am Verkaufen und unterhielt sich gern mit Menschen. Sie hat sehr bald Arbeit beim Discounter bekommen.

Für Vater war es schwerer. Man brauchte in Deutschland keinen Bergmann. Er war gezwungen, etwas Neues für sich zu finden. Lesen und schreiben hatte er zwar gelernt, aber seine Schwierigkeiten mit der Rechtschreibung waren groß. Und auf Deutsch ging es ganz schlecht. Er verwechselt häufig die Buchstaben und wechselt auch zwischen kyrillischen und lateinischen hin und her. Man musste Russisch und Deutsch können, um zu verstehen, was er schrieb.

Es hat lange gedauert, bis Vater hier Arbeit gefunden hat.

Während Mutter arbeitete, saß er zu Haus. Er fühlte sich gekränkt. Die Frau hatte jetzt die Hosen an. Sie brachte das

Geld und war diejenige, die ihm was zu sagen hatte. Und so begann er zu trinken und hat seinen Frust oft an uns ausgelassen. Meine Schwester hat noch am wenigsten abbekommen. Aber ich hab schon ordentlich Prügel bezogen.

Schließlich bekam er einen Job als Bauarbeiter. Da war er fünfundfünfzig. Auf Baustellen verdient man nicht viel. Nur der Chef verdient da. Ich bin jetzt selber in der Branche tätig, deshalb weiß ich, wie es läuft. Die Ehe meiner Eltern ist schließlich auseinandergegangen. Später haben sie sich zwar wieder vertragen. Aber es war ein Hin und Her. Auf mich war mein Vater sauer, weil ich, als der Vatersohn, ihn verraten hatte und meiner Mutter beim Auszug geholfen habe. Diese ständigen Vorwürfe, das Geschimpfe gingen mir schließlich auf die Nerven. Ich sagte: ›Klärt eure Probleme allein. Ich liebe euch beide. Ich kann mich nicht zweiteilen.‹ Ich suchte mir ein Zimmer und zog aus.

Heute verstehen wir uns wieder sehr gut. Wir sehen uns zwar selten, weil ich jetzt meine eigene Familie hab. Aber wir telefonieren oft. Vater wohnt mit Freunden zusammen, und Mutter lebt allein. Sie arbeitet in einer Bäckerei und ist zufrieden.«

Irmer war aufgestanden und ans Fenster getreten. Er müsse einen Augenblick stehen. Das brauche sein Rücken.

Sein einflussreicher Onkel sei ein halbes Jahr nach ihnen ausgereist, sagte er, während er kleine kreisende Bewegungen mit den Schultern machte.

Er wohne mittlerweile auch in Berlin und arbeite als Impfarzt. Ein Abstieg. In Kasachstan hatte er alles gehabt, eine Villa im besten Bezirk, Autos, zwei Wohnungen in der Stadt, den einflussreichen Job. Aber die Perspektive für seine Kinder hätte ihm gefehlt. Darum sei er weggegangen. Ein Fehler vielleicht. Denn mittlerweile habe sich Kasachstan wirtschaftlich ganz gut entwickelt. Neulich habe die Cousine seine Familie besucht und gesagt: »Schickt uns kein Geld mehr in den Paketen. Das Geld haben wir nicht nötig.« Ihr Mann verdiene als Ingenieur sehr gut. Sie brauchten kein Geld von den Verwandten, höchstens einige Dinge, die es schwer zu kaufen gäbe. Vor allem bestimmte Klamotten. »Wir sehen sie immer noch in ärmlichen Verhältnissen leben. Aber sie können sich mehr leisten als wir«, sagte Irmer. »In Deutschland, sagen sie, sei alles so reglementiert, während dort alle Möglichkeiten offenstünden. Man könne aufbauen, was immer man wolle.«

Diesmal brummte Irmers Handy, ohne zu leuchten. Er hob entschuldigend die Schultern und begann im Hinausgehen russisch mit dem Anrufer zu sprechen.

»Eigentlich war ich zur Tatzeit betrunken«, sagte Irmer ganz unvermittelt, als er wieder ins Zimmer trat. »Und wenn man trinkt, benimmt man sich auch anders. Und auch das Gegenüber verliert den Respekt und erlaubt sich mehr. Wenn ich besoffen bin, öffne ich mich und zeige meine Schwachstellen, und dann versucht der andere, frecher zu werden als normal.

Wir hatten an dem Abend schon einige Zeit Party gefeiert, als der Anruf kam. Maier wollte Boris sprechen. Maier war der Anführer einer Clique, die jedes Wochenende durch die Discos zog und Stunk machte. Jetzt wollte Maier mit Boris einen Vorfall klären, durch den er sich gekränkt fühlte.

Da bin ich am Telefon frech geworden: ›Warum rufst du mich an‹, rief ich, ›ich bin keine Auskunft. Bist wohl zu feige, Boris selbst anzurufen.‹ Aber ich wusste, dass er Boris' Nummer gar nicht hatte. Boris gab seine Nummer nur an wenige Freunde heraus.

Da sagte Maier: ›Jetzt bist du frech, aber was würdest du

machen, wenn wir uns in die Augen blickten?‹ Sag ich: ›Okay, wo bist du jetzt?‹ ›Ich komm und schau dir in die Augen.‹

Ich hab daraufhin Boris angerufen. Boris war schon 28, besaß eine Disco und konnte sich Securities leisten. Er besaß schöne Autos und schöne Freundinnen und lebte sehr gut. Viele waren neidisch auf ihn.

Ich sagte zu ihm: ›Komm her, die suchen dich. Maier und seine Clique rücken aus Marzahn und Lichtenberg an und sind bereits in Spandau.‹ Boris kam und sagte: ›Verstecken werden wir uns nicht.‹ Wir fahren zum Treff. Dort auf dem Parkplatz hat sich Boris mit Maier kurz unterhalten und sagte dann zu mir: ›Los, wir gehen, die Sache ist vom Tisch.‹ Es war um einen Streit in seiner Disco gegangen. Ein Freund Maiers hatte Schläge bezogen und Maier zur Hilfe gerufen. Der Schläger aber, wiederum ein Freund von Boris, hatte nur verächtlich auf Maier geschaut und gesagt: ›Was willst du, du Opfer?‹ und war weggegangen. Und das hatte Maier gekränkt. Es ging hier um zwei verfeindete Gruppen, die ihre Ehre verteidigten.

Boris hatte sich also bereits abgewandt und war dabei wegzugehen, als ich auf Maier zuging und sagte: ›Du wolltest mir doch in die Augen schaun. Hier bin ich.‹ Maier machte einige Schritte auf mich zu und sagte: ›Du bist nichts als Dreck. Ich mach dich jetzt fertig. Brech dir alle Knochen.‹ Da hab ich natürlich« – Irmer zuckte die Schultern – »da hab ich natürlich mit einem Faustschlag reagiert. Die Prügelei begann. Da stieg Pjotr aus Maiers Auto.

Er hatte eine Pistole in der Hand und zielte auf mich.

Ich stand wie gelähmt. Pjotr hat durchgeladen und auf Beinhöhe gezielt. Aber es hat nur geklickt. Die Pistole hat nicht geschossen. Er hat noch zwei, drei Mal durchgezogen, aber jedes Mal kam nur ein Klicken. Es war offensichtlich, dass die Pistole nicht funktionierte. Da kam Boris zurück, und wir sind beide auf Pjotr drauf. Boris und ich auf Pjotr. Wir haben ihm die Pistole weggeschlagen und ihn verprügelt. Pjotr war sehr sportlich, war 1,96 groß und wog 120 Kilo. Er war bei einer Spezialeinheit der russischen Armee gewesen, also körperlich sehr fit. Im Einzelkampf hatte von uns keiner eine Chance. Deswegen sind wir beide auf ihn losgegangen. Aber wir hatten auch zu zweit Mühe. Da stieg unser Fahrer aus. Er hatte sich bisher aus allem rausgehalten, aber jetzt drückte er mir einen Baseballschläger in die Hand. Und damit bin ich auf Pjotr los. Hab ihm einige Schläge verpasst, so dass er zu Boden ging.

Inzwischen hatte sich Maier von den Prügeln erholt, war aufgestanden und zu seinem Auto gerannt. Sein Fahrer startete. Sie wollten sich zurückziehen.

Ich war auf Maier wütend. Er hatte das ganze Treffen veranstaltet. Meine Nase war gebrochen, die Klamotten zerrissen und voll Blut, und so bin ich hinter ihm her zum Auto, hab mit dem Baseballschläger aufs Autodach geschlagen und die Tür aufgerissen und versucht, Maier mit dem Schläger zu treffen. Da legt der Fahrer den Rückwärtsgang ein, ich bleibe an der Tür hängen, er rast rückwärts, schleppt mich mit, meine Beine hängen unterm Auto und kurz vor der Laterne, an die ich geknallt wär, stoppt er. Ich kann mich los machen und laufe zu Pjotr, der immer noch am Boden liegt, aber gerade versucht, wieder aufzustehen. Und da hab ich mit dem Knüppel noch mal auf ihn eingeschlagen. Ein paarmal. Hab ihm mit dem Baseballschläger mit aller Kraft mehrmals auf den Kopf gehauen.«

Irmer presste die Lippen zusammen, dass sie fast verschwanden. »Das waren die Schläge, die entscheidend waren. So ist das passiert.

Und dann sind wir in die Partywohnung zurück. Ich hab mich umgezogen und wir sind alle in die Disco gefahren. Dort sagte jemand, dass das ganze Viertel um den Parkplatz, wo wir uns geschlagen haben, von Polizei umstellt sei. Aber niemand hat sich was dabei gedacht, denn fast jedes Wochenende fanden dort Schlägereien statt. Schlägereien waren ganz normal. Und häufig wurde auch die Polizei gerufen. Deswegen war das nichts Besonderes. Es hatte sich diese Art, miteinander umzugehen, über Jahre hin entwickelt. Wir sind kräftiger geworden, und auch die Regeln wurden härter. Die geplatzte Lippe war kein Stoppsignal mehr, man konnte auch noch auf einen am Boden Liegenden einschlagen.«

Irmer hatte mit unbeteiligter Sachlichkeit gesprochen. Er hatte die Geschichte erzählt wie ein Geschäftsmann, der seine Bilanz erläutert.

»Waren Sie mit Ihrem Baseballschläger der King des Abends?«

»Boris hat später vor Gericht ausgesagt, ich hätte mich die ganze Fahrt über mit der Tat gebrüstet. Hätte gerufen: ›Wir haben sie fertiggemacht, die Schweine.‹ Aber daran kann ich mich nicht erinnern. Wir waren beide zufrieden mit unserer Leistung. Wir hatten sie verprügelt und gezeigt, dass wir standhalten konnten. Wir hatten unsere Position nicht einfach aufgegeben. Wir hatten uns gewehrt und es den anderen gezeigt.«

»Gegen was haben Sie sich gewehrt?«

»Es ging ja um einen Streit in der Vergangenheit. Jemand hatte sich in der Disco beleidigt gefühlt. Aber zu Unrecht. Das musste richtiggestellt werden.«

»Knallt das, wenn man jemanden mit dem Baseballschläger auf den Kopf haut? Hört man das?«

»Nein.«

Irmer schwieg und schüttelte dann leicht den Kopf. »An so was kann ich mich nicht erinnern.« Sie seien schließlich von der Disco wieder zum Ort der Schlägerei gefahren. Denn sie hätten sehen wollen, sagte Irmer, was da los war. »Wir waren neugierig. Die Polizei war immer noch da und hatte die Straße abgesperrt. Ich stand fünfzig Meter vom Tatort entfernt und sah die Scheinwerfer und sah jetzt Männer in weißen Anzügen. Das waren Spurensicherer. Da bin ich mit einem Schlag nüchtern geworden. Spurensicherer kommen nur, wenn es einen Toten gibt. Plötzlich wusste ich: Ich hab Pjotr totgeschlagen.«

Irmer hielt für einen Augenblick inne. Nichts in seiner Miene hatte sich verändert. »Die ersten Stunden hab ich das, was ich nun wusste, nicht an mich rangelassen. Ich blieb immer noch cool in der Clique, sagte, wir ham's ihnen gezeigt, jetzt wissen sie, mit wem sie es zu tun haben – solche Sprüche. Und erst am nächsten Tag, als ich aufgewacht bin, da fühlte ich mich nicht mehr so gut. Da war nichts mehr übrig geblieben von dem Hochgefühl, es ihnen gezeigt zu haben. Ich hab mich hingesetzt und begonnen, alles zu überdenken. Und ich begann allmählich zu begreifen, was Pjotrs Tod für mich bedeutete. Da geriet ich in Panik.« Er starrte hinaus in den Innenhof, den ein feines Stahlnetz überspannte. Kein Vogel würde je in den blassen Sträuchern nisten. »Ich hatte Pjotr ganz gut gekannt. Er war ab und zu bei mir zu Hause gewesen, und wir hatten Bier miteinander getrunken. Wir hatten eigentlich keine Probleme miteinander. Er war auf den Parkplatz nur als Begleitung von Maier mitgekommen. Später, aus den Akten, hab ich erfahren, dass sie sich auf einen Kampf vorbereitet hatten, mit Messern und Baseballschlägern und einer Pistole. Sie hatten also nicht nur friedlich reden wollen. Die wollten schon was beweisen. Es war hier um eine Machtdemonstration zwischen den beiden Gruppen gegangen. Gegen mich persönlich hatten sie nichts. Sie hielten mich für den Laufburschen von Boris. Und das war ich ja auch. Ich wollte eben unbedingt dazugehören. Meine Freunde wurden schon am nächsten Tag verhört. Aber ich hab mich erst mal versteckt.

Abhauen nach Kasachstan, das wollte ich nicht. Eigentlich wollte ich die Situation klären. Aber es gelang mir kein vernünftiger Gedanke. Mir ging's – mir fehlen die Worte, um das zu beschreiben. Ich war fast ständig wach, hab nur ganz kurz geschlafen, und hatte nur eine einzige Frage im Kopf: Was jetzt? Was jetzt? – immer nur dieses: Was jetzt.«

»Wo hatten Sie sich versteckt?«

»Überall. Bei Freunden, bei Verwandten. Ich hab die Verstecke immer gewechselt.«

»Und Sie konnten mit niemandem sprechen?«

»Doch, ich hab mit allen gesprochen. Alle wussten, was passiert war.«

»Und Sie wurden trotzdem versteckt?«

»Mhm. Freunde und Verwandte kannten mich ja, und sie kannten auch die ganze Vorgeschichte. Sie wussten, wie es zum Streit gekommen war. Sie wussten, dass ich immer nur jemanden geschlagen hab, der im Unrecht war. Sie wussten, dass ich mich an die Regel hielt: Eine Schlägerei muss begründet sein. Es musste immer einen guten Grund dafür geben. Dass Pjotr sterben musste, das war nicht geplant. Und es war von uns auch niemals gewünscht, dass in einer Auseinandersetzung jemand stirbt. Ein bisschen schlagen, jemanden bestrafen, ja, das ist kein Problem, aber umbringen – Leben wegnehmen …«

Irmer seufzte. »Ich kann nicht sagen, was bei mir damals auf dem Parkplatz im Kopf vorging. Es hatte sich eine gewisse

Wut angesammelt, weil man mich nicht richtig ernst nahm. Auch Angst kam dazu. Am Anfang hab ich Angst gehabt, dass mir was passiert. Maier war größer als ich, kam auf mich zu, wollte mich verprügeln. Da hab ich mich gewehrt und konnte ihn abwehren. Dann kam Pjotr mit der Pistole, hat auf mich gezielt, da hab ich wieder Angst bekommen und durch diese Schwankungen und den Alkohol – «

Irmer stockte und starrte auf das dunkle Display seines Handys, als müsste dort gleich die Fortsetzung des Satzes erscheinen. »Aber schließlich war es so«, sagte er, »ich wollte es ihnen unbedingt zeigen. Ich wollte ein paar Elefanten auf die Reihe stellen. Es war eine Frage der Ehre.«

Nach einer Woche hatte sich Irmer in Begleitung eines Anwalts der Polizei gestellt. »Ich brauchte unbedingt einen Anwalt. Denn wenn einer wie ich bei der Polizei landet, dann werden dem noch zwei, drei offene Fälle angehängt, und davor hatte ich Angst.« Irmer hatte bereits wegen schwerer Körperverletzung und räuberischer Erpressung eine Jugendstrafe bekommen, die auf Bewährung ausgesetzt worden war. »Ich wollte also zuerst mit einem Rechtsanwalt sprechen. Ich mag zwar Rechtsanwälte gar nicht. Das sind meiner Meinung nach Leute, die hilfsbedürftige Menschen als Beute ansehen. Doch jetzt ging es nicht ohne Anwalt. Und der war gut.

Ich wurde wegen Totschlags zu zehn Jahren, sechs Monaten verurteilt.«

»Wie haben Ihre Eltern reagiert, als sie von der Tat erfuhren?«

»Mutter hat nicht geglaubt, dass ich zu so was fähig sein soll. Sie beschuldigt bis heute immer noch Boris. Sie sagt, dass alles nur seinetwegen passiert sei, denn ihr Sohn sei immer freundlich, lieb und nett, und sie wisse nicht, warum ich nicht die Wahrheit gesagt und stattdessen alles auf mich genommen hätte. Vater hat auch nicht an mich als Täter geglaubt. Er hat gesagt, das müsse eine Verwechslung sein.«

»Ihre Eltern waren nach Deutschland gekommen, damit Sie und Ihre Schwester es besser haben sollten.«

»Ja klar, natürlich. Und mein Vater hat auch dafür gesorgt, dass wir lernen und vorwärtskommen. Vor allem mit Schlägen. Aber das find ich normal. Natürlich erst im Rückblick.

»Warum ist es normal, wenn der Vater seine Ansprüche gewaltsam durchsetzt?«

»Er hat damit manches erreicht. Wie zum Beispiel, dass ich die Sprache gelernt habe. Nach drei Jahren konnte ich mich fließend auf Deutsch unterhalten. Ich weiß nicht, wie es wäre, wenn Vater das damals nicht erzwungen hätte, das Deutschlernen.«

»Hatte ihr Vater besonders schwer an den durch Sie enttäuschten Erwartungen zu tragen?«

»Er hat sich als Mann verhalten und nicht so viel Emotion gezeigt. Er reagierte wie ein Vater. Ein Vater steht zu seinen Kindern, egal, was die machen oder gemacht haben. Und auch meine Verwandten verhielten sich so. Mein Vater versucht bis heute, sich um seine Kinder zu kümmern. Er hilft beim Umzug, gibt gute Tipps, übernimmt kleine Reparaturen.

Alle in meiner Familie stehen zu mir. Auch weil keiner von mir so was erwartet hat. Dass ich öfter in kleinere Schlägereien verwickelt wurde, da hat sich keiner in der Familie dran gestört. Das war normal. So war es uns auch beigebracht worden, wir sollten uns zu wehren wissen.

Okay, unter Alkohol hab ich schneller zugeschlagen, nüchtern hab ich mich erst mal mit dem Typen unterhalten. Aber manchmal fehlten mir Wörter, und ich konnte mich nicht richtig ausdrücken. Dann fühlte ich mich schwach und bin gewalttätig geworden. Aber ich hab nie einfach nur so eine Schlägerei begonnen. Und so kannten mich auch die andern.«

»Jetzt haben Sie es nicht mehr nötig, sich auf diese Art zu beweisen?«

»Nein. Ich hab auch keine Zeit dazu.«

»Sie brauchen nicht mehr die Faust zur Problemlösung?«

»Ich bewege mich jetzt auf anderem Niveau. Ich brauche diese Discokämpfe nicht mehr. Wenn wir in die Disco gehen, besuchen wir nicht die im Keller, sondern die im Dachgeschoss, also die besseren. Das ist ein bisschen teurer, aber dort ist anderes Publikum.«

Das Handy auf den Handschuhen blinkte und brummte. Irmer wurde plötzlich blass, und alle Gelassenheit war verschwunden. Er sprang auf und griff nach den Handschuhen. Es sei eine Mitteilung aus dem Kindergarten. Seine kleine Tochter sei gestürzt und habe sich verletzt. Angeblich nicht schlimm, aber sie wolle nach Hause. Er eilte hinaus, als ginge es um Leben und Tod. Er werde sich wieder bei mir melden, rief er.

———

»Rückblickend«, sagte Irmer, »war für mich die Knastzeit nicht schlecht und auch nicht so schwer.«

Wir saßen uns wieder gegenüber, Irmer in gewohnter Gelassenheit und mit Daunenjacke im gut geheizten Raum. »Dass der Knast mein Leben zerstören würde, das hab ich eigentlich nie befürchtet. Ich konnte auch im Knast mein Leben gestalten. Vielleicht mit eingeschränkten Möglichkeiten, aber doch mit einer Aussicht auf eine bessere Zukunft.

Im Knast hab ich meinen Tag strukturiert. Ich habe dort über ein Fernstudium den Realschulabschluss nachgeholt und anschließend begonnen, das Abitur zu machen. Das hat dann leider doch nicht geklappt. Vielleicht auch, weil ich gleichzeitig in unterschiedlichen Werkstätten gearbeitet hab, um mich noch handwerklich voranzubringen und um ein bisschen was zu verdienen. Dadurch hab ich wohl zu wenig Zeit aufs Lernen verwendet. Aber ich konnte doch aus der Zeit was machen, etwas, was für mich jetzt wichtig ist. Ich habe einen Abschluss als Sportassistent mit Schwerpunkt im kaufmännischen Bereich. Und kaufmännisch wollte ich immer schon arbeiten, und das tu ich heute auch. «

Irmer lächelte. Er schien sich selbst zu wundern, dass diese zehnjährige Strafe ihm offenbar nur Gutes eingebracht hat. »Das Schwerste in jener Zeit war, zu sehen, wie die Verwandten des Toten reagierten«, sagte Irmer.

»Ich kannte ja seine Schwester und seine Frau ganz gut. Und auf einmal überschütteten die mich mit Hass. Mich und meine Familie. Ich musste zusehen, wie meine Mutter darunter litt. Es war furchtbar. Sie konnte sich nicht zusammenreißen, und weinte jedes Mal, wenn sie mich besuchte.

Bereits aus der U-Haft hatte ich Pjotrs Frau einen Brief geschrieben und hatte versucht, zu beschreiben, wie sehr es mir leidtut, was ich getan, und wie wenig ich es beabsichtigt hatte. Ich bin kein Gott, hab ich geschrieben, ich kann kein Leben geben und deshalb auch keines nehmen. Aber es sei mir trotzdem passiert. Obwohl viele Zeugen bestätigen würden, dass ich oft und oft gesagt habe, ich könnte niemanden umbringen, sei es mir passiert und nun sei Pjotr tot. Und das sei schrecklich und täte mir sehr leid. Aber der Brief blieb ohne

Wirkung, und der Hass der Hinterbliebenen ist bis heute spürbar. Wenn ich sie zufällig sehe, versuche ich ihnen aus dem Weg zu gehen.«

Irmer holte tief Luft, verzog aber keine Miene. Er blieb entspannt und selbstbewusst, wie ein gepflegter Mittdreißiger, der sein Gegenüber über die Risiken des Lebens aufklärt, um ihm eine Versicherung zu verkaufen.

In der Therapie im Knast, sagte Irmer, sei es lange darum gegangen, herauszufinden, warum er einen Menschen getötet habe, ohne es zu wollen. »Nach vielen Gesprächen begriff ich, dass es ein unbewusstes Machtbedürfnis war. Ich wollte Macht haben. Ich wollte siegen. Doch eigentlich war Boris an dem Ganzen schuld.«

Boris, sagte Irmer, habe sich überhaupt in der ganzen Angelegenheit schlecht verhalten. Das sähen auch alle Freunde so. »Also in meinen Augen hat sich Boris vor allem nach dem Prozess ganz schlecht verhalten.

Nach dem Urteil hatte meine Mutter begonnen, Geld zu sammeln für einen Anwalt, der die Revision übernehmen sollte. Er sollte eine Verringerung des Strafmaßes erreichen. Freunde und Verwandte haben Geld gegeben, aber es reichte nicht. Und da hab ich Boris geschrieben und ihn um tausend Euro gebeten. Er sagte, kein Problem, ich helfe dir, wir sind doch Freunde. Ich sagte, ich kann es aber erst zurückzahlen, wenn ich wieder draußen bin.

Und dann hat er meiner Mutter tausend Euro gegeben. Aber die Revision ist nicht durchgekommen und das Geld ist beim Anwalt geblieben. Monate später hatte meine Schwester Boris in der Disco getroffen, und er fragte sie, wann er seine tausend Euro zurückbekomme. Meine Schwester hat ihm irgendwie kurz angebunden geantwortet, und er hat ihr ins Gesicht geschlagen. Davon erfuhr ich zunächst nichts. Meine

Familie wollte mir nichts davon erzählen, aber da hat sich meine Mutter verraten.

Meine Schwester war nicht mit in die Sprechstunde gekommen, und ich fragte, wo ist Natalie und Mutter: ›Sie ist beim Anwalt.‹ Und ich sagte: ›Was verheimlichst du?‹ Da hat sie es mir erzählt. Ich hab Boris später gefragt, ob das wirklich so war, und er meinte, nein, das sei alles erfunden. Ruf ich meine Schwester an und sie sagt: ›Du glaubst Boris, aber deiner Schwester glaubst du nicht. Was bist du für ein schlechter Kerl.‹

Boris hat weiterhin alles abgestritten. Und dann hab ich ihn vor kurzem wieder zufällig getroffen. Da meinte er, wir müssten noch was klären. Haben wir Tee getrunken und uns unterhalten. Ich wollte ihm nur gegenübersitzen und ihm in die Augen schauen, denn die ganze Situation, warum ich in den Knast kam« ––Irmer stockte erneut und versuchte, mit Ähh und Pfff die passende Fortsetzung des Satzes zu finden.

»Okay«, sagte er schließlich, »da hatte ich selber ein bisschen übertrieben, das geb ich zu. Dass jemand gestorben ist, das ist schon auch meine Schuld. Aber Boris hat auch Schuld, denn das Treffen damals hat seinetwegen stattgefunden. Aber er fühlte sich gar nicht schuldig. Er saß da und hatte in seinen Augen alles richtig gemacht. Er hatte meiner Schwester ins Gesicht geschlagen und von meiner Mutter über seinen Anwalt das Geld zurückgefordert, obwohl sie gar nichts damit zu tun hatte.

Am Telefon hatte er gesagt, ja es tue ihm leid. Jetzt wollte ich sehn, ob er wirklich bereut oder ob ihm das alles egal ist. Und als ich ihm in die Augen gesehen hab, da sah ich, dass er es nicht ehrlich meint, sondern nur so tut. Ja, wenn er aggressiv reagiert hätte, wär ich ihm nicht ausgewichen. Schläge hätte ich nicht einfach eingesteckt.«

»Das wäre das Ende Ihrer Freiheit auf Bewährung gewesen. Es hätte Sie wieder ins Gefängnis gebracht.«

»In solchen Situationen denkt man nicht an Bewährung. Da denkt man, was jetzt in zwei, drei Minuten passieren wird, und nicht weiter. Bei Boris weiß ich hundertprozentig, dass ich im Recht bin. Warum sollte ich davor wegrennen. Ich kenne ihn sehr gut. Ich kenne seine Stärken und Schwächen. Deshalb konnte ich mich auch mit ihm unterhalten, so wie es für mich richtig war. Ich konnte die Situation kontrollieren. Schließlich war er es, der mich verraten hat und nicht umgekehrt.«

»Verraten?«

»Er hat sein Versprechen gebrochen. Und die Freundschaft verraten.«

Irmer schaute zur Uhr über der Tür. Er wollte das Gespräch für heute beenden.

»Sind Sie noch ab und zu in Schlägereien verwickelt?«

»Es gibt schon Situationen, die schwierig sind. Aber ich bin selbstbewusster geworden. Ich muss mir selbst und andern nicht mehr beweisen, dass ich kein Feigling bin.

Okay, es gibt Situationen, die einen zwingen, sich zu wehren. Aber bis jetzt konnte ich aggressive Entwicklungen vermeiden. Wenn mich heute einer schubst, sag ich: ›Kein Problem, kann jedem passieren, ich schubs auch manchmal jemand aus Versehen.‹ Früher, als ich noch getrunken hab, da hab ich ganz anders reagiert. Unter Alkohol bin ich aggressiv. Deshalb hab ich mich auch gegen Alkohol entschieden. Ich trinke nicht mehr.«

———

Zum nächsten Gespräch kam Irmer nicht wie gewohnt pünktlich. Er hatte angerufen, dass er sich verspäten würde. Und während ich den Flur in diesem weitläufigen Amtsgebäude auf und ab ging, sprach mich eine Frau an. Die Dienstzeiten seien zu Ende, ich müsse das Haus verlassen. Wir kamen ins Gespräch. Sie war Psychologin und kannte den Fall Irmer.

Sie sei zuversichtlich, dass er die Bewährungszeit bestehen werde, sagte sie. Das Problem sei, wer in der Kindheit Gewalt so selbstverständlich auszuüben gelernt habe, der könne immer wieder zurückfallen in alte Verhaltensmuster. Doch Irmer lebe in geordneten Verhältnissen und einer festen Beziehung, und das sei erste Voraussetzung, dass ein straffreies Leben gelingen könne. Er werde es schaffen, glaube sie, nun ja – sie verdrehte die Augen zur Decke –, sie hoffe es.

Als Irmer kam, war er wie immer sorgfältig gekleidet und von freundlicher Höflichkeit. »Ich stehe noch vier Jahre unter gerichtlicher Aufsicht«, sagte er. Er empfände das weder als Last noch als Angebot zur Hilfe. Es sei eine Auflage, die bei ihm überflüssig sei. Er habe keine Probleme, und es gäbe nichts, was er mit einem Bewährungshelfer oder einer Psychologin besprechen wolle.

»Probleme bespreche ich mit meiner Frau oder den Eltern«, sagte Irmer, »das sind meine Bezugspersonen.«

»Trauen Sie sich selbst immer über den Weg?«

»Was wollen Sie damit sagen?«

»Die Familie des Getöteten hat ihr Kind verloren. Können Sie sich vorstellen, was man empfindet, wenn das eigene Kind getötet wird?«

»Dass meinem Kind was angetan wird? – Vielleicht aus Rache? Das hab ich bisher ausgeschlossen. Das möchte ich mir auch nicht vorstellen.« Er verzog angewidert das Gesicht. »Was sind das für komische Fragen, die Sie da stellen.«

»Ihr Vater hat von Ihnen erwartet, dass Sie sich wehren und zuschlagen. Erwarten Sie das auch von Ihrem Kind?«

Irmer stieß die Luft aus.

»Natürlich werd ich mein Kind nicht zum Schläger erziehen. Aber auch nicht zum Feigling. Ein Feigling –« Irmer stockte. Er griff nach seinen Handschuhen und stand auf.

»Ein Feigling verdient keinen Respekt. Er verdient Verachtung. Und wer will schon verachtet werden.«

Ins Land, da es stockfinster ist und
da keine Ordnung ist, und wenn's
hell wird, so ist es wie Finsternis.

Buch Hiob

7

QUITTUNG

In diesem Gefängnis hatten sich zwei Frauen bereit erklärt, ihre Geschichte zu erzählen. Sie kannten sich seit nahezu zehn Jahren, kochten manchmal gemeinsam und spielten Karten. Bei den nachfolgenden Terminen waren sie abwechselnd von Kopfweh geplagt. Wer als Erste zum Gespräch kam, war stets beschwerdefrei, während die Zweite an der vermeintlichen Zurücksetzung zu leiden schien und sich krankmeldete.

Frau Karamanos war hübsch, und ihre kleine pralle Figur schien energiegeladen. Aber sie war ins Zimmer geschlurft und hatte einen schmerzlichen Blick zur Decke geworfen. Sie habe Migräne und könne nicht sprechen, gleich hämmere der Kopf, hatte sie gesagt. Sie wolle jetzt nur mal die Besucherin in Augenschein nehmen. Erst beim nächsten Termin werde sie sprechen können. Frau Karamanos war nahe zum Tisch getreten und eben noch leidend verhangen, hatten ihre Augen plötzlich zu funkeln begonnen.

»Wissen Sie, ich wollte nur eine Quittung, und da sagt er: ›Für eine Quittung muss man aber was tun. Nichts gibt's umsonst auf der Welt.‹«

Sie sprach in gedämpftem, doch eindringlichem Ton und beugte sich dabei über den Tisch und der weite Ausschnitt ihres T-Shirts ließ ihre straffen Brüste sehen. »Einmal zur falschen Zeit am falschen Ort, schon ist das Leben befleckt.«

Die Tür war offen geblieben. Die Beamtin stand im Gang und starrte hinaus in den Hof, und Frau Karamanos hatte mir ihre unerwartet große Hand zum Abschied gereicht und angekündigt, zum nächsten Termin bestimmt ganz fit zu sein. »Versprochen«, hatte sie gesagt.

———

Zum nächsten Termin trat Frau Karamanos beschwingt in den Gesprächsraum, schwenkte eine rote Kaffeekanne und goss in zwei Becher ein. »Trinken Sie, trinken Sie, das tut gut, ich hab ihn nicht so stark gemacht.« Der Kaffee war süß wie Zuckerwasser. Frau Karamanos setzte sich ruckelnd zurecht, schloss den mittleren Knopf ihrer langen kamelhaarfarbenen Jacke und schlug mit der flachen Hand auf den Tisch.

»Sie müssen wissen, ich war jemand, der sich für Frauenrechte einsetzen wollte. Das wäre mein Traumjob gewesen, mich öffentlich für Frauenrechte einzusetzen. Für die Gleichberechtigung der Frau. Nehmen Sie mal an, der Mann schlägt seine Frau, haut ab, vergnügt sich mit anderen, verspielt das ganze Geld und kommt dann zurück. Da muss die Frau an der Tür stehn und sagen, bis hierher und nicht weiter. Sie muss dem Mann die Stirn bieten, verstehen Sie? Und sie kann sich auch erlauben, sich selbst einen Typen zu nehmen, um dann zum Mann zu sagen, guck mal, ich hab dich auch ersetzt. Mein Traum war immer, dass der Mann lernt, die Frau zu schätzen, und sie nicht länger als Objekt benutzt. Verstehn Sie, was ich meine? Die Frau sollte nicht mehr nur benutzt werden als Lustobjekt, Haushaltshilfe, Kindermädchen – sie sollte gleichberechtigt sein. Dafür zu kämpfen, das wär mein Traum gewesen. Leider hab ich ihn nicht verwirklichen können.«

Ihre Stimme wurde plötzlich weich, und sie sprach wie zu einem kranken Kind. »Trinken Sie, trinken Sie, solang er noch warm ist.«

Ihre Augenlider hingen jetzt schwer über den dunklen Augen, und die ganze Person umgab etwas von einem heißen südländischen Sommertag. »Wissen Sie, ich war jung und völlig unerfahren, und da hab ich diesen Türken kennengelernt, unten in Bayern. Wir haben zusammen eine Cola getrunken, und er muss mir heimlich was reingeschüttet haben, vermutlich eine Art K.-o.-Tropfen. Jedenfalls kann ich mich nur noch erinnern, dass ich meine Sachen festgehalten hab, und als ich aufwachte, war ich splitterfasernackt und meine Kleider waren zerrissen.

Ich war siebzehn und streng christlich erzogen worden. Niemand hatte zu Hause über Sex gesprochen, und niemand hatte mich aufgeklärt. So hab ich nicht gemerkt, dass ich schwanger war. Als der Arzt sagte, Sie sind nicht krank, Sie erwarten ein Kind, gratuliere, da war ich bereits Ende des dritten Monats.

Ein uneheliches Kind war das Schlimmste. Einen Bastard in die Welt zu setzen war entsetzlich, für beide, für das Kind und für die Mutter und für die ganze Familie. Es war eine Schande.

Ich ging also zu diesem Mann, der mich vergewaltigt hatte, und bat ihn, er möchte mit mir leben. Und der sagte: ›Na ja, wenn das Kind von mir ist und nicht von einem andern, dann können wir ja zusammenleben.‹ Nun, der Mann hat getrunken und überhaupt. Er war mit einer türkischen Frau verheiratet gewesen und hatte bereits drei Kinder. Aber selbst die türkische Frau hatte sich von ihm getrennt. Das hab ich erst später erfahren. Ich hab dann meine älteste Tochter zur Welt gebracht, ein Achtmonatskind. Ich war schwanger nach Frankfurt zurückgegangen und hab bis zur Geburt in einer Autopoliererei gearbeitet, um was dazuzuverdienen. Da hab ich zu dem Vater des Kindes gesagt: ›Dieses Geld sparen wir, dann haben wir etwas für das Baby.‹ Ich hab mehr als 1800 Mark gespart, und als ich das Kind kriegte, hat er das Geld genommen und versoffen. Hab ich gesagt, du kannst alles versaufen, aber mich und das Baby kriegst du nicht kaputt. Ich hab das Kind genommen und hab ihn verlassen. Als meine Tochter fünf Monate alt war, hab ich ihm noch mal eine Chance gegeben. Denn ich dachte, du kannst ein Kind nicht ohne Vater aufwachsen lassen, wie sieht das denn aus. Hab ich gesagt, er soll zu den Anonymen Alkoholikern gehen, und er ging in die Apotheke und holte sich 96-prozentigen Alkohol und verdünnte ihn mit Fanta. Er war nur noch betrunken, hat mit Geschirr geschmissen und herumgeschrien, bis ich es nicht mehr ausgehalten hab. Da hab ich ihn schließlich endgültig verlassen. Und bereue es kein bisschen. Nein, nein, ich hab kein schlechtes Gewissen. Es war richtig, dass ich diese Entscheidung getroffen hab. Und dann hab ich später meinen Mann kennengelernt. Mit dem bin ich seit dreißig Jahren verheiratet. Und wir lieben uns noch heute.« Frau Karamanos strich mehrmals über ihre Taille. Es waren Bewegungen, die fest und sanft zugleich erschienen.

»Ich will Ihnen was sagen. Gestern Nacht hab ich einen Film gesehen, in dem gab es ein paar Stellen, die mich an mein eigenes Leben erinnert haben. Die Geschichte spielte zwar um Achtzehnhundert, aber manches davon hatte ich auch erlebt.

Das Mädchen wurde geschändet, und der Vater hat versucht, sie mit dem Vergewaltiger zu verheiraten, um ihre Ehre zu retten. Doch der Vater wurde umgebracht, und die Tochter hat Rache geschworen und schließlich auch erreicht, den Vater zu rächen.« Sie schlug erneut auf den Tisch.

»Was sich die Männer da erlaubt haben – wie die die Frauen benutzten –, es gab da sehr viele Parallelen zu meinem Leben.« Sie zog eine Plastikhülle mit Papieren hervor – »Ich habe Ihnen meine Geschichte mitgebracht« –, und sie nahm die Blätter aus der Hülle. »Das hab ich für meine Enkeltochter aufgeschrieben.« Sie schaute mit Rührung auf den Text. »Meine wahre Geschichte. Können Sie in Ruhe lesen«, sagte sie und reichte die drei maschinengeschriebenen Seiten über den Tisch.

Es war einmal in T, im damaligen Jugoslawien, ein kleines Mädchen und ein großer Traum.

»Können Sie behalten. Lesen Sie's in Ruhe zu Hause.« Sie faltete die Hülle und steckte sie in die Jackentasche. »Meine Eltern sind 1969 nach Deutschland gegangen, nach Süddeutschland. Sie haben uns Kinder bei den Großeltern gelassen und gingen voraus. Nach und nach haben sie uns dann zu sich geholt, meinen Bruder zuerst, dann mich. Die Eltern sind noch zu Titos Zeit aus Makedonien weg. Das war 1968/69, als Tito die ersten Verträge mit Willy Brandt gemacht hat. In Deutschland fehlten Arbeiter, und so kamen die Gastarbeiter, lebten in Heimen und keiner dachte, dass sie lange hierbleiben würden. Sie waren nach Deutschland gegangen, in das reiche Land, um ein paar Mark zu machen. Dann wollten sie wieder zurück, ein Häuschen bauen und in ihrer Heimat leben. So dachten auch meine Eltern. Aber es kam anders.

Wir sind vier Geschwister, drei Mädchen, ein Junge. Ich war

die älteste Tochter und hab für meine Mama vieles im Haus an Arbeit übernommen. Sie hat gearbeitet, mein Vater hat gearbeitet, Großeltern und Verwandte lebten in Makedonien, da musste sich die älteste Tochter um die jüngeren Geschwister kümmern. Das war damals so. Ich war acht, als meine Schwester geboren wurde. Und Mama übergab mir die Verantwortung für das Haus. Das hat mich belastet. Sehr belastet. Als ich zehn war, wurde meine jüngste Schwester geboren, und als Mutter wieder arbeiten ging, musste ich das Baby versorgen und den Haushalt dazu.

Und obwohl meine Eltern immer wieder Strafe bezahlen mussten, weil ja Schulpflicht bestand, bin ich insgesamt nur etwas mehr als drei Jahre zur Schule gegangen. So bin ich praktisch ohne Schulbildung geblieben. Meine Rechtschreibung ist katastrophal, und ich schäme mich bis heute. Ich hab immer wieder versucht, mich selbst zu bilden, hab versucht, mir was beizubringen. Hab eine Zeitlang mit meiner ältesten Tochter gelernt. Was sie in der Grundschule lernte, versuchte ich auch zu lernen. Es hat ein bisschen geholfen, aber die Schule und die Bildung fehlen mir. Sie fehlen mir sehr. Noch heute mit dreiundfünfzig. Ich spreche zwar mehrere Sprachen, die ich durch meine Arbeit mit ausländischen Arbeitgebern gelernt hab: Türkisch, Griechisch, Bulgarisch, aber richtig schreiben kann ich in keiner. Ja, ich kann am Computer schreiben, aber mit der Grammatik geht's oft schlecht und es fehlen mir die Wörter, und ich muss meine Tochter um Hilfe bitten.«

Frau Karamanos griff über den Tisch nach einem der Blätter.

»Und mit dem Lesen ist's auch schlecht.«

Sie begann ihren eigenen Text stockend vorzulesen.

Eines Tages, wenn sie groß ist, dann wird sie die beste
Schule besuchen und einen guten Beruf haben, damit sie
viel Geld verdienen kann, so dass ihre Eltern genug für
alle Kinder haben und ihre Mutter nicht mehr arbeiten
muss. Das war ihr Traum, als sie sieben Jahre alt war.

Sie nickte und legte das Blatt zurück. »Das war mein Traum. Mein Vater war noch der alten traditionellen Meinung, die Frau brauche keine Schule. Meine Mutter hat gar keine Schule besucht. Sie stammt aus einem Dorf, in dem es keine Schule gab. Eine Frau war fürs Haus bestimmt, für die Kinder und den Ehemann. Mein Vater sagte, kein Mann wolle eine Lehrerin oder eine Frau mit Bildung. Der Mann brauche eine gute Köchin und gute Mutter. Und tatsächlich bin ich im Kochen 1a, und in der Hauswirtschaft hab ich alles im Griff. Trotzdem hat mir die Bildung immer gefehlt. Ich hatte viele Träume, ich wollte bei Mercedes arbeiten, wollte Automechanikerin werden, aber da war kein Ausbildungsplatz frei und meine Rechtschreibung war zu schlecht. Ich hab mich so durchgekämpft im Leben, immer gearbeitet, seit meinem sechzehnten Lebensjahr, aber es fehlte eben die Schule.

Ich begann als Friseuse zu arbeiten, und in dieses Geschäft kamen meist ältere Kundinnen, die alle Dauerwellen wollten. Und abends hatte ich immer das Gefühl, dass an mir überall die Haare der alten Frauen klebten. Da hab ich zur Chefin gesagt: ›Ich denk immer, ich hab überall die fremden Haare am Körper, im Mund, überall. Ich kann dieses Gefühl nicht loswerden.‹ So hörte ich auf und ging in die Metallfabrik. Das war eine eintönige Arbeit. Aber ich bekam jede Woche meine Lohntüte. Ja, das gab's damals noch, Lohntüten. Und dann kam mein Vater bei einem Autounfall ums Leben und – ja – das ist für mich bis heute ein Gefühl aus Schmerz und Schuld.«

Sie griff nach der Kanne und schenkte dem Gast Kaffee nach und sprach dabei wieder mit dieser sanften, wiegenden Stimme: »Trinken Sie, trinken Sie, das tut gut. Ist nicht stark«, um gleich darauf sachlich fortzufahren.

»Ich hatte mich mit meinem Vater schrecklich gestritten. Nie hatte ich einsehen wollen, dass Jungs alles machen dürfen und können und Mädels nicht. Hab ich zu meinem Vater gesagt, Gott hat alle Menschen gleich lieb, wieso sollen die Frauen weniger Wert sein als die Männer. So habe ich mit ihm diskutiert. Er wollte, dass ich einen Mann aus seinem Dorf heirate. Und ich sagte, Frauen müssen selbst entscheiden, wen sie heiraten und wann sie Kinder kriegen. Da gab es großen Streit, und schließlich bin ich von zu Hause abgehauen. Da war ich sechzehn. Ich wollte mich nicht fügen. Ich fuhr von Frankfurt nach Süddeutschland, in den Ort, wo ich als Kind aus Makedonien hingekommen war und die erste und zweite Klasse besucht hatte. Ich hab den Koffer in der Gepäckaufbewahrung aufgegeben, bin zum Gemeindeamt gegangen und hab nach Arbeit gefragt. Sagt die Frau: ›Was kannst du denn?‹

Sag ich: ›Ich kann alles, kochen, saubermachen, waschen.‹ Und da hat sie telefoniert, und der Sohn vom Hotelbesitzer kam, hat den Koffer geholt, und so hab ich am ersten Tag schon einen Job gehabt. Stellen Sie sich vor, so schnell ging das damals. Da war ich im Hotel zur Sonne angestellt und hab dort als Zimmermädchen gearbeitet. Der Chef hat gesagt: ›Es gibt Essen, Trinken, Wohnen umsonst und noch achthundert D-Mark dazu.‹ Das war gutes Geld. Und wenn ich die Koffer von den Gästen trug, gab's Trinkgeld obendrauf.«

Frau Karamanos begann an ihrer mit einem Knopf verschlossenen Jackentasche zu nesteln und zog schließlich eine Ansichtskarte heraus. »Gasthof Sonne grüßt seine Gäste«

flatterte als Band über einem behäbigen Haus zwischen Kastanien, an dessen Eingang eine lachende Sonne aus gelbem Blech hing.

»Ja, das war schön«, sagte sie und seufzte. »Die erste Zeit hab ich nie frei gehabt. Am Ruhetag musste ich für die Chefin bügeln. Doch irgendwann hat der Chef gesagt, Schluss, du hast jetzt frei, und hat mir ein Fahrrad gegeben und mich rausgeschickt. Ich soll mir die Gegend ›a bisserl‹ anschauen, hat er gesagt.

Da bin ich durch den Ort und zu dem Haus gefahren, wo ich mit meinen Eltern gewohnt hab, und die ganzen schönen Erinnerungen kamen hoch. Und ich wollte gleich am nächsten Tag meinen Vater anrufen und ihn um Verzeihung bitten, dass ich so wütend gewesen war und ihn verletzt habe. Und dann hat am Abend meine Mutter angerufen. Mein Vater habe einen Unfall gehabt. Einen Autounfall. Ich bin sofort zu ihm ins Krankenhaus gefahren und fand ihn im Koma. Ich sah meinen Vater daliegen, und niemand schien ihm zu helfen. Da hab ich gedacht, die Ärzte kümmern sich nicht um ihn, weil sie die Ausländer verachten. Ich glaubte, sie wollten meinen Vater nicht retten, und hab angefangen, diese Ärzte zu hassen. Aber zu der Zeit war die Medizin noch nicht so weit. Sie konnten nichts mehr für ihn tun.

Da hab ich Gott gebeten, er solle meinen Vater am Leben lassen. Vier Tage lang hab ich nur gebetet: ›Lieber Gott, ich will immer artig sein, will nie mehr zur Schule gehen wollen, werde keinen Beruf ergreifen, aber lass meinen Papa am Leben. Auch wenn es im Rollstuhl sein muss, aber lass ihn leben.‹ Hat nichts geholfen. Da war ich enttäuscht und hab gesagt: ›Mit Gott hab ich nichts mehr am Hut.‹« Sie lachte auf und wurde gleich darauf wieder ernst. Über die Anstalt donnerten die Flugzeuge so tief zum nahe gelegenen Flughafen, dass man die Piloten im Cockpit zu sehen meinte. Frau Karamanos saß ungerührt und still, saß mit diesem verhangenen Blick wie ein schläfriges Abwarten der Abendbrise im Schatten eines Baumes. »Mein Vater war 38 Jahre alt, als er gestorben ist. Er war kerngesund, und ich glaube, solang ich lebe, werde ich das als Last tragen, dass ich mich nicht mehr bei ihm entschuldigen konnte. Dass ich ihm nicht sagen konnte, es tut mir leid, Papa, dass ich dir so viele Sorgen gemacht hab.

Er hat gelitten, dass ich so ein Dickkopf war. Er hatte zu meiner Mutter gesagt: ›Maria hätte der Junge sein sollen und unser Junge das Mädchen. Maria kann ihre Interessen durchsetzen‹, er nicht. Wir waren beide stur, mein Vater und ich. Er bestand auf der alten Frauenrolle, und ich sah, wie andere Mädchen in Deutschland lebten ...« Sie schlug erneut auf den Tisch: »Und ich forderte das Recht, auch so zu leben.«

Ihre Stimme wurde wieder sanft. »Mein Vater hat mich geliebt. Seine letzten Gedanken seien bei mir gewesen, hat meine Mutter gesagt. Er wollte wissen, wie es mir geht, und ob ich gut mit meinem Leben zurechtkomme.« Frau Karamanos tupfte sich die Augen mit dem Taschentuch, das sie in der geballten Faust gehalten hatte. »Ich hätte nicht so mit ihm umgehen sollen. Warum war ich so stur? Ich werd mir ewig Vorwürfe machen.« Sie begann zu schluchzen. »Erst wenn ich tot bin, werd ich mich mit ihm treffen können und sagen: ›Papa, es tut mir leid, dass ich so dickköpfig war.‹« Sie weinte, und die Tränen rannen über die Wangen, trotz des an die Augen gedrückten Taschentuchs.

»Ich hab das niemals verkraftet. Wissen Sie, wenn man von jemand Abschied nimmt und im Guten auseinandergeht, dann ist das was anderes als im Streit ...« Frau Karamanos seufzte und schob das Taschentuch in die Jackentasche, wo es nun neben der lachenden Sonne lag, die über einer bayerischen Gasthaustür strahlte.

»Als mein Vater starb, war Mutter neununddreißig und allein in Frankfurt. Sie hat nie mehr geheiratet oder einen Freund gehabt, nie mehr. Mein Vater hatte ihr den Job als Zimmermädchen verschafft, und da ist sie geblieben bis zu ihrer Rente. Hat der Chef nach dem Tod meines Vater zu ihr gesagt: ›Frau Rasa, Sie weinen wie Jovanka über Tito.‹ – Jovanka, kennen Sie? Ja? Das war Titos Frau. Und von da an hat der Chef sie nur noch Jovanka genannt.

Meine Mutter hat ein schweres Leben gehabt. Mein Vater war ein gutaussehender Mann, und womöglich der schönste im Dorf. Aber er war ein Gigolo. Er hatte bereits mehrere Frauen gehabt, heute die, morgen die. So in der Art: Ich kann jede bekommen. Nur, wissen Sie, diese Frauen wollten ja keinen Mann heiraten, der so unzuverlässig war. Sie sind nur kurz bei ihm geblieben, und als sie sahen, was der für einer ist, sind sie weg.

So hat mein Opa, bevor er starb, zu meinem Vater gesagt, du sollst diese Frau nehmen, eben meine Mutter, damit du ein Dach überm Kopf hast, sonst wirst du nie was erreichen. Meine Mutter war verliebt und hat alles geduldet und alles für ihn getan. Obwohl er auch während der Ehe noch Frauengeschichten hatte. Sie hat gesagt, er kommt ja immer wieder. Er ist ja nur körperlich weg und kommt wieder, weil er mich und seine Kinder liebt. Sie hat es verstanden, mit ihm umzugehen. Sie hat zurückgesteckt, war nicht so wie ich oder meine Töchter jetzt. Mit jeder Generation verändert sich, wie man die Dinge sieht, wie man sich gibt und Gefühle zeigt und welche Rechte man für sich beansprucht. Meine Mutter wusste sich zurückzunehmen. Sie hat sich nicht wichtig genommen, aus Liebe zur Familie, aus Liebe zu diesem Mann. Sie wollte ihn behalten. Nach dem Tod meines Vaters war meine Mutter auf sich gestellt. So bin ich zurück, um ihr zu helfen. Aber ein Jahr später, mit siebzehn, bin ich noch mal runtergefahren, in denselben Ort, um dort wieder zu arbeiten. Und da bin ich dann eben von dem Türken schwanger geworden. Ungewollt schwanger mit meiner ältesten Tochter.«

So sei das damals gewesen, sagte sie. Sie nickte mehrmals und nahm einen Schluck Kaffee. »Als ich meinen jetzigen Mann heiratete, war meine Tochter fünf. Mein Mann hatte sich sehr um mich bemüht. Und er liebte meine Tochter. Vom ersten Augenblick an. Und das ist bis heute so geblieben. Während ich ein Gefühl aus Liebe und Hass für meine Älteste hatte. Sie war ja nicht aus Liebe gezeugt worden. Und manchmal, wenn ich sie anschaute, hat sie mich an ihren Erzeuger erinnert. Wenn meine Tochter isst, dann schwitzt sie wie er. Ich nenn ihn Erzeuger, denn er ist kein Vater. Er ist überhaupt nichts. Kein Ehemann, kein Vater, kein anständiger Mensch. Mein jetziger Mann ist das alles. Heute noch ist er für die Älteste ein Vater. Er macht keinen Unterschied zwischen ihr und unseren drei gemeinsamen Kindern. Er würde es auch nicht wagen, mich durch eine Zurücksetzung meiner Tochter zu beleidigen. Damals, vor der Hochzeit, hatte meine Schwiegermutter versucht, die Ehe zu verhindern. Sie sagte zu meinem Mann – er hatte Philosophie studiert –, du könntest eine Akademikerin, eine Ärztin, eine Rechtsanwältin haben. Warum nimmst du eine Frau, die ein Kind von einem Türken hat? Warum willst du eine Kuh mit Kalb heiraten? So hat sie geredet. Dann kam mein Schwiegervater zu uns nach Frankfurt, um mich kennenzulernen, und ich sagte zu ihm: ›Wir spielen mit offenen Karten. Ich kann arbeiten, ich kann dies und jenes, aber ich kann auch stur sein, und wenn ich nein sage, ist es nein, und wenn ich ja sage, ist es ja. Ich bin gradheraus.‹ Da hat er gesagt, wunderbar, so eine Tochter hab ich mir gewünscht. Und er ging zurück und sagte zur Schwiegermutter: ›Sie ist offen und ehrlich und wird eine gute Schwiegertochter sein.‹ Dann waren wir innerhalb von sechs Monaten verheiratet. Es war eine schöne Hochzeit, dort im Dorf. Drei Tage lang wurde gefeiert. Ich trug ein schönes weißes Kleid, und auch meine Tochter hatte ein weißes Kleidchen an. Ihr Kränzchen, die kleine Tasche, die Strümpfe, alles war weiß. Nur die Sandalen waren schwarz. Die weißen waren ausverkauft.

Schwiegermutter hat zeit ihres Lebens ihre negative Einstellung mir gegenüber nicht geändert. Mein Schwiegervater aber hat mich geliebt. Er ist kurz nach meiner Verurteilung gestorben. Aus Kummer. Ich bin mit schuld an seinem Tod. Er war so ein stolzer Mann. Dann passierte diese Tat.« Frau Karamanos seufzte wieder tief. »Er liebte mich wie eine Tochter. Und meine Tat, die hat ihn gebrochen. Das hätte er nie gedacht, dass seine Schwiegertochter im Knast landen würde.«

Mit einem Ruck richtete sie sich auf, und ihre Augen funkelten zornig. Ihre Stimmungswechsel kamen so überraschend wie die Wetterwechsel im Gebirge. »Wenn ich etwas in meinem Leben grundlegend anders machen könnte«, sie schlug auf den Tisch, »dann würde ich an diesem Tag nicht aus dem Haus gehen, das wäre das Erste, was ich anders machen würde. Ich würde es an diesem Tag vermeiden, überhaupt vor die Tür zu gehen. Ich würde keinen Schritt über die Schwelle machen. Ich würde diesen Tag nur in meiner Wohnung verbringen, verschiedene Gerichte kochen, mit meinen Kindern zusammensitzen und warten, bis mein Mann von der Arbeit kommt. Dann würde dieser Tag vorübergehen, wie jeder andere auch. Dann hätte ich diesen bitteren Kelch hier nicht trinken müssen.«

Sie verdrehte die Augen zur Decke, als erwarte sie von da oben ein Eingreifen, einen Zeitsprung zurück, um ihrem Leben eine andere Wendung geben zu können. »Ich hätte dann an diesem Tag nicht an jener Tür geläutet, um die Quittung zu besorgen. Ich wollte«, sagte sie und beugte sich her und fuhr fast flüsternd fort: »Ich wollte an diesem Tag, wenn ich ehrlich sein soll, ich meine, wenn ich zu mir selbst ehrlich sein soll, denn bevor ich Sie belüge, müsste ich erst mal mich selbst belügen, verstehen Sie? Ich wollte an diesem Tag eine kleine Betrügerei begehen.

Also, diese Quittung hat eine Geschichte. Weil meine älteste Tochter damals viel mit ihrem Freund in Afrika über Handy telefonierte, bekam sie eine Telefonrechnung über achthundert Mark. Oder waren es schon Euro? Jedenfalls beliefen sich die Telefonkosten auf achthundert. Mein Mann wusste nichts davon. Ich hatte es ihm nicht erzählt. Ich wollte nicht, dass es Ärger in der Familie gibt, und dachte an das, was mir eine Frau erzählt hatte, eine deutsche Frau. Sie hatte von einer Unterstützung für Familien erzählt, einer Hilfsorganisation, die ihr die Waschmaschine, ihre Gardinen und den Kinderwagen bezahlt hatte. Sag ich, wie hast du denn das gemacht. Sagt sie, ich geh da hin, stelle einen Antrag, dann kauf ich die Sachen und bringe anschließend die Quittung, und dann wird mir das zurückerstattet. Aha, hab ich gedacht, du hast ja auch Kinder, dann kannst du es auch probieren, nur ein Mal. Und ich wollte das tun, ohne dass mein Mann etwas davon erfährt. Ich hatte angegeben, ich brauch ein Kinderbett, einen Wickeltisch und einen Schrank, und dann haben sie gesagt, ja, wir geben Ihnen 1200 Euro. Besorgen Sie die Sachen und bringen Sie uns eine Quittung.

Ich wollte von dem Geld die Telefonrechnung bezahlen, ohne dass mein Mann etwas davon erfährt. Er musste ja noch die Familie in Makedonien unterstützen, und es wäre für ihn undenkbar gewesen, so viel Geld für Telefon auszugeben. Verstehen Sie? Also brauchte ich eine Quittung über Möbel, damit ich die Verwendung des Geldes nachweisen konnte.

Ich hatte vor Jahren in einem Möbelgeschäft als Reinigungskraft gearbeitet. Da hab ich gedacht, dort eine Quittung zu kriegen wird kein Problem sein; werd ich mal den Chef anrufen. Der wird mir bestimmt eine Quittung geben.

Ich hatte damals nicht nur im Möbelgeschäft, sondern auch bei ihm zu Hause zweimal die Woche geputzt. Ich kannte ihn also. Er sah ganz normal aus, war nett und hilfsbereit. Ist doch kein Problem für den, dachte ich, auf eine Quittung zu schreiben: ein Kinderbett, ein Tisch, ein Schrank. Er haut einen Stempel drauf, und ich bringe das der Stiftung, und die Sache ist erledigt.

Hab ich also bei ihm angerufen und gesagt, ich brauch Ihre Hilfe. Hab ihm die Geschichte mit der Telefonrechnung und so weiter erzählt und schließlich gesagt, ich brauch eine Quittung. Wenn er gesagt hätte: ›Sie brauchen eine Quittung, und ich brauche eine Gegenleistung für die Quittung‹, wenn er zum Beispiel gesagt hätte, das kostet Sie aber was. Bezahlen Sie mit Ihrer Arbeitskraft. Dann hätte ich mir überlegt, ob ich da überhaupt hingehe. Aber er sagte, ja, kein Problem, kommen Sie, aber nach 18 Uhr. Verstehen Sie? Und da bin ich hingegangen. Und ich dachte, ich krieg die Quittung.«

Sie atmete aus, verdrehte die Augen. »Ich war ja so dumm und naiv. Wie kann man so dumm sein, dass man glaubt, es gäbe liebe, nette Menschen ohne Hintergedanken, die gratis was für einen tun. Das gibt es nicht. Jeder Mensch hat gleich einen Hintergedanken. Aber damals wusste ich das noch nicht. Ich dachte, dem Mann tut es nicht weh, wenn er schreibt: ein

Kinderbett, ein Kinderschrank, eine Matratze, dann reiche ich die Quittung ein und bin aus dem Gröbsten raus.«

Die Zwischenfrage machte sie unwirsch. »Was sagen Sie? Ich hätte vorher von einem Wickeltisch gesprochen? Ach, ist doch egal. Jedenfalls Kindermöbel. Er sollte einfach verschiedene Möbelstücke draufschreiben«. Sie beugte sich näher zu mir und ihre Stimme wurde leise und vertraulich. »Das wäre Betrug gewesen. Offiziell ist so was Betrug, wenn man das korrekt sehen will. Denn dieses Geld hab ich ja für die Telefonrechnung benutzt und den Rest für Schuhe und Klamotten für meine Kinder. Aber ich dachte, es tut doch keinem weh. Verstehen Sie, was ich meine? Aber sehen Sie, durch diesen kleinen Betrug ist es am Ende zum Mord gekommen.«

Sie sah meinen Blick und nickte. »Ja – ich bin die Treppe zu ihm hochgestiegen und da seh ich, wie er an der Tür steht ...« Sie stöhnte und schloss die Augen.

»Also, ich bin von zu Hause weg, und mein Sohn saß da und hat Nintendo gespielt, dieses Super-Mario-Spiel, mein Sohn war damals zehn; sag ich, Mama ist gleich wieder da, und wenn Papa kommt, sag ihm, in einer halben Stunde können wir essen. Das Essen hatte ich ja schon gekocht. Um 18 Uhr stand ich vor der Wohnung, um die Quittung zu holen. Ich hab mir gedacht, er wird die schon fertig gemacht haben, gehst hin, holst die Quittung und zurück nach Hause und stellst das Abendessen auf den Tisch. Das war naiv und dumm. Ich komm also da hin, klingle, und da kommt er mir im Bademantel entgegen« – flüsternd – »und ich denk, o Gott« – lautstark – »na ja, was hätten Sie denn gedacht? Doch genauso« – flüsternd – »o Gott« – mit erhobener Stimme: »Sagt er: ›Setz dich hin.‹ Und ich setz mich hin. Sagt er: ›In Deutschland gibt's nichts umsonst. Für alles muss man zahlen.‹ Sag ich, flehend: ›Wie? Bezahlen? Ich hab doch kein Geld, sonst würd ich doch die

Quittung nicht brauchen. Dann hat sich das also erledigt.‹ Und ich wollte aufstehen und gehen.« Sie warf einen schmerzlichen Blick zur Decke. »O Gott, warum bin ich nicht aufgestanden? Sagt er: ›Bleib sitzen, ich hol dir ja die Quittung. Ich hab's ja nicht so gemeint.‹ Und er geht ins angrenzende Zimmer. Und ich sitze so, genau wie hier mit dem Rücken zur Tür, und er kommt zurück, hält mir ein Messer an den Hals und macht seinen Bademantel auf. Und … und ich sollte … ach … ich sollte, na ja, sein Ding in den Mund nehmen. Später erfuhr ich, dass er ein Kranker, ein Perverser war. Man hat Peitschen und anderes bei ihm gefunden. Er hatte mit vielen Frauen und jungen Mädchen solchen Sex gehabt. Aber das war wohl immer auf freiwilliger Basis. Er hat mich geschlagen und auf den Boden geworfen, und obwohl ich gemacht hab, was er gesagt hat, mochte er es besonders, wenn ich mich gewehrt habe, dann hat er mich geschlagen und hat meine Sachen zerrissen. Hab ich um Hilfe geschrien, hat er mich an den Haaren zurückgerissen und geschlagen.« Frau Karamanos schüttelte den Kopf und ihr schweres dunkles Haar schwang langsam mit. »Ach – was ich mir vorwerfe – dass ich nach der Tat nicht fünf Minuten überlegt habe, was machst du jetzt. Dann hätt ich den Telefonhörer genommen und der Polizei gesagt, ich glaub, ich hab jemand umgebracht. Was? Wie das geschehen ist? Na, ich hab ihm das Messer aus der Hand gerissen. Wir hatten um das Messer gekämpft, das war ein richtiger Kampf, das war eine Schlacht. Ich hab um mein Leben gekämpft, hab gedacht, ich komm hier nicht mehr raus, die Panik, die Angst, dass ich meine Familie nicht mehr lebend sehe, die hat in mir unwahrscheinliche Kräfte entwickelt. Er war 1,80 groß und viel stärker als ich, aber durch die Angst zu sterben hatte ich plötzlich ungeahnte Kräfte. Und schließlich hab ich das Messer in der Hand gehabt. Und dann hab ich zugestochen. Mehrmals, wie wahnsinnig.« Sie ballte die Faust und schwang sie wie wild auf und ab.

»Danach wollt ich wegrennen. Aber ich kam nicht raus. Die Tür war abgeschlossen und kein Schlüssel da. Wo war der Schlüssel? In Panik begann ich zu suchen. In allen Schubladen, in den Schränken. Und natürlich hab ich die Schubladen nicht auf- und wieder zugemacht, sondern rausgerissen und geschrien.« Sie schrie und hob dabei Hände und Arme hoch: »›Meine Kinder, meine Familie, ich komm hier nicht mehr raus. Hilfe, Hiiiilfe. Der Schlüssel, wo ist der Schlüssel?‹ Ich wusste nicht, dass er in seinem Bademantel in einer Seitentasche steckte. Das hat der Richter nicht geglaubt. Aber, das wusst ich nicht. Keine Ahnung, dass er den Schlüssel in der Tasche hatte.«

Sie beugte sich her über den Tisch und fuhr in gedämpftem Ton fort. Ihr dramatisches Talent war verblüffend. »Wissen Sie, was mir persönlich so weh tut? Wenn mich die Polizei dort gesehen hätte, wenn sie gesehen hätte, wie ich ausgesehen hab, überall blaugeschlagen.« Sie deutete auf mehrere Stellen ihres Körpers. »Hier und hier und hier und hier – dann hätte sie mir alles geglaubt. Aber nach vier Jahren war nichts mehr zu sehen. Ich hab vier Jahre lang geschwiegen, gegenüber meinem Mann, meinen Geschwistern, meiner Mutter. Ich hab mit keinem Menschen darüber geredet. Ich hab geschwiegen, aus Scham. Ich hab mich dreckig gefühlt. Ich dachte, ich bin so dreckig, ich hab sein Ding da in den Mund genommen, ich hab mich beschmutzt, ich bin es nicht wert, die Frau von meinem guten Mann zu sein. Ich traute mich nicht mal, meine Enkeltochter zu küssen, so dreckig hab ich mich gefühlt.

All die Jahre hab ich mich von meinem Mann nicht mehr anfassen lassen. Hab immer gesagt, ich hab Bauchschmerzen, mir geht's nicht gut. Und die ganze Nacht immer nur Licht an, Licht aus, Licht an, Licht aus. Da sagt mein Mann, du, mit dir stimmt was nicht, du musst mal zum Arzt. Du hast schwere Schlafprobleme. Ja, dann war ich beim Psychiater, kam in ein Krankenhaus, sechs Monate lang, und da gab's auch Gespräche mit der Psychologin. Aber ich hab nur gesagt: ›Ich habe große Probleme‹, aber hab nie über die Lippen gebracht, welcher Art Probleme das waren. Verstehn Sie? Das hätte vielleicht auch eine bessere Wirkung auf das Gericht gehabt. Aber ich hab nur gesagt, ich habe riesige Probleme. Das war ich bereit, zu sagen, mehr aber auch nicht. Und überlegen Sie mal: Vier Jahre lang müssen Sie versuchen, mit der Tat zu leben, und müssen dabei wie immer funktionieren. Manchmal wusste ich nicht mehr, ob ich das geträumt hab oder ob ich wirklich dort war und das getan hatte. Ich kann es kaum beschreiben.« Sie begann zu weinen und kramte nach ihrem Taschentuch. »Es war schlimm«, sagte sie und wischte die Tränen.

»Was? Wo ich hingestochen hab?

Ich hab mehrmals – ich weiß nicht, wie oft ich zugestochen hab – der muss wohl verblutet sein.« Sie schloss einen Moment lang die Augen.

»Den Schlüssel hab ich nicht gefunden. Ich hab überall danach gesucht. Und da hieß es später, ich hätte nach Geld gesucht. Der Staatsanwalt hat gesagt, ich hätte einen Raubmord begangen. Ich hätte nach Geld gesucht. Aber ich hab nur nach dem Schlüssel gesucht. Die Polizei wollte mir nicht glauben, als ich erzählte, wie ich aus der Wohnung gekommen bin. Ich kannte die Wohnung ja und wusste, dass im Schlafzimmer sehr viele Krawatten hingen. Also hab ich die Krawatten aneinandergebunden, an der Heizung befestigt und mich abgeseilt in den Hof. Es war die zweite Etage oder die dritte. Ich glaub, es war die dritte. Fragen Sie mich nicht, ich weiß es nicht mehr. Das letzte Stück jedenfalls, ein Meter fünfzig oder zwei Meter, bin ich gesprungen. Nein, die Polizei hat dieses Seil angeblich nicht gefunden. Und die haben behauptet, um diese Krawatten aneinanderzubinden und um sich fünfzehn Meter tief abzuseilen, hätte ich mehr als 100 Krawatten zusammenbinden müssen. Ich hab sie nicht gezählt, aber der Mann hatte sehr viele Krawatten. Und heute vermute ich, dass ich diesen Mann gar nicht getötet, sondern nur teilweise verletzt habe. Denn es wurden ja zwei Messer benutzt. Es gab Messerstiche von unterschiedlichen Messern. Das stand in dem Gutachten. Und ich vermute, dass nach mir noch jemand gekommen ist und das Krawattenseil weggenommen hat und die Krawatten wieder in den Schrank gehängt hat. Denn die Polizei behauptet, die Krawattenstange sei voll tadelloser Krawatten gewesen.

Warum der das Seil weggenommen haben soll? Was weiß ich. Vielleicht wollte er das Fenster schließen. Vielleicht hat der Verletzte auch jemanden angerufen, weil er ja nur verletzt war, und dieser Jemand hat ihm dann den Rest gegeben. Warum soll das unwahrscheinlich sein? Wenn in der Wohnung wirklich so viel Geld war, wie es heißt, dann hat dieser Jemand das Geld genommen, und mir wurde am Ende alles in die Schuhe geschoben.« Frau Karamanos schien empört. Sie schüttelte den Kopf. »Was für eine Dummheit wegen einer Quittung. Dafür sitz ich lebenslänglich. Unfassbar. Oder nicht? Aber ich hab selbst schuld. Hab so lang geschwiegen. Muss ich jetzt schlucken, muss es annehmen. Und das geht mir auf den Magen, an die Psyche, das macht mich innerlich kaputt. Dass dieser Mensch zu Tode gekommen ist durch mich, das bestreite ich ja gar nicht, aber dass das aus einer Verteidigung heraus geschehen ist, das hätte das Gericht würdigen sollen. Es war Totschlag und kein Mord.«

Sie lehnte sich erschöpft zurück und schloss die Augen. »Jedenfalls, als ich da auf dem Hof stand, sah ich, dass meine Klamotten zerrissen waren und voller Blut. Und da hab ich in der Dunkelheit im Park gesessen bis ein Uhr nachts und bin dann nach Hause und über den Hinterhof in meine Wohnung. Und morgens ging mein Mann zu seinem Hausmeisterdienst, den er nebenher machte, und als er wiederkam, sagte er, steh doch auf, ich hab den Kaffee schon fertig. Und: ›Wo warst du denn? Bei deiner türkischen Freundin?‹ Mein Mann wusste, dass sie Hilfe beim Umzug brauchte, und da hatte er angenommen, ich wär dort gewesen.

Und da steh ich auf, und mein Mann ruft: ›Was hast du gemacht?‹ Da war mein Bein ganz blau angelaufen. Und er ruft: ›Hast du Party gefeiert und Rake getrunken?‹ Da hab ich nur stumm so gemacht«, sie schüttelte den Kopf, »ich konnte den Mund nicht öffnen. Aus Angst, aus Scham, ich weiß es nicht. Von dem Zeitpunkt an vier Jahre lang, hab ich mit niemandem über das, was passiert ist, gesprochen. Können Sie sich das vorstellen, dass ein Mensch vier Jahre lang alles mit sich selbst ausmacht? Wie krank ist man danach? Sagen Sie's mir. Wie würden Sie sich fühlen? Ich weiß nicht, was in mir vorgegangen ist. War es Schamgefühl, war es Panik, dass ich nicht wusste, was mit mir und meiner Familie geschieht, ich bin mir bis heute nicht im Klaren, warum ich so gehandelt habe. Meine Kinder, meine Familie sind das Liebste, was ich habe und was zu mir gehört. Warum war ich so feige – ich frage mich das immerzu. Ich finde keine Antwort.

Meine Tochter war zu der Zeit Teenager und hat einen Schwarzen kennengelernt, und sie sagt zu meinem Mann, sie geht zu einer Freundin und übernachtet da, aber sie ist zu dem Mann gegangen und ist gleich beim ersten Mal schwanger geworden. Ja, sie ist mit 15 beim ersten Mal schwanger geworden. Wo war ich da als Mutter? Ich hab versagt. Ich hab nicht gefühlt, dass sie jetzt schon so reif ist, dass sie heimlich flügge ist, als Mutter fühlt man das, aber ich war mit meinem Ich so beschäftigt, dass ich links und rechts nichts gesehen und gespürt hab. Ich hab die Dinge nur teilweise wahrgenommen, aber nicht richtig. Verstehn Sie? Also ich hab nur noch funktioniert.

Und als Ehefrau war ich gar nicht mehr vorhanden. Mein Mann verstand das nicht. Wir hatten wirklich aus Liebe geheiratet, nicht aus materiellen Gründen. Wir waren beide der Meinung, dass Familie und Kinder das Wichtigste auf der Welt sind. Beide haben wir dieselbe Denkweise und haben vieles, was uns verbindet.

Mein Mann wusste sich meine Veränderung nicht zu erklären. Immer, wenn er etwas von mir wollte, ich meine Zärtlichkeit, rief ich« – ihre Stimme wird schrill: »›Fass mich nicht an, fass mich nicht an.‹ Früher konnte mein Mann ins Bad kommen und auf die Toilette gehen, während ich geduscht hab. Aber jetzt war die Tür zu. Sagt er: ›Sag mal, spinnst du.‹ Sag ich« – sie sprach jetzt mit einer sehr kleinen, fast flehenden Stimme –: »›Ich will duschen, du musst warten, bis ich rauskomme.‹ Verstehn Sie? Es passierten viele Dinge, die für meinen Mann unverständlich waren. Öfters hab ich mir vorgenommen: Du musst es ihm sagen, er ist dein Mann, du hast ihn lieb, du musst alles mit ihm teilen. Aber es war wie ein Kloß da drin.« – Sie fasste sich an den Hals – »Und wenn er fragte: ›Was ist es denn, das dich bedrückt?‹ Sagte ich, nichts, ich hab Bauchschmerzen, ich hab Kopfschmerzen. Es wollte nicht raus. Mein Mann hat das erste Mal von der Tat gehört, als die Kripo kam. Nach vier Jahren kam die Kripo. Warum so spät? Weil dieser Möbelhändler sich in einem Sadomaso-Milieu aufgehalten hat. Da haben sie überall in der Szene gesucht. Die haben im Puff-Milieu gesucht, weil er dort verkehrte. Später hat man erfahren, was für ein grausamer Mensch das war. Wenn man ihn im Geschäft sah, im Anzug in diesem Möbelhaus, sah er ganz normal aus, verstehn Sie, was ich meine? Der Mann sah nicht pervers aus. Und am Ende kamen sie zu mir. Nach vier Jahren kamen sie. In dem Büro, wo ich geputzt habe, war eingebrochen worden, und sie wollten meine DNA. Ich hatte dort eine Zigarette geraucht, wie auch vor vier Jahren in jener Wohnung. So sind sie auf mich gekommen.

Ich hatte noch nie mit der Polizei zu tun gehabt, war in dreißig Jahren nie schwarzgefahren, hab immer Steuern bezahlt, war immer ordentlich, hab die Staatsbürgerschaft auf Grund der Tatsache gekriegt, dass ich gearbeitet hab und normal und ordentlich lebte. Und dann kamen sie nach vier Jahren morgens früh und sagten: ›Sie sind wegen Mordes verhaftet.‹

Mein Mann war gerade Kaffeemilch kaufen gegangen, und da klingelte es an der Tür. Mein Sohn hat aufgemacht und rief: ›Mama, hier ist jemand für dich‹, hat seinen Rucksack genommen und ist in die Schule gegangen. Und dann sind sie zu mir in die Küche gekommen und haben gesagt: ›Wir nehmen Sie wegen Mordes fest‹ – BOOOAAARRRR.«

Es war ein Urlaut, den sie ausstieß, voll von ungläubigem Erschauern.

»In dem Moment hab ich zu mir gesagt: Es war also kein Traum, es war keine Phantasie, es war wirklich, es ist wirklich passiert. Ich konnte nicht mehr zu mir sagen, so was hast du doch nicht gemacht, das hast du geträumt, du kannst so was gar nicht tun. Jetzt hatte ich es getan. Jetzt war ich eine Mörderin. Und da kommt mein Mann und fragt: ›Was ist denn hier los?‹ Sagt die Kripo: ›Wir nehmen Ihre Frau fest.‹ Da hat mein Mann auf einen Schlag 300 Blutdruck bekommen. Er ist umgefallen und der Rettungswagen musste kommen, und sie haben ihm ein Mittel gegen Schlaganfall gespritzt. Er war so schockiert. Er kennt mich seit dreißig Jahren, er liebt mich, weiß, wie ich bin, und auf einmal bin ich eine Mörderin. Verstehn Sie? Unfassbar. Für meinen Mann wurde der Boden, auf dem er stand, plötzlich zu einem Loch. Können Sie sich das vorstellen? Er stürzte ganz tief in ein Loch.

Die Kriminalleute, die mich mitgenommen haben, sagten: ›Frau Karamanos, erzählen Sie uns alles. Ihre Offenheit wird zu Ihren Gunsten sein.‹ Sehen Sie, ich hatte vier Jahre geschwiegen. Hätte ich nicht wenigstens zwei Tage noch schweigen können, bis ein Anwalt gekommen wäre? Bis mein Mann zu sich gekommen wäre und mir einen Anwalt geschickt hätte? Dann hätte mich der Anwalt beraten. Dann wär ich vielleicht wegen Totschlags in Notwehr verurteilt worden.«

Sie schrie plötzlich auf. »Ich blöde Kuh, ich hab nicht mehr geschwiegen, sondern alles erzählt.« Sie weinte und wischte die Tränen. Dann nahm sie einen Schluck Kaffee und schaute mich durch halbgeschlossene Lider an, wie in großer Erschöpfung. »Sie haben gesagt, ich könne jetzt die Last ablegen. Und da wurde mir eine Last von hundertfünfzig Kilo vom Rücken genommen, ein Rucksack, den ich vier Jahre lang getragen habe. Hundertfünfzig Kilo. Sie haben gesagt: ›Kommen Sie, geben Sie die Last ab.‹ Und ich hab den Rucksack abgegeben und alles erzählt. Verstehn Sie? Ich war dabei völlig aufgelöst und gar nicht sortiert, nicht so wie jetzt. Ich hab geweint und geschrien. Hab gerufen: ›Dieses perverse Schwein, er hat mich geschändet.‹ Und dann hab ich alles unterschrieben. Mir war in dem Moment alles egal. Ich hatte meine Last abgelegt, und das war eine große Erleichterung.«

Sie nickte fast unmerklich.

»Es war eine Befreiung. Und im Prozess liest der Staatsanwalt die Anklage vor, und da spring ich auf, wie ein Huhn, wie ein wildes Reh und rufe: ›So stimmt das nicht, das hab ich so gar nicht gesagt. Was denken Sie denn, wer ich bin. Ich bin doch keine Pennerin, die jemand wegen Geld umbringt.‹ Und da hat das Gericht gedacht, na, das ist ja eine, die will sich streiten mit uns. Und die Schöffen haben auch Abneigung gegen mich gehabt. Aber ich war der Meinung, ich müsse sagen, was ich denke. Ich war der Meinung, ich hätte das Recht gehabt, mich gegen den Mann zu wehren. Denn niemand hat das Recht, mich zu etwas zu zwingen. Schon gar nicht zu diesem perversen Sex. Und wenn mir jemand mein Leben nehmen will, dann nehm ich lieber seins, bevor er meines nimmt. Verstehen Sie? Es war eine Dummheit, das zu sagen. Ich war mir aber hundertprozentig sicher, dass ich in Notwehr gehandelt hatte und dass das der Staatsanwalt auch so sehen müsste.

Da gab es eine Zeugin, die hätte sagen können, wie pervers der Mann war. Sie war seine Freundin gewesen, aber sie starb einen Tag vor der Verhandlung. So viel Glück hatte ich. Das nur nebenbei. Aber es lag ein zweiundzwanzigseitiges Aussageprotokoll von ihr vor. Darin stand, wie er mit Frauen umgegangen ist. Dass ihn erregt hat, wenn sie sich gewehrt haben. Dass er Frauen geschlagen und eingeschlossen hat. Durch ihre Aussage vor Gericht hätte man sehen können, dass ich die Wahrheit gesagt hab« – sie klatscht in die Hände –, »eins zu eins, nichts als die Wahrheit. Angeblich hatte er Geld unterm Teppich versteckt. Aber so wahr ich hier sitze, und ich soll niemals mehr meine Kinder sehen, wenn ich lüge, ich war nicht hinter seinem Geld her und ich habe nichts gefunden und mitgenommen. Aber natürlich sah es so aus. Wenn man es objektiv betrachtet, sah es so aus, als hätte ich nach Geld gesucht. Ich hab ja alle Schubladen rausgerissen und manche sind runtergefallen – glauben Sie, dass ich die aufgehoben hab? Ich hab in dieser Panikattacke die nächste rausgerissen. Ich wollte ja unbedingt raus aus der Bude.

Aber das haben sie bei Gericht nicht so gesehen. Sie haben gesagt: ›Was haben Sie vier Jahre lang gemacht? Warum sind Sie nicht sofort gekommen? Warum haben Sie vier Jahre lang gewartet? Da haben Sie genügend Zeit gehabt, sich was zurechtzulegen und zu erzählen, was nicht stimmt. Sie sind zu dem Mann gegangen, weil sie ihn ausrauben wollten. Weil Sie vermutet haben, er hätte viel Geld zu Hause.‹ Und statt vernünftig zu antworten, hab ich immer nur gerufen, dieses perverse Schwein, dieses perverse Schwein.« – Sie begann schniefend zu weinen – »Ach, hörn Sie auf!« – und zog ihr Taschentuch vor.

»Es gibt Menschen, die kaltblütig jemanden töten, weil Menschen oft tierischer als Tiere sind. Aber ich hatte niemals die Absicht, jemanden umzubringen. Aber wenn mir jemand das Messer an den Hals hält, und ich soll seinen Schwanz in den Mund nehmen – ich hatte es ja gemacht –, und wenn er mich dann schlägt und ruft, du Hure, hier kommst du nicht mehr raus, und ich musste dieses Ding wieder in den Mund nehmen, während er mir das Messer an den Hals drückt …«

Sie schrie: »Ich bin verheiratet und Mutter, verstehen Sie, ich wusste nicht, wie mir geschah. Ich hab gedacht, dein Leben ist am Ende. Jetzt entweder du oder er. Du musst irgendwie aus diesem Teufelskreis rauskommen.«

Und unter Tränen: »Wie komm ich dazu, mit so einem perversen Menschen etwas zu tun zu haben. Warum in diesem Milieu?« Ihre Stimme weich jetzt, fast flehend: »Ich bin ein einfacher normaler Mensch, hab gearbeitet, gekocht, die Familie versorgt, und durch einen dummen Fehler ist alles zerronnen wie Wasser. Heute, im Nachhinein, weiß ich, was ich falsch gemacht hab. Ich hab den Fehler gemacht, dass ich geschwiegen hab, dass ich nicht die Feuerwehr angerufen hab. Wer sich in so einer Scheiße befindet, sollte sofort Feuerwehr und Polizei anrufen.

Dann hab ich den Fehler gemacht, bei der Polizei ohne Anwalt auszusagen, hab den Fehler gemacht, das Protokoll zu unterschreiben, ohne es zu lesen, hab den Fehler gemacht, mich mit dem Gericht zu streiten und mit dem Staatsanwalt anzulegen. Und obwohl mein Mann so viel Geld, wie er konnte, für die Anwälte gegeben hat, hat's doch nichts gebracht. Nichts. Ich muss hier lebenslänglich sitzen, und das auch noch als Raubmörderin. Ja, sie haben gesagt, ich hätte das Geld genommen.«

———

Der Frühling war gekommen, und Frau Karamanos hatte die hellen Tage kaum erwarten können. »Ich bin Südländerin«, hatte sie gesagt, »ich brauche die Sonne.« Und sie hatte erzählt, wie sie den Winter über eine Topfpflanze gehegt habe, die ursprünglich nur daumengroß gewesen sei und jetzt die ganze Deckenlampe umwinde. Das sähe sehr schön aus. Sie wirkte entspannt, wie sie mir gegenübersaß, wie immer die rote Kaffeekanne neben sich auf dem Tisch. Sie lächelte.

»Meine Familie hat mir verziehen. Gott sei Dank. Und mein Mann hat alles zusammengehalten. Sehen Sie, wenn eine Schüssel kaputtgeht, dann klebt man die Scherben zusammen. Es bleiben Narben, aber es hält. Er hat die Scherben zusammengeklebt. Meine Familie hält zu mir. Mein Mann, meine Kinder, meine Enkelkinder – ich hoffe, nächstes Jahr kommt ein drittes. Ich habe wunderbare Enkelkinder, und ich versuche heute bei ihnen zu korrigieren, was ich bei meinen Töchtern vielleicht falsch gemacht hab. Meine Kinder sollten es leichter haben im Leben als wir. Aber ich war zu streng mit meinen Töchtern, und das hat nicht geholfen. Die Strenge hat sich schließlich ins Gegenteil verkehrt.

Sie haben nicht kapiert, warum ich Druck gemacht habe. Sie sollten gute Noten bekommen, damit sie einen guten Beruf wählen und ein besseres Leben haben können. Meine Älteste war ein vernünftiges Kind, aber als Teenager ist sie vom ersten Freund gleich schwanger geworden. Damit hat sie ihr Leben versaut. Sie hätte jetzt mit fünfundzwanzig ihr erstes Kind haben können. Verstehn Sie? Sie hätte einen Beruf erlernt, Papa und Mama hätten ihr die Wohnung eingerichtet, und jetzt im August hätte man die Hochzeit gefeiert. In Weiß – verstehn Sie? Der erste Mann meiner Tochter kam aus Angola. Mein erstes Enkelkind ist Afro. Sie ist so ein süßes Kind, schön und sehr intelligent. Sie ist meine Prinzessin. Der zweite Mann meiner Tochter ist aus Nigeria, und ich hab viel über die Nigeria-Connection gehört und gelesen, auch über Heiratsschwindel. Meine Tochter hat mich mal eine Rassistin genannt, weil ich sagte, jeder sollte in seinem Kulturkreis bleiben und heiraten. In Afrika sind die kulturellen Unterschiede zwischen Mann und Frau sehr groß. Der Mann darf alles. Ihm gehört die Welt, und die Frau – sie ist seine Dienerin. Natürlich war ich enttäuscht, als meine Tochter mit dem ersten Kind ankam, da war sie ja noch jung. Wir sind praktisch noch mal Eltern geworden. Wir haben uns um das Enkelkind gekümmert, denn wir wollten, dass sie die Schule weitermacht. Sie war auf dem Gymnasium, ist dann zurückgefallen und kam auf die Realschule. Später hat sie dann nur einen Hauptschulabschluss gemacht. Aber wissen Sie, wenn man vom Gymnasium auf die Realschule wechseln muss, da verliert man auch die Lust.

Vor einer Woche hat mich meine Mutter besucht. Sie hat die lange Reise von Makedonien hierher gemacht. Sie versucht, jedes Jahr einmal zu kommen. Sie ist jetzt siebenundsiebzig. Ich liebe meine Mutter sehr, aber ich schäme mich vor ihr, fühle mich als Versager. Ob meine Mutter mich auch so sieht? Ich weiß es nicht. Sie würde es nie sagen. Aber wie wäre es für mich, mein Kind im Gefängnis besuchen zu müssen? Wär ich glücklich? Würde ich stolz sein können auf mein Kind? Mit welchen Augen würde ich meine Tochter sehen?

Meine Mutter ist jetzt bei den Zeugen Jehovas, und sie sagt zu mir: ›Studiere die Bibel. Rauche nicht.‹ Ich sage, das Rauchen ist das Einzige, was ich hier habe. Und was ich getan hab, das bereue ich. Und meine Mutter: ›Die Reue ist gut, aber du musst die Bibel studieren. Gott wird dir dann vergeben.‹ Gott würde sogar dem Hitler vergeben, hat sie gesagt. Selbst der Hitler hätte eine Chance, wenn er die Bibel läse und von Herzen bereuen würde. Aber ich kann mich mit der Bibel jetzt nicht auseinandersetzen. Ich bin noch immer damit beschäftigt, mich zu fragen, warum ich das getan habe. Aber ich versteh meine Mutter. Verstehn Sie das?«

Sie setzte die Betonung auf »verstehn« und ließ vom Rest nur einen Hauch.

»Nein, nicht? Ich verstehe, dass sie glaubt, ich könne erlöst werden von Gott, indem ich Reue zeige und mich total von der Welt trenne. Ich verstehe ihre Weltanschauung. Aber meine Festplatte ist voll, da passt nichts mehr drauf. Auch keine Beschäftigung mit der Bibel.

Die ersten Jahre hier drin bin ich ausgerastet, hab geschrien und getobt. Ich schäme mich selbst für mein verwirrtes Verhalten. Die ersten zwei Jahre wollte ich mit dem Kopf durch die Wand, ich wollte mein Elend rausschreien. Dass der Mann gestorben ist durch mich, das stimmt. Aber ich hatte es nicht geplant, ich bin keine Raubmörderin. Diese Behauptung stimmt nicht. Dagegen hab ich mich gewehrt. Verstehen Sie?« Frau Karamanos schaute mich an, und ihr Blick erschien mir mit einem Mal weich und warm.

»Ich habe nie die Gelegenheit gehabt, mit meinem Mann so wie jetzt mit Ihnen zu sprechen. Mein Mann kommt mich hier zu jedem Termin besuchen, und ich hab auch Ausführung, aber dann ist die ganze Familie da, so haben wir noch nie über Einzelheiten gesprochen. Zu Beginn meiner Haft war hier eine gute Psychologin, die Paartherapie mit uns gemacht hat. Und mein Mann wollte wissen, was ich mit dem Möbelhausbesitzer genau gemacht hätte. Und da hat mich die Psychologin gefragt, wie weit ich bereit wäre, mit meinem Mann über Details zu sprechen. Ich war schockiert, dass mein Mann das wissen wollte. Und sie hat gefragt, ob ich Liebe für meinen Mann empfinden könnte. Ja, hab ich gesagt, und mit der Zeit könnte ich mich vielleicht wieder umarmen lassen. Stellen Sie sich mal vor, ich kann meinen Mann jetzt nach dreizehn Jahren wieder umarmen und meinen Kopf an seine Schulter lehnen. Das war mir früher nicht möglich. Sie müssen sich überlegen: Vier Jahre vor der Verurteilung und neun Jahre hier – so lang sind wir von Tisch und Bett getrennt, an Sex gar nicht zu denken. Und trotzdem hat mein Mann noch die Geduld, den Mut und die Zuneigung aufgebracht, für mich da zu sein. Alle Achtung, oder? Also das ist schon Liebe. Er sagt: ›Diese Frau gehört zu mir. Sie war anders vor der Tat. Und sie wird wieder so sein wie früher. Ich will sie behalten und ihr helfen.‹«

Frau Karamanos lächelte. »Ich hab einen guten Mann.« Und ganz plötzlich wich ihr Lächeln einem erregten Ernst. »Weil Sie mich gefragt haben, ob ich bedaure, dass der Möbelhausbesitzer zu Tode gekommen ist. Wenn ich ehrlich sein soll: Nein. Ich bedauere es nicht. Ich habe seinen Tod nicht gewünscht und hab ihn nicht geplant. Hab mir kein Messer in die Tasche gesteckt, um ihn zu killen und ihm sein Hab und Gut zu rauben, um danach meinen Kinder das Beste auf den Tisch zu stellen und zu sagen« – sie setzte ihre Stimme tief, wie der Märchenwolf, ehe er Kreide gefressen hat –: »Hier, ihr könnt essen und trinken, Mama war fleißig beim Töten.« Wieder mit ganz weicher Stimme. »Das ist nicht meine Art, ist nicht mein Wesen, verstehen Sie? Und ich sage Ihnen ganz offen: Ich bedaure nicht, dass er tot ist, aber ich bedaure, dass ich das machen musste. Wissen Sie, das ist ja aus dem Moment heraus geschehen. Damit hab ich nicht gerechnet. Ich konnte doch dem Mann nicht ansehen, dass er pervers ist. Und, ehrlich gesagt, hab ich mir noch vor ein paar Jahren gewünscht – jetzt können Sie mir böse sein oder nicht, ich sag's trotzdem –, dass ich seinen Pimmel abschneide und ihm in den Mund reinmache. Dann hätte ich gesagt: Okay, jetzt kassier ich diese zwanzig Jahre, aber die Polizei soll dich finden mit deinem Schwanz im Mund und dann wissen, dass nicht alle Frauen Nutten sind, dass nicht alle Frauen perverse Dinge treiben.« Mit kratzender gepresster Stimme. »Das hab ich mir öfter so vorgestellt. Wenn ich schon eine so hohe Strafe bekomme, dann wenigstens das.«

Unvermittelt schrie sie auf. »Wie komme i c h aus der kleinen heilen Welt meiner Familie in so eine böse Welt? Was hab ich mit so einem perversen Schwein zu tun? Selbst wenn mir mein Mann verziehen hat, ich kann es mir nicht verzeihen. Ich hab dadurch meine ganze Familie unglücklich gemacht. Wieso bin ich bei diesem Mann, in diesem Milieu gelandet?« Sie atmete tief ein und aus. »Ich hab mich verlaufen. Verstehen Sie?«

Frau Karamanos schwieg. Vor dem vergitterten Fenster lag ein kleiner Innenhof, in dessen Mitte es gelb und rot blühte. Es war eines der Beete, um die sie sich kümmerte. Sie saß und starrte auf die weiße Tischplatte und begann schließlich wie zu sich selbst zu sprechen. »Er hat mich immer wieder auf sein Ding da gedrückt. Er hat mich als Hure und Schlampe beschimpft und dabei auf sein Ding gedrückt – diese Bilder verschwinden nicht. Sie werden auch nicht schwächer. Nein. Man darf sie nicht nach vorn kommen lassen, man muss sie ganz hinten vergraben. Wenn ich jetzt darüber rede, läuft der Film wieder ab. Das Wochenende wird schlimm sein, weil dieser Film in mir abläuft, immer wieder, und ich kann ihn nicht stoppen.«

Sie fuhr sich mit der Hand über die Augen. »Wie spät haben Sie? Halb vier? Ich muss gleich gehen, denn mein Mann fährt heute nach Makedonien. Und sein Bus geht um halb fünf. Er fährt zur Beerdigung. Mein Schwiegervater ist doch gestorben. Auch wegen mir. Ach, ich hab viele Schuldgefühle. Wissen Sie, in den Medien wurde ja geschrieben, dass der Möbelhausbesitzer ins Bordell ging, und da fragten die Leute, was hat diese Familienmutter für eine Beziehung mit diesem Mann gehabt. Da hat sie wohl im Puff gearbeitet, und als sie nicht mehr wollte, hat sie der Mann gezwungen, und da hat die Frau ihn umgebracht. So haben die sich das zusammengereimt und ausgesponnen. In Makedonien haben sie das meinem Schwiegervater so erzählt.«

Sie seufzte. »Mein armer Schwiegervater, ich hab ihn wie einen Vater geliebt. Ich hab meinen Vater verloren, als ich sechzehn war, und in meinem Schwiegervater hab ich von Anfang an eine Vaterfigur gesehen. Ich war seine Tochter, er mein Vater. Und auch in diesem perversen Möbelhändler hab ich erst eine Vaterfigur gesehen. Dachte, er würde mir helfen, woher sollte ich wissen, was auf mich zukommt?« Sie stand auf und drückte den Klingelknopf an der Tür. Gleich würde eine Beamtin öffnen und Frau Karamanos zurück in den Haftraum bringen.

»Ich hab Glück«, sagte sie und wandte sich noch einmal her. »Ich habe eine wunderbare Familie, meine Kinder nehmen keine Drogen, rauchen nicht, alle haben nette Kinder, meine geliebten Enkelkinder, die wachsen und gedeihen. Das Unglück, das hab ich mir selbst verursacht. Damit muss ich zurechtkommen. Hätte ich nur« – sie macht eine wegwischende Geste. »Ach, hätte, hätte, könnte, müsste – aber hätte ich meinem Mann von der Telefonrechnung erzählt, dann hätte er eine Lösung gefunden. Mein Mann hätte meiner Tochter ein paar Backpfeifen gegeben und bezahlt.«

Ich warf den Brief mit innigster Verachtung weg, erboßte gewaltig und stieß gräßliche Verwünschungen aus. An jenem Tage wäre ich im Stande gewesen, einen Mord zu begehen, wenn ich von jemanden grob wäre beleidiget worden.

Friedrich Christian Laukhard, F. C. Laukhards Leben und Schicksale, 1792

8

WAHNSINNIG VERLIEBT

Er war gleich in der Küche verschwunden, kaum hatte ich das Zimmer betreten. Er müsse dort erst Ordnung schaffen, rief er durch die angelehnte Tür. Zu viel läge da herum, auch die Messer, und die Messer gehörten nun mal in die Schublade.

Sievers arbeitete seit seiner Entlassung aus der Haft in einer mitteldeutschen Stadt, lebte die Woche über in einem grauen Plattenbau am Stadtrand und verbrachte die Wochenenden in seiner kleinen Wohnung in der Hauptstadt

Als er aus der Küche trat, summte sein Handy. Er las die Nachricht, und noch während er sich setzte, brach es aus ihm heraus. Nichts schien er mehr zurückhalten zu können. Die, die jetzt vor ihm saß, sollte alles wissen, ehe sie wieder ging. Sie würde ihm zuhören und nicht eher gehen, bis alles erzählt war.

»Jara – ich will Ihnen von Jara erzählen. Nach Wochen hat sie sich jetzt das erste Mal wieder gemeldet. Und da hab ich zu ihr gesagt, dann müssen wir es halt so machen, dann bleibt die

Fickbeziehung eben 'ne Fickbeziehung, und ich such mir 'ne neue Freundin. Hab ich ihr noch gesagt: ›Jara, ich liebe dich, aber wenn ich zwei Jahre auf dich warten soll, dann weiß ich nicht, ob du dann überhaupt noch Gefühle für mich hast.‹ Ich heirate dich auch, ich will dich heiraten, hab ich gesagt, ich will mit dir das Leben verbringen. Aber so, wie es jetzt läuft, geht's mir permanent schlecht. Wenn du nicht da bist, geht's mir schlecht. Mir schlägt das auf den Magen; ich hab dann Durchfall, hab ich zu ihr gesagt. Die ganzen Tage nach der Reise ging's mir sehr schlecht. Immer Durchfall. Und wenn ich dich seh, hab ich zu ihr gesagt, kann ich dich kaum mehr richtig in den Arm nehmen, weil der Stressfaktor da ist. Weil …«

Alex Sievers schaute mich an. Er hatte sehr große, sehr blaue Augen.

»Verstehn Sie, sie ist nur kurz da und verschwindet dann wieder; lässt mich einfach sitzen, wochenlang.«

Er schwieg. Saß da und starrte vor sich hin. Seine Kleidung, die schwarze Hose, der graue Pullover, die braunen Schuhe, die Indoor-Mütze, war fein abgestimmt und von lässiger Eleganz. In dem schäbigen Zimmer mit seinen Sperrholzmöbeln wirkte er wie ein erfolgreicher Jungunternehmer, der bei einer armen Verwandten zu Besuch ist.

Sievers war groß und athletisch und seine Männlichkeit bekam durch ein fast unmerkliches Lispeln etwas Zartes. Er war ein schöner Mann.

»Wir haben uns über die Mitfahrzentrale kennengelernt«, sagte er. »Ich hab, seit ich vor zwei Jahren hierherkam, jedes Wochenende zwei, drei Leute mitgenommen, meist Mädels, oft Studentinnen und irgendwann war auch eine Frau in meinem Alter dabei. Das war Jara. Sie hat mir gleich gefallen. Es war Sommer und sie erzählte ein bisschen, und ich sagte:

›Und was macht dein Freund?‹ Und sie sagte, sie habe keinen Freund. Da hab ich meine Chance gewittert und sag, hast du nicht mal Lust, mit mir schwimmen zu gehen, und nächstes Wochenende sind wir schwimmen gegangen. War sehr schön, und im Whirlpool sag ich zu ihr: ›Ich hab eigentlich immer viel Pech bei Frauen gehabt, weiß nicht, warum.‹ Ich bin ein ganz normaler Mensch, der keinem was tut, und trotzdem klappt das bei Frauen irgendwie nicht. Und da hat sie mich geküsst.

Ich war gleich verliebt, denn beim Küssen hat sie so viel Gefühl gezeigt, das hatte ich schon ewig nicht mehr erlebt. So intensiv war das.

Am nächsten Tag hab ich ihr drei Mails geschickt, aber da kam nichts zurück. Ich hatte damals noch überhaupt nicht durchgeblickt, was da lief.

Die ersten sechs Wochen ist sexuell gar nichts passiert. Doch eines Tages rief sie an und fragte, ob wir uns treffen könnten. Wir sind essen gegangen, und ich hab ihr anschließend meine Wohnung gezeigt. Nicht meine Briefmarkensammlung.«

Sievers lächelte fast spitzbübisch, als stecke in dieser Bemerkung ein feiner Witz.

»Und dann«, sagte er, »dann kam's zum ersten Sex. Und ich dachte, Mensch, das ist eine gutaussehende, intelligente Frau, du liebst sie, sie liebt dich, du hast tolles Glück. Mach jetzt bloß nichts falsch. Darum hab ich ihr erst mal nichts von meiner Haft erzählt. Diesmal wollte ich den Fehler nicht mehr machen. Wenn es mal läuft, dachte ich, dann bring ich es nach und nach zur Sprache.«

Er sprach ohne Pause, als versuche er den unbekannten Besucher mit Worten einzunebeln, auf dass er nicht mehr aus dem Zimmer fände.

»Als sie das letzte Mal kam, das ist schon vier Wochen her, da hatte ich für sie mit Kerzen Herzchen gemacht und ein Vier-

Gänge-Menü gekocht. Und als wir am Tisch sitzen und mit einem Glas Wein anstoßen, da sagt sie, du bist so lieb und machst so viel für mich, und ich mache gar nichts für dich. Sag ich, du musst auch gar nichts machen. Ich brauch keinen, der mir irgendwas macht, mach ich alles selber. Und da sagt sie: ›Ich kann dir nicht das geben, was du brauchst. Das tut mir leid.‹ Und dann hat sie von dem Mann erzählt. Einem zwanzig Jahre älteren Russen, mit dem sie zusammenlebt. Dieser Mann«, sagte Sievers, habe nicht nur in Russland Frau und Kind, sondern überall Freundinnen. Praktisch in jeder Stadt, die er beruflich bereise, wohne eine Freundin. Er brauche die Freundinnen, habe der Mann zu Jara gesagt, denn er könne nicht allein sein. »Aber von uns«, sagte Sievers, »darf er auf keinen Fall etwas wissen, hat sie gesagt. Sonst verliere sie die Arbeitsstelle und müsse das Land verlassen.«

Jara habe in Deutschland eine Ausbildung zur Laborantin gemacht, und der Russe habe sie in seinem Betrieb angestellt. Er sei ihr Chef geworden.

»Ich sage: ›Im Prinzip bin ich dann nur eine Affäre für dich.‹ Und sage: ›Wenn du mich irgendwie brauchst, dann meldest du dich, und wenn ich dich brauche und mich bei dir melde, ist das Telefon aus, weil du mit dem Typen zusammen bist und nicht reden kannst.‹ Ich sage: ›Das ist keine richtige Beziehung, die wir da führen.‹ Und sie sagt: ›Ich versuche es ja zu ändern.‹ Und eine Zeitlang haben wir uns alle zwei Wochen getroffen. Und hatten dann auch Sex. Hier im Apartment.«

Das Zimmer, das Sievers fünf Tage in der Woche bewohnte, war blitzblank. Ein kleiner Schrank, ein breites Ablagebrett längs der Fensterfront mit Fernseher und Kaffemaschine, ein schmales Bett und der kleine runde Tisch, an dem wir saßen. Bis auf den Wecker am Nachttisch schien es keine persönlichen Gegenstände zu geben.

»Sauberkeit ist mir wichtig. Also muss ich zusehen, dass ich alles sauber halte. Wenn man auf den Schrank fasst, dann kann sich dort mal eine Staubflocke finden. Das ist nicht schlimm. Aber einmal im Monat wird da oben gewischt. Unbedingt.

Und das ist auch bei meiner Wohnung in der Stadt so. Wenn ich freitagabends dort ankomme, mach ich erst mal sauber.«

Sievers war mit dem Zeigefinger am Tischrand entlanggefahren. Kein Stäubchen.

»Vor zwei Monaten bin ich mit Jara nach Weißrussland gefahren. Und bin dort der ganzen Familie vorgestellt worden. Alle haben gesagt: ›Heirate den.‹ Sie haben mich alle nett gefunden. Sie mochten mich. Es ist eine herzliche Familie. Und jetzt bin ich nervlich fertig. Ich bin am Ende. Und ich sag zu Jara, wenn du dich nicht entscheidest, dann musst du eben dein Leben leben und ich meines. Dann war es das mit uns. Mir wird es dann die nächsten sechs Monate schlechtgehen, aber danach wird es mir wieder bessergehen, und ich hab diesen ganzen inneren Stress nicht mehr. Und da sagt sie, nein, sie wolle sich nicht von mir trennen, und sie wolle mit diesem Mann reden. Aber sie hat mit ihm gar nicht geredet. Sie hat mich total angelogen.«

Sievers schüttelte den Kopf und kniff leicht die Augen zusammen. Nein, das sei nicht schön, was hier geschehe. Wie vieles in seinem Leben nicht schön gewesen sei. Aber es sei womöglich gar nicht immer nur der Mangel an Liebe gewesen, so denke er manchmal, sondern das Zuviel an Liebesbedürfnis, das ihn unglücklich gemacht habe. Er war, während er sprach, immer mehr zusammengesunken, und obwohl Sievers schlank war, wirkte der Stuhl mit einem Mal zu eng für ihn.

Jetzt richtete er sich auf.

»Sie wollen etwas über meine Kindheit wissen, ja? Wenn ich an meine Kindheit denke, sehe ich Chaos und Schmerz. Immer wieder Chaos und Schmerz. Ich erinnere mich nicht gern an meine Kindheit. Die war nicht so schön.

Eines Morgens war ich aufgewacht, und die Mutter war nicht mehr da. Sie war über Nacht verschwunden. Ich war achtzehn Monate alt und hatte gerade Laufen und ein bisschen Sprechen gelernt, und da ist die Mutter plötzlich spurlos verschwunden. Sie hat mich und meinen vierjährigen Bruder in der verschlossenen Wohnung allein zurückgelassen. Zwei Wochen lang blieben wir uns selbst überlassen. Die Wohnung soll in schlimmem Zustand gewesen sein. Verdreckt, mein Bett voller Maden, mit Fäkalien beschmiert. Meinem älteren Bruder war es gelungen, den Vorratsschrank aufzubrechen. Doch nach zwei Wochen waren die Lebensmittel aufgebraucht. Später hab ich in den Akten gelesen, wir hätten verschimmeltes Brot mit Zucker gegessen. Als ein Nachbar uns weinen hörte, kam das Jugendamt, brach die Tür auf, und wir kamen ins Heim. Meine Mutter blieb verschwunden, mein Vater saß im Gefängnis.«

Er schaute über den Besucher hinweg, hinaus in den grauen Nachmittag.

»Nach meiner Information hatte meine Mutter meinen Vater angezeigt. Er hatte, während des beginnenden Afghanistankonflikts, Menschenschmuggel betrieben, hatte regimekritische Afghanen von Ostberlin über die Grenze in den Westen gebracht.

Eines Tages hatte meine Mutter bei der Stasi angerufen und gesagt, wo ihr Mann die Grenze passiert. Sie hatte zu der Zeit einen neuen Mann kennengelernt, der vermögend war. Mit dem wollte sie zusammenleben. Da störte mein Vater. Er kam nach Rummelsburg ins Gefängnis.

Während mein Bruder bald von der Oma aufgenommen wurde und das Heim verlassen konnte, bin ich ein Jahr lang dort geblieben. Bis eines Tages Vaters Bruder mit seiner Frau kam und mich bei sich aufgenommen hat. So kam ich zu Onkel, Tante und Cousine und bin dort bis zum vierten Lebensjahr geblieben.

Meine Tante konnte keine Kinder bekommen und war gleich eifersüchtig auf ihre Stieftochter. Die durfte mich nicht anfassen. Versuchte sie es, gab es Streit. Ich war Tantes Besitz geworden.

Ich kann mich erinnern, dass Onkel und Tante zunächst sehr gut zu mir waren. Mein Onkel war Tischler und besaß eine kleine Werkstatt, und ich liebte es, dort zu sein. Als ich vier war, hat er mir erlaubt, etwas zu bauen. Und mit Onkels Hilfe hab ich einen kleinen Stuhl und einen Tisch gebaut. Das waren dann mein Tisch und mein Stuhl. Und an diesem Tisch, auf diesem Stuhl hab ich von da an immer mein Abendbrot gegessen.«

Sievers sprang plötzlich auf und ging, vielmehr stürzte zur Kaffeemaschine, die drei Schritte entfernt auf einem Bord stand.

»Ich brauche Kaffee«, sagte er. Kaffee sei die einzige Sucht, die er sich noch erlaube. Bis zu drei Liter trinke er täglich. Ob er mir auch einen anbieten dürfe.

»Die Ehe von Onkel und Tante ist nicht gut gewesen«, sagte er. Täglich habe es Streit und Schläge gegeben. Und oftmals habe er als Kleinkind versucht dazwischenzugehen, um die weinende Tante zu beschützen. Doch eines Tages habe die Tante ihrerseits begonnen, ihn, den sie doch liebte, zu schlagen.

»Ich kann mich erinnern. Ich musste auf die Toilette und

bekam den Hosenknopf nicht auf. Und da ist es passiert, und das große Geschäft ging in die Hose. Ich weinte und meine Tante sagte: ›Das ist nicht schlimm, komm, ich mach dich sauber.‹ Und wie sie beginnt mich sauber zu machen, hat sie sich plötzlich so geekelt, dass sie mich verprügelt hat. Und von dem Tag an hab ich mich gar nicht mehr getraut, auf die Toilette zu gehen. Ich hab Angst davor gehabt, hab gedacht, man muss es nicht machen, dann kann es auch nicht passieren.

Wenn ich also ein großes Geschäft zu machen hatte, hab ich das aus Angst bis zum Äußersten zurückgehalten, und das ging dann immer in die Hose. Die Tante hat mich jedes Mal sauber gemacht und jedes Mal danach verprügelt.

Über ein Jahr lang hatte ich jeden Tag von ihr Prügel bekommen. Damals hab ich begonnen, mir eine eigene Welt aufzubauen. Ich wollte bereits als kleines Kind nur meine Ruhe haben.«

Kaffeeduft zog durch den Raum. Und während auf dem stummgeschalteten Fernsehschirm Homer Simson ins Bild trat und mit weitaufgerissenem Mund lautlos zu Marge sprach, die ihn skeptisch unter ihrem blauen Haarturm anblickte, servierte Sievers einen ungewöhnlich wohlschmeckenden Kaffee.

»Als ich viereinhalb war, kam eines Tages mein älterer Bruder Sascha mich besuchen. Zusammen mit meiner Mutter und meinem Vater. Mein Vater war gerade entlassen worden und hatte meine Mutter ausfindig gemacht und mitgenommen. Er wollte die Familie wieder zusammenführen. Erst haben sie Sascha zu sich genommen, und dann kamen sie mich öfters besuchen. Das Jugendamt hatte ihnen die Besuchstermine verordnet. Sascha hab ich sofort gemocht. Und irgendwann fragte mein Vater, ob ich mal bei Sascha übernachten wolle, und da hab ich ja gesagt.

So kam ich wieder zu meinen Eltern. Aber niemand hatte mir gesagt, dass das meine Eltern sind. Erst mit sechs hab ich es erfahren. Die komplette Geschichte allerdings erfuhr ich erst als Erwachsener.

Wie? Warum der Vater die Beziehung zur Mutter wiederaufgenommen hat? Mein Vater hatte in seinem Leben nur eine einzige Beziehung gelebt, das war die zu meiner Mutter.«

Jetzt wolle er aber mit seiner Lebensgeschichte fortfahren, sagte Sievers. Er mochte keine Zwischenfragen und wurde schnell ungehalten.

»Bald nachdem ich in die Schule kam, ist meine Mutter wieder abgehauen. Sie war von heut auf morgen weg, kam aber nach neun Monaten wieder und brachte meinen kleinen Bruder Patrick auf die Welt. Patrick war kaum ein halbes Jahr alt, da verschwand Mutter wieder. Sie hatte das Baby krank zurückgelassen, und Vater musste sich nun um drei Kinder kümmern.

Drei Jahre lang hat er uns gut versorgt. Doch irgendwann kam er kaum noch nach Hause, und wir Kinder waren tagelang auf uns selbst gestellt. Oft fehlte es an Lebensmitteln und Geld. Mein Vater verdiente als Glaser nicht schlecht, aber er war spielsüchtig geworden und begann alles zu verzocken.

Und wenn ich bei Onkel und Tante in die Hose gemacht hatte, so wurde ich jetzt, nachdem Mutter uns wieder verlassen hatte, zum Bettnässer.

Mein Vater sagte, ich sei zu faul, um auf die Toilette zu gehen, und begann furchtbare Strafen zu verhängen. Statt das nasse Bettzeug morgens in die Waschmaschine zu stecken, befahl er mir, den Urin aus der Wäsche zu saugen. Er zwang mich, das zu tun, und hat mich anschließend verdroschen. Ich kann mich entsinnen, wenn das alles zu Ende war, fühlte ich mich wie neugeboren.«

»Wenn die Schläge überstanden waren, fühlten Sie sich gut?«

»Ja. Wenn ich wusste, jetzt ist er abgedampft, jetzt hab ich erst mal nichts zu befürchten. Dann war das eine Befreiung, ein starkes Gefühl von Erleichterung. Der Schmerz lässt nach und Adrenalin kommt hoch und die Glückshormone beginnen zu wirken.«

Sievers feingeschnittenes Gesicht verriet keine Regung. Es hatte etwas Mädchenhaftes und erinnerte auf seltsame Weise an Guercinos Darstellung des heiligen Sebastian, der mit ergebener und hingegebener Reglosigkeit die Pfeile in seinem Körper erträgt.

»Mit zehn bin ich von zu Hause weggelaufen, immer wieder; fuhr den Tag über mit der S-Bahn durch die Stadt, klaute Süßigkeiten, wenn ich Hunger hatte, und wurde schließlich erwischt. Das Jugendamt schaltete sich ein. Meinem Vater wurde das Sorgerecht entzogen und ich vor die Wahl gestellt, entweder ins Heim oder zur Mutter zu gehen.

Bei meiner Mutter wurde ich nicht misshandelt. Ich hab bei ihr richtig zu essen bekommen und wurde vernünftig gekleidet. Da war ich zwölf. Und nachdem die Prügel aufgehört hatten, war auch mit Bettnässen Schluss.

Meine Mutter hatte bis dahin in der Schweiz mit einem sehr wohlhabenden Mann gelebt. Er war der Vater meines jüngsten Bruders Nicolas. Aber die Beziehung hatte nicht gehalten, und so war Mutter nach Deutschland zurückgekommen und hat auch meine beiden Brüder Sascha und Patrick bei sich aufgenommen. Wir waren jetzt zu viert.

Ich glaube, es war wohl vor allem wegen des Kindergeldes, dass sie uns zu sich genommen hat, denn sie ist damals nicht arbeiten gegangen. Aber sie hatte viele wechselnde Freunde, die sie ausgenutzt hat. Als die Konten abgeräumt waren, wurden die Freunde wieder abgeschoben. Diese Männer haben uns Kindern lange Vorträge gehalten, wie schlecht unsere Mutter sei. So hatten wir auch da wieder Stress, und irgendwann hab ich mich mit Mutter gar nicht mehr verstanden. Ich wurde plötzlich ein schlechter Schüler, wurde aggressiv und begann mich mit anderen zu prügeln.«

Er sei, sagte Sievers, mit einem Mal vom Opfer zum Täter gewandelt gewesen. Zuvor sei er täglich ein Jahr lang nach der Schule von einem Jungen verprügelt worden. Keiner habe ihm beigestanden, bis ihm ein älterer Schüler gesagt habe, er müsse zurückschlagen, müsse sich wehren. Da sei er am folgenden Tag, nach dem ersten Schlag nicht mehr weggerannt. Er sei stehen geblieben und habe zurückgeschlagen. – BAM –, sagte Sievers. Der Angreifer sei dermaßen verblüfft gewesen, dass er sich nicht gleich wehrte, und Sievers hätte ihn blutig geschlagen. Dieser Erfolg habe ihm einen derartigen Kick versetzt, dass er den Jungen nun täglich verprügelt habe, über vier Jahre hin. Dieser Junge habe all das abgekriegt, was er selbst an Demütigungen bisher habe ertragen müssen.

»Den hab ich gehasst. Wenn der am Boden lag, hab ich mich gut gefühlt. Meine Kumpels haben gelacht, und ich war der King. Und dann kam der Blinddarmdurchbruch. Danach war Schluss mit den Aggressionen. Als ich gesund war, hab ich nicht mehr geprügelt. Nie mehr wollte ich einem Menschen gewaltsam was antun.«

Er sei nach der Operation zwei Wochen lang im Koma gelegen, und seine Familie habe ihn bereits aufgegeben gehabt. Nur seine Großmutter habe am Bett ausgeharrt und seine Hand gehalten. Und als er wieder zu sich kam, habe die Großmutter ihm erzählt, die Eltern hätten die Ärzte bereits gebeten, die Maschinen abzustellen.

»Dann wär ich jetzt tot«, sagte Sievers. Der Gedanke sei für ihn traumatisch gewesen. »Man liegt hilflos da, und jemand stellt die Maschine ab. Diese Vorstellung war ein Schock. Und weil ich leben wollte, es mir aber schlechtging, hab ich immer wieder gebetet: ›Lieber Gott, bitte lass mich keine Schmerzen mehr haben. Ich tu auch niemandem mehr was.‹ Und ab da hab ich auch jeden in Ruhe gelassen. Bis auf den einen. Bei ihm konnte ich mich nicht bremsen. Der hatte mich ein Jahr lang so schlecht behandelt, und ich hatte immer Angst vor ihm gehabt. Und schließlich hatte ich keine Angst mehr, aber der Hass ist geblieben, die innere Wut über das, was er mir angetan hat.«

Sievers stand auf, um sich erneut Kaffee einzuschenken.

Er habe in seiner Jugend viel Blödsinn gemacht, sagte er, habe schließlich kaum noch die Schule besucht und stattdessen mit einer Gruppe von Freunden Ladendiebstähle begangen.

»Heute kann kein Kind mehr so klauen gehen wie wir früher. Damals gab's noch keine Kameras, und die Waren blieben weitgehend ungesichert. Ich war richtig gut im Klauen. Ich bin an die Sachen rangegangen, als gehörten sie mir. Ich hab sie eingesteckt, ohne eine Miene zu verziehen, ohne mich zuvor umzudrehen. Ich hab das – ZACK ZACK – genommen, eingesteckt, fertig. Es hat mich nicht interessiert, ob Leute da waren. Hab das eingesteckt – ZACK –, meist Alkohol, und an der Kasse vier, fünf Zigarettenstangen unter die Jacke geschoben, während mein Freund mich gedeckt hat, eine Tüte nahm und 'ne Cola gekauft hat. Anschließend ging's in den Drugstore, um Parfum zu klauen. Moschus vor allem. Das ging gut. Zehn Packungen in die Jacke rin und – TSCHT – raus und zum Hehler.

Für Drogerieartikel bekamen wir ein Drittel des Preises, für Zigaretten und Alkohol die Hälfte. Das Geld ham wir uns geteilt, und weil beim Hehler auch ein Dealer war, ham wir uns meist auch was zu rauchen geholt. Wir haben am Imbiss gegessen, in der Kneipe Bier getrunken und geflippert und am Fenster schnell eine geraucht. Das war das Tagesprogramm. Das Geld wurde ausgegeben, und am nächsten Tag sind wir wieder los.«

Er saß zurückgelehnt auf dem Stuhl, dessen gescheckter Bezug hinterlassene Flecken unauffällig ins Muster aufnehmen konnte.

»Als ich sechzehn war und in der Ausbildung, wusste ich nicht recht, für welchen Beruf ich mich entscheiden sollte. Und da sagte der Lehrer: ›Mach doch Glas- und Gebäudereinigung.‹ Und da hab ich sofort eine Stelle bekommen.

Eines Tages sitze ich im Bus mit meinem Eimer und den Reinigungsutensilien mit dem Label der Firma, und da spricht mich ein älterer Mann an. Er guckt so zu mir rüber und spricht mich auf den Eimer an, fragt, ob ich Fensterputzer sei. Sag ich, nee, Gebäudereiniger. Und da fragt er, ob ich nicht mal bei ihm putzen könnte. Sag ich, na klar, und so bin ich am nächsten Tag nach der Arbeit bei ihm vorbeigefahren. Ich war grad dabei, seine Fenster zu putzen, als er mich mehr oder weniger von hinten angefallen hat. Und dann hat er mich, im Prinzip, vergewaltigt.«

Sievers verwendete die Floskel »im Prinzip« häufig. Mitteilungen, die ihm »im Prinzip« unangenehm oder mehrdeutig waren, schien er auf diese Weise etwas von ihrer Emotionalität nehmen zu wollen.

»Für mich war das alles sehr schlimm gewesen, aber auch irgendwie aufregend, und da bin ich später noch mal zu ihm, er hieß Konrad, hingegangen. – Irgendwie hatte es mich da hingezogen, selten, aber doch ab und zu. Dann gab's eine Zäsur. Jahrelang hab ich mich nicht mehr gemeldet. Ich hatte mittlerweile geheiratet, hatte Frau und Kind. Und da traf ich eines Tages Konrad wieder. Im Prinzip durch Zufall. Es war in einem Café. Ich hatte in der Zwischenzeit noch eine Ausbildung als Fliesen- und Mosaikleger gemacht, und da sagte er, bei ihm müsste auch mal wieder was im Bad gemacht werden. Sag ich, kein Problem, komm ich mal vorbei, mach ein Aufmaß und weiß dann, wie viel Material nötig ist. Zu jener Zeit war ich drogenabhängig und brauchte Geld.

An dem Tag, als ich zu ihm ging, war ich unter Kokain – und wenn das nachlässt, verkrampft man am ganzen Körper, und man fühlt sich nicht wohl – ich hatte an dem Tag zwei Gramm konsumiert, gute Qualität. Wenn man jeden Tag kokst, wird die Dosis immer höher. Heute würden zwei Gramm reichen, Sie und mich zu töten. Ich hab zu der Zeit selbst Drogengeschäfte gemacht, mit weichen Drogen allerdings …«

Sievers warf einen kurzen Blick her und nickte fast unmerklich. Er hielt sein Gegenüber bei dieser Thematik für belehrungsbedürftig.

»Wenn man von weichen Drogen spricht, meint man Marihuana und Hasch; da hatte ich einen Kundenkreis von circa hundert Leuten. Zu meinen Spitzenzeiten hab ich mehrere Kilo am Tag umgesetzt. Da hat's richtig geklingelt in der Kasse. Da konnte ich für ein Kilo locker fünfhundert Mark bekommen, aber irgendwann hat mir einer die großen Kunden weggeschnappt, mein Kundenkreis wurde immer kleiner, aber die Sucht ist geblieben. Zwei Gramm Kokain kosteten damals zweihundertvierzig Mark. Ich brauchte also Geld. So bin ich zu der Zeit immer mal wieder zu Konrad gefahren, weil ich dachte, im Prinzip kannst du dafür auch Geld nehmen. Ich hatte ihm angeboten, für fünfzig Mark Sex mit ihm zu haben, und er hat zugestimmt. Ich hab mich also prostituiert. Ich fand es zwischendurch aufregend, aber irgendwie war es auch eklig, und danach wollte ich immer gleich weg; hab mich dreckig gefühlt. Er war mir im Prinzip widerlich. Er war fünfunddreißig Jahre älter als ich.

Eines Tages fing er an und sagte, nachdem er Sex hatte: ›Kriegst nur noch fünfundzwanzig, mehr zahl ich nicht.‹ Obwohl der Preis ja vereinbart war.

Und an dem Tag, als ich das Aufmaß machte, fing er noch mal an, den Preis zu drücken, ist sehr laut geworden, sitzt am Tisch und springt plötzlich auf und packt mich am Oberarm, und ich steh auf und will ihn wegschieben, so« – Sievers hielt die gespreizte Hand vors Gesicht und drückte dabei mit dem Handballen ans Kinn, so dass der Kopf nach hinten kippte. »Ich kann's nicht genau rekonstruieren, jedenfalls schieb ich ihn so weg, und er beißt in meinen Finger und lässt nicht mehr los. Kann mich erinnern, dass ich dachte, der beißt mir den Finger ab; und ich merkte, wie der Schmerz genau hier – BAM – in den Bauch schießt – BAM – und explosionsartig nach oben – BUFF – meine Augen sind fast explodiert, und er hat nicht mehr losgelassen. In dem Moment, daran kann ich mich erinnern, hab ich ihn zur Kommode hin gedrängt, und da stand ein Gegenstand, den hab ich gegriffen und, ich kann mich noch erinnern – TOCKTOCK – daran kann ich mich erinnern – TOCKTOCK – zwei dumpfe Schläge, als wenn man Metall auf Holz knallt, also an dieses Tocktock kann ich mich noch erinnern, und im nächsten Moment liegt er seitlich auf dem Boden, und ich knie neben ihm und hab ein Messer in der Hand. Ich hab immer zwei Butterfly-Messer« – Sievers sprang plötzlich auf. »Ach, wollen Sie auch noch Kaffee? Ich brauch jetzt einen.«

Sievers warf die Kaffeemaschine an. »Ich muss also während der Auseinandersetzung ein Messer gezogen haben, das rechte. Aber ich weiß nicht mehr genau – die haben später gesagt, das sei eine Schutzreaktion vom Gehirn, dass es die Information nicht mehr zulässt, denn ich hab versucht, mich an die Bilder zu erinnern und wie der genaue Ablauf war, aber genau bekomm ich's nicht zusammen. Ich weiß, ich hatte das Butterfly-Messer in der Hand, das ist eins, das man so – TSCHTSCHTSCH – aufmachen kann. Kennen Sie das? Es ist beweglich, aber wenn's offen ist, und man hält die Griffe zusammen, dann ist es fest. Und als Drogendealer war ich schon mal überfallen worden, und seit der Zeit hatte ich immer zwei Messer hinten in den Taschen und hab ständig trainiert, damit ich die schnell ziehn kann, falls was ist. Damit ich mich verteidigen kann. Ich war eigentlich während dieser Drogenzeit immer bewaffnet. Auch mit einer Schreckschusspistole, 8 mm. Die hatte ich an dem Tag auch dabei, aber hatte sie bei ihm an der Garderobe abgelegt. Ich hatte die immer an einem Halfter getragen, war immer mit CS-Gas geladen, so dass ich bloß zu ziehen und abzudrücken brauchte. Ich hatte damals viel Angst vor den Abzockern. Wenn man mal so richtig überfallen worden ist, zusammengeschlagen und ausgeraubt wurde, da kann man nicht zur Polizei gehen und das anzeigen. Da muss man sich schon selbst verteidigen.«

Er zuckte die Schultern. Es war kein Ausdruck von Gleichgültigkeit. Es war eine Art, um Verständnis zu bitten. »Also die Butterflys hatte ich auf jeden Fall noch hinten drin. Ich hab bei der Ankunft Jacke, Mütze, Schal und das Halfter abgelegt, aber die Messer sind dringeblieben. Die waren da hinten in den Hosentaschen permanent drin. Die muss man ja auch eigentlich nicht ablegen.

Ich konnte in allen Variationen mit dem Messer umgehn, konnte es blind auf- und wieder zumachen – TSCHTSCH-TSCH –, hatte aber niemals zuvor jemanden damit bedroht oder verletzt. Fakt ist, dass ich an dem Tag das Messer gezogen hab und zustach. Dabei ging laut Gerichtsmedizin der Griff noch mit rein; also über die Klinge drüber ging der Messergriff noch rein in den Körper.«

Sievers stand auf und schenkte Kaffee ein. Er trank in großen Schlucken. Eigentlich war der Kaffee viel zu heiß, um ihn schon trinken zu können. »Ich kann mich an das Bild erinnern: Er lag seitlich. Die Augen offen, alles voll Blut, der Boden, er und ich – alles voll Blut, ich selbst blutete auch, mein Finger, meine Hand blutüberströmt, und bis heute kann man immer noch den Abdruck seiner Zähne auf dem Finger sehen.«

Er legte seine linke Hand auf den Tisch, und längs über den Zeigefinger zog sich eine tiefe, zweigeteilte Narbe.

Der Briefbeschwerer oder was es war, das weiß ich, der lag da auf der Kommode, das Messer hatte ich in der Hand. Aber die einzelnen Schritte kann ich nicht mehr rekonstruieren. In jedem Fall muss ich als Erstes nach diesem komischen Briefbeschwerer gegriffen haben. Er war aus Messing und sah ein bisschen so aus wie ein nach vorn sich beugender Mensch. Ich schlug damit zu, und dann zog ich das Messer. Und dann kann ich mich erinnern, dass ich danach total durchgeschwitzt war, hab getrieft mitten im Winter. Ich sah den Konrad da auf dem Boden und wusste im ersten Moment gar nicht, was passiert war. Bin ins Bad gerannt, hab mir das Blut abgewaschen, hab Klopapier um meinen Finger gewickelt und wollte weg. Doch ich bin noch mal zurück und sah, wie er lag, sich nicht rührte, nicht atmete. Und ich dachte, nee, Scheiße, wenn du jetzt abhaust, kommst du ins Gefängnis und dein Kind ist gerade mal ein halbes Jahr alt.«

Sievers sprach, als verlese er ein Protokoll.

»Ich begann also die Gegenstände wegzuräumen, wusste aber nicht, was ich zuerst machen sollte. Ich hab das Metallding in eine Tüte gepackt und mein Messer dazu und die

Tasse, woraus ich Kaffee getrunken hatte, hab ich ins Abwasch-becken geworfen und wollte verschwinden. Aber da ist mir eingefallen, im Aschenbecher liegen noch meine Zigaretten-kippen, und die hab ich genommen und in die Weinflasche, die er getrunken hat – hab sie einfach in die Weinflasche rein-geschmissen. – Klar, wenn ich's richtig gemacht hätte, hätt ich das alles mitgenommen und abgewaschen – aber ich war total kopflos, es war ja alles nicht geplant. Und dann bin ich nach Hause gefahren und dachte, wenn die Polizei klingelt, machst du das Fenster auf und springst. Ich hab im 13. Stock ge-wohnt.«

Sievers stand auf und verschwand im Bad. Es war eine kurze Unterbrechung, und er kam und setzte sich wieder auf den Stuhl zwischen Bett und Tisch mit Blick auf den laufenden Fernseher. Dort jubelten stumm Fußballfans und schwenkten die Fahnen. An dem Tag, als er nach Hause gekommen sei, sagte er, habe er sich hundeelend gefühlt. Richtig schlecht sei es ihm gegangen. Viermal, fünfmal habe er sich ein Bad ein-laufen lassen, habe versucht abzuwaschen, was an ihm klebte.

»Ich hab versucht, mich reinzuwaschen von dem, was ich getan hatte, wollte das irgendwie loswerden. Aber das ging nicht; man kann's nicht loswerden und man kann's auch keinem erzählen – das war schrecklich. Ich weiß nicht, ob man sich anders fühlt, wenn man es geplant hat. Aber wenn so was einfach passiert … ich frage mich, ob es eine Art Dammbruch gewesen ist. Mein Körper muss sich völlig entladen haben, alles, was in meinem Leben schiefgelaufen war, muss sich da, an diesem Tag, zusammengeballt haben und explodiert sein. Das war ein massiver Wutausbruch. Und der erinnert mich heute sehr an meinen Vater und wie er in seiner Wut über an-dere herfiel. So einen Ausbruch hatte ich noch nie zuvor. Der Konrad war mir ja nicht plötzlich widerlich geworden; er war mir immer schon widerlich gewesen. Und als er mich an diesem Tag anfasste, da brachen all die schlechten Gefühle durch, und statt ihm einmal aufs Auge zu schlagen, schlug ich wie ein Wahnsinniger zu. Und dann kam das Messer.

Ich hab ihn vor mir liegen sehn, hab gesehen, dass er völlig blutüberströmt ist, dass die Augen offen sind, dass er seitlich liegt, dass er nicht atmet. Hab ich Einstiche gesehen? Kann mich nicht erinnern, dass ich Einstiche gesehen hab, nur das Blut, das Messer voll Blut, meine Hände voll Blut – fffff«, er stieß die Luft aus. »Ich weiß nicht, ob ich Einstiche gesehen hab – fffff –, der hat ja auch irgendwas angehabt. Ich glaub, 'nen Schlafanzug hat er angehabt, so hat man Einstiche gar nicht sehen können.

Dieser Mann hat mich an meinen Vater erinnert in seiner dominanten Art, mit mir umzugehen. Beim ersten Mal hatte ich den Sex gar nicht gewollt, aber er hat sich durchgesetzt. Später kam das mit dem Geld dazu. Im Prinzip ein klarer Bruch der Abmachung. Statt fünfzig zahlte er nur noch fünfundzwanzig, nachdem die Arbeit so gesehen erledigt war. Und da war ich schon wütend gewesen, denn er hatte sich damit wieder durchgesetzt. Wie mein Vater. Er hat –« Sievers stockte, als habe er plötzlich vergessen, was er gerade sagen wollte. »Ja, dieser Konrad hat Familie gehabt. Und die beschreibt ihn als Alkoholiker, der auch ohne Alkohol sehr aggressiv war, sehr dominant, und anhand der Akten weiß ich, dass er nicht nur mit Männern Sex hatte, sondern dass er auch Kindern auflauerte und sie sexuell belästig hat. Er ließ sich schließlich scheiden und bekannte sich zur Homosexualität mit einem Hang zu schwachen und jungen Männern. Macht es Ihnen was aus, wenn ich eine rauche?«

Sievers stand auf und kam mit Zigaretten und Aschbecher zurück. Sein Rauchen hatte etwas dandyhaft Lässiges. Von dem Rauch, den er einsog, schien nichts wieder zum Vorschein zu kommen. Nur das Glimmen des von der Zigarette aufsteigenden Rauchfadens verbreitete den Geruch von Vanille.

»Wie die Polizei schließlich auf mich kam? Durch ein Telefonat. Konrad und ich hatten öfter miteinander telefoniert. Aber ich war für die Polizei zunächst gar nicht als Täter in Frage gekommen. Als sie dann kamen und mich zum Verhör holten, habe ich ein umfassendes Geständnis abgelegt. Und am Ende sollte ich das lange Protokoll durchlesen und unterschreiben. Jede einzelne Seite. Aber ich hab's nicht mehr ganz durchgelesen. Die ersten Seiten hab ich noch korrigiert, doch ungefähr ab der Hälfte, hab ich nur noch die Seiten unterschrieben, ohne sie zu lesen. Ich wollte es nicht noch einmal lesen müssen. Ich wollte das Ganze eigentlich nur noch hinter mich bringen. Ich wollte nur noch raus und weg. So habe ich auch die Seite mit der Frage unterschrieben: ›Haben Sie die Absicht gehabt, diesen Mann zu töten?‹ Und laut Protokoll soll ich geantwortet haben: ›Ja.‹ Und da ich die Seite unterschrieben habe, war das rechtskräftig.

So kam es zur Mordanklage.

Das war der zweite Schock. Der erste war die Tat, der zweite der Haftbefehl. Der dritte war dann das rechtsmedizinische Gutachten. Da standen die Verletzungen – Schädel, Brustkorb, Hals. Und ich frage: ›Das soll ich ihm verabreicht haben?‹ Und ich sage, das kann nicht sein, dass ich den so zugerichtet hab. Ich sage, ich kann mich an die Situation erinnern, wie der zubeißt, wie der Schmerz durch den Körper läuft, im nächsten Moment liegt er seitlich auf dem Boden, und ich hab ein Messer in der Hand und alles ist voll Blut – und dann die Zähne – ich konnte mir das alles nicht erklären. Wo kamen die Zähne her? Zwei Meter von ihm weg lagen vier Zähne. Er muss eine Teilprothese gehabt haben. Weiß nicht, wie die

Zähne da hingekommen sind, wie die rausgeflogen sind. Ich sage, wenn ich neunzehnmal auf den eingestochen hätte und dreizehnmal auf den Schädel gehauen, da müsst ich mich irgendwie dran erinnern. Dazu kam eine Halsschnittwunde bis zum Genickmuskel. Ich konnte das nicht glauben, dass ich das gewesen bin.«

»Waren Sie's?«

»Ich muss es gewesen sein, ich war ja allein mit ihm. Es war sonst niemand da. Ich hab jetzt nicht den Puls kontrolliert, aber er sah auf jeden Fall so aus, als ob er tot wäre, so blutüberströmt wie der war; kann mir nicht vorstellen, dass der noch weitergelebt hat. Die Gerichtsmediziner sagten, dass er an einer der Stichverletzungen gestorben ist. Und diese fehlende Erinnerung, dass ich derart oft auf ihn eingeschlagen und eingestochen haben soll, das ist schlimm. Das bleibt schlimm. Denn das Gehirn versucht zu rekonstruieren, was da passiert ist. Was ist da passiert? Was ist da passiert?«

Sievers hämmerte das heraus wie Morsezeichen.

»Ja, was ist da passiert?

Wenn man das nicht rekonstruieren kann, dann ist es, als säße ein Fremder in einem. Immer wieder versuchte ich, diese Bilder zum Vorschein zu bringen, um zu erfahren, was genau passiert ist, wie es passiert ist. Ein paar Teile sind noch da, und andere Teile sind komplett verschwunden. Und angeblich soll das ein Schutzmechanismus sein vom Gehirn, dass man damit klarkommt und nicht verrückt wird. Aber um klar damit kommen zu können, muss man wissen, was war.«

Sievers starrte auf die stumm vorbeiziehenden Fernsehbilder. »Ich hab so oft darüber gesprochen, dass es nicht mehr schwierig ist, diese Geschichte zu erzählen. Ich muss heute nicht mehr weinen. Jetzt ist alles Vergangenheit, wie die Kindheit.«

Er saß kerzengerade und blickte jetzt den Zuhörer an mit diesem Guten-Tag-was-kann-ich-für-Sie-tun-Blick. Er hatte bisher ohne Stolpern und Zögern gesprochen, mit nur kurzen Pausen, in denen er Kaffee trank oder rauchte. »Ich hab damals im Gefängnis gesagt, meine Strafe ist vielleicht auch nicht ganz gerecht, aber ich hab einen Menschen ums Leben gebracht, und damit hab ich Strafe verdient. Aber erst durch die sozialtherapeutischen Sitzungen hab ich angefangen, darüber zu reden. Hab erzählt, dass ich mit dem Mann ein Verhältnis hatte. Das hab ich ja davor nicht gesagt. Vor Gericht hab ich das nicht gesagt. Aus Scham geschwiegen. Wenn ich es gesagt hätte, hätte ich vielleicht mildernde Umstände bekommen. Aber ich konnte es nicht sagen. Auch meinem Anwalt gegenüber konnte ich nicht davon sprechen. Erst nachdem ich fünf Jahre lang in Haft war, konnte ich darüber sprechen. Mir ging's damals sehr schlecht.

Als Erstes muss man mit der totalen Abhängigkeit zurechtkommen. So gut wie alles, was man haben möchte, wird abgelehnt. Zum Beispiel ein Regenschirm. Einen Regenschirm darf man nicht haben. Aber wenn der Gang zur Arbeitsstelle fünfhundert Meter über ein freies Feld führt, würde man bei Regen gern mal einen Schirm benutzen, um anschließend nicht klatschnass arbeiten zu müssen. Doch Sicherheit und Ordnung der Anstalt sind anscheinend durch einen Regenschirm gefährdet, weil man den Schirm als Waffe benutzen könnte. Aus dem Grund ist auch ein Pfefferstreuer verboten. Viele Jahre durfte man gar keinen Pfeffer benutzen, denn den kann man auch in die Hand schütten und jemanden damit anpusten.

Man kann aber im Prinzip alles Mögliche als Waffe benutzen. Einen Stoffbeutel mit 'nem Stein drin oder ein Feuerzeug. Aus vielen Sachen lassen sich Waffen bauen. Filterzigaretten und

Tische müssten dann auch verboten sein. Aus einem Zigarettenfilter, der mit dem Feuerzeug heiß gemacht wird, entsteht ein harter Gegenstand. Aus dem lässt sich eine Pfeilspitze machen. Oder man kann ein Tischbein abbrechen. Ich meine, in manchem geht die Reglementierung einfach zu weit. Die Strafe ist ja nicht, im Regen ohne Schirm gehen zu müssen. Im Prinzip ist doch der Freiheitsentzug die Strafe.«

Sievers stand auf. »Wollen Sie auch noch Kaffee?« Er schenkte sich erneut Kaffee ein. Es war seine zehnte Tasse.

»Die ersten Jahre in der Haft waren furchtbar. Ich hatte alle Kontakte abgebrochen. Wollte mit niemandem mehr zu tun haben. Hab nur noch meine Arbeit in der JVA gemacht, dann – ZACK – rin in meinen Haftraum, Tür zu, den Gameboy genommen – ZACKZACK –, Fernseher an, und dann war alles andere verschwunden. Im Prinzip hab ich nur noch gespielt und Fernsehen geguckt, hab meine eigene Welt aufgebaut. Mein Tagesprogramm nach der Arbeit begann mit Marienhof, dann gab's Verbotene Liebe und danach kam Großstadtrevier. Dann noch ein bisschen Gameboy gespielt, Essen gekocht, abgewaschen, ins Bett gegangen und morgens wieder zur Arbeit. Ich hab eigentlich mit keinem mehr gesprochen. Mehr als zwei Jahre lang nicht.

Doch irgendwann konnte ich nicht mehr; bin nervlich zusammengebrochen. Ich konnte mit der Straftat und mit meinem gesamten Leben nicht mehr umgehen. Hatte überlegt, wie ich mich wegmachen kann. Ich wollte mich von mir selbst erlösen. Aber so einfach ist das im Knast nicht. Hatte mich über Möglichkeiten informiert. Mit Salz beispielsweise. Pro Kilo Körpergewicht braucht man ein Gramm Salz. Ich wog achtzig Kilo, hätte also 80 Gramm Salz schlucken müssen. Und wenn der Körper das aufgenommen hat, stirbt man. Soll ein qualvoller, aber sicherer Tod sein.

Und dann kam ich in Therapie.

Ich musste lernen, mir selbst zu verzeihen, um mein Leben weiterleben zu können. Sich selbst verzeihen zu können ist schwierig. Doch wenn man sich die Tat nicht verzeiht, zerstört man sich. Ich glaube heute, dass man ohnehin irgendwann beginnt, das Ganze zu verarbeiten. Es gibt ja nur die beiden Möglichkeiten: Entweder man kann's verarbeiten, oder man leidet darunter und zerstört sich im Prinzip damit. Ich hab mein Leben lang gelitten, in der Kindheit, in der Jugend, in der Haft. Doch mit der Therapie war die Zeit gekommen, wo ich sagte: ›Schluss. Jetzt möchte ich leben.‹

Ich hab mich heute im Griff und hab mein Leben geordnet. Hatte mehrere Schulden, die während der Haft aufgelaufen sind. Mietschulden, Darlehensschulden, Unterhaltsschulden. Das ist jetzt alles bezahlt. Ich bin heute schuldenfrei.«

Sievers Handy brummte. Er stand auf und verschwand in der Küche. Es dauerte lang, bis er wieder erschien. Er hatte die Zigarette im Mundwinkel und ging die wenigen Schritte zwischen Tisch und Fenster mehrmals hin und her, bis er sich setzte. »Jara«, sagte er. »Sie hat mich wieder versetzt. Sie müsse am Wochenende zu Hause bleiben, weil der Mann Gäste eingeladen habe. Die müsse sie bewirten, hat sie gesagt. Sag ich, na toll, da sehn wir uns wieder nicht. Wie schon letztes Wochenende. Und ich sag: ›Ich kann so nicht weiterleben, ich bin nervlich fertig. Mir geht's nicht gut. Ich bin fix und fertig.‹ Sag ich zu ihr, dann müssen wir es so machen, du lebst dein Leben und ich meines, und dann war es das. Und da sagt sie wieder, sie wolle mit ihm reden. Aber ich weiß, sie wird nie mit ihm reden, weil sie gar nicht die Absicht hat, von ihm wegzugehen. Sie sagt, sie kann mir keine konkrete Aussage machen, wie es werden wird mit uns; sie hätte ja gleich zu Anfang gesagt, dass sie mir nicht geben könne, was ich brauche.

Sag ich, leg doch mal die Karten auf den Tisch. Wenn ich dich heirate, können sie dich nicht mehr abschieben, kannst du Arbeitslosengeld beantragen und hier nach einer Stelle suchen. Nein, sie möchte sich nicht fest binden, sie war schon mal verheiratet, zwei Jahre mit einem Weißrussen, von dem sie auch die Tochter hat. Sag ich, du kennst mich doch nun ein Jahr, wir haben uns kaum gestritten. Du kennst mich doch, ich hab kein Drogenproblem, kein Alkoholproblem, ich hab Arbeit und liebe dich. Sie schweigt. Ich sage, es gibt drei Möglichkeiten, entweder wir beenden die Sache oder wir leben eine feste Beziehung, oder als dritte Variante, die Fickbeziehung bleibt, und ich such mir 'ne neue Freundin.«

————

Das nächste Gespräch mit Alex Sievers fand Monate später statt. Das Apartment war unverändert, nur das TV-Programm war neu. Eben trat eine hübsche blonde Frau lachend aus einem bayerischen Landhaus, dessen drei Balkone mit roten Geranien verhangen waren.

»Ich hab die Erfahrung gemacht«, sagte Sievers, »dass sich Menschen zurückgezogen haben, als sie von meiner Tat erfuhren. Wenn ich offen und ehrlich war und alles erzählte, haben sich im Prinzip alle Beziehungen aufgelöst. Die Leute gingen sofort auf Abstand. Das ist heute nicht anders. Auch mit Jara nicht. Auch sie bleibt auf Distanz. Aber ich bin nicht mehr so unzufrieden damit. Ich leide nicht mehr darunter. Ich bin mehr und mehr froh, dass ich meine Ruhe hab. Wir sehen uns jetzt einmal im Monat, und das reicht mir. Ich hab gelernt, dass mir Ruhe wichtiger ist als der tägliche Trubel.

Am Anfang wollte ich unbedingt mit ihr zusammenziehen. Ich war fünfzehn Jahre ohne Beziehung, und da wollte ich gleich alles haben. Wenn sie damals zugestimmt hätte, wäre ich jetzt verheiratet. Sie hätte wahrscheinlich den Job verloren, und ich müsste für sie sorgen und mich auch noch um ihre drogenabhängige Tochter kümmern.

Wir kennen uns seit über einem Jahr, und jetzt, nach dem gemeinsamen Urlaub, bin ich froh, wieder allein zu sein. Zu Anfang der Beziehung hab ich sehr gelitten, wenn sie nicht da war. Jetzt ist es mir egal.«

Jetzt habe er seine Familie neu entdeckt, sagte Sievers. Seine Brüder jedenfalls. Die Eltern seien ja tot. Vor allem mit Sascha, seinem älteren Bruder, habe er ein sehr gutes Verhältnis. Dann seien da noch Patrick und der Halbbruder Nicolas.

»Vor einigen Wochen ist Nicolas von Patrick niedergestochen worden. Patrick leidet seit einiger Zeit unter einer Psychose und sieht Gespenster. Er sagt: ›Saschas kleine Tochter wird innerhalb der nächsten vierzehn Tage sterben müssen.‹ Und damit das nicht passiert, muss einer von uns Brüdern sich opfern. Er würde sich auch selbst hinrichten, wenn keiner von uns bereit sei. Solche Dinge hat er gesagt. Und: Er wird dafür sorgen, dass es keine Kriege mehr gibt. Er hat an Angela Merkel geschrieben, ein siebenundzwanzigseitiges Protokoll voller Warnungen. Sie solle ihren Zorn zähmen, schrieb er, sonst bekäme sie seinen zu spüren.

Patrick hatte in jener Nacht bei Nicolas übernachtet. Und mitten in der Nacht hat er seinem Halbbruder Tränengas ins Gesicht gesprüht. Da hat Nicolas unterm Bett nach einem Knüppel gegriffen – keine Ahnung, warum Nicolas einen Knüppel dort hatte – und hat Patrick damit auf den Kopf geschlagen. Darauf ist Patrick in die Küche gerannt und hat ein Messer geholt und hat auf Nicolas eingestochen. Er hat dem Halbbruder durch die Brust gestochen. Da kam das Messer unter der Achsel wieder raus, und der Halbbruder ist schwerverletzt aus dem ersten Stock gesprungen. Er hat sich den Fuß gebrochen und konnte nicht weiter, aber zufällig kamen zwei Passanten vorbei, die ihn beschützt haben gegen den Bruder. Denn der kam runtergerannt mit dem Messer in der Hand und wollte weiter auf Nicolas einstechen. Er hat ihn plötzlich als Fremden und Feind gesehen und gar nicht mehr als Bruder erkannt. Patrick wurde schließlich überwältigt und fortgebracht. Seitdem befindet er sich in der geschlossenen Psychiatrie. Dort hat er zu Anfang sogenannte Betonspritzen bekommen. Die schalten die Synapsen ab, so dass man weder sprechen noch laufen kann.

Mittlerweile ist er wiederhergestellt. Er erkennt uns wieder als seine Brüder. Doch wenn das Messer ein paar Zentimeter weiter unten in Nicolas' Brust eingedrungen wäre, dann wär unser Halbbruder im Prinzip verstorben. Und damit kommt Patrick gar nicht klar.

Patrick ist für schuldunfähig erklärt worden, wird aber lebenslang Medikamente nehmen müssen. Die Ärzte sagen, er werde womöglich sein Leben lang unter Aufsicht stehen müssen. Wenn er entlassen wird, komme nur betreutes Wohnen in Frage, sagen sie.

Im Prinzip ist meine Beziehung zu meinen Brüdern sehr innig, zumindest zu meinen leiblichen. Zum Halbbruder ist sie seit dem Angriff von Patrick leider schlecht geworden. Nicolas nimmt mir den Kontakt zu meinem Bruder Patrick übel. Aber ich werde Patrick nicht im Stich lassen.

Mit Sascha hab ich ein sehr gutes Verhältnis. Wir helfen uns gegenseitig. Mir ist wichtig, dass ich mit ihm und seiner Familie genügend Zeit verbringen kann. Das ist mir wichtiger, als mit der Freundin zusammen zu sein.«

Sievers griff nach den Zigaretten auf dem Tisch, eine ausgefallene Marke mit filterlosen ovalen Zigaretten, und zündete sich mit einem winzigen Feuerzeug eine an. »Ich hab mich jetzt vor allem um meinen Sohn zu kümmern. Der steckt in einer sehr problematischen Phase. Er ist fünfzehn, 1,82 groß, fünfundsiebzig Kilo schwer und möchte nicht mehr zur Schule gehen.

Drei Monate lang war er in der Psychiatrie in der geschlossenen Abteilung, weil er gewalttätig gegen seine Mutter vorgegangen ist und auch ein Drogen- und Alkoholproblem hat. Jetzt ist er auf einer speziellen Schule, und der Leiter hat gesagt, sie hätten schon viele harte Nüssen zu knacken gehabt, aber meinen Sohn hätten sie nicht knacken können, der mache komplett zu und haue immer wieder ab. Er baue nur Mist, hat der Leiter gesagt. Er selbst komme genauso wenig an ihn ran wie alle andern. Und wenn das so weiterginge, hat der Schulleiter gesagt, dann müsse mein Sohn wieder in die geschlossene Abteilung. Ich sagte, es sei gut, wenn er von der Straße wegkäme, aber natürlich sei Freiheitsberaubung nicht so gut. Das ist ja generell nicht gut, aber vielleicht jetzt der einzige Weg, ihn zur Vernunft zu bringen. Wenn man noch einige Jahre wartet, dann ist wahrscheinlich keine Rettung mehr. Dann befürchte ich, wird es bei ihm zu Straftaten kommen, die in die JVA führen.«

Sievers schien plötzlich nicht mehr jemand zu sein, der unter den Forderungen und Vorschriften anderer litt, sondern begann selbst als ein strenger Vater Forderungen zu erheben. »In der Psychiatrie benutzen sie Medikamente und die Gummizelle. Das ist in einigen Fällen notwendig. Aber körperliche Gewalt, sagen sie, werden sie nur ausüben, wenn mein Sohn gewalttätig wird. Sie werden ihn dann zu Boden strecken, und ab in die Gummizelle mit ihm. Und dann gibt's Medikamente; und solange er die nicht genommen hat, geht's aus der Gummizelle nicht raus. Er hat mir selbst gesagt, dass er für circa zwei Stunden in so eine Zelle eingesperrt war. Es hat nichts genutzt. Er ist aggressiv geblieben. In ihm ist alles nur Widerstand.

Ich kann ihn relativ gut verstehen, weil ich in seinem Alter auch so rebellisch war. Allerdings hab ich mir auch viel gefallen lassen, hab nachgegeben und geschluckt und bin irgendwann explodiert. Heute weiß ich, ich darf mir Dinge nur bis zu einem gewissen Punkt gefallen lassen, und dann muss ich reagieren. Ich drück mich nicht mehr vor einem Problem. Heute stell ich mich ihm. Früher konnte ich das nicht, und dadurch haben sich Spannungen und Frustration aufgebaut, und das führt irgendwann zur Explosion.

Genauso ist's bei meinem Sohn. Wahrscheinlich fühlt er sich oft nicht genügend beachtet und ernst genommen. Jemand fordert eine Arbeit von ihm, die er nicht erledigen kann. Aber er sagt zunächst zu, ist einverstanden, sagt, ist gut, ich mach's, und dann macht er es doch nicht, weil er's nicht kann, und kriegt Schwierigkeiten. Und weil er seine Schwäche nicht eingestehen will, wird er rebellisch.«

Sievers schüttelte fast unmerklich den Kopf. »Das Problem ist, dass er in seinem Widerstand keinen ranlässt. Ich war ja sein Leben lang nicht für ihn da. War zeit seines Lebens in Haft, und darunter leidet er, glaub ich. Aber er verweigert sich meinen Einreden total. Er geht nicht mehr zur Schule und hängt nur mit seinen Freunden rum.«

Sievers stieß ärgerlich Rauch aus. »Zu den Schwierigkeiten mit meinem Sohn kommen die mit der Kindesmutter. Sie will, dass ich mich im Prinzip ihren Anordnungen füge. Sie will bestimmen. Und das seh ich nicht ein.«

Er fuhr sich mit zwei Fingern über die Augenbraue, als wolle er sie glätten. »Ich verbrauche meine Energie, um meinem Sohn weiterzuhelfen, und stehe anschließend als Dummer da. Als einer, der unrechtmäßig gehandelt hat, weil er als

Vater nicht die Kindesmutter um Erlaubnis gebeten hat. Da setze ich mich zur Wehr, bevor ich wieder in ein Loch falle und denke, ich bin nichts wert. Bevor mein Selbstbewusstsein wieder kaputtgeht und ich mir die Schuld für Dinge gebe, für die ich nichts kann, sage ich Stopp, so nicht. Dass ich am Zustand meines Sohnes schuld sein soll, den Schuh zieh ich mir nicht an.« Sievers stand auf und hatte Mühe, seinen Unmut in Zaum zu halten. Ich fragte nach dem Butterfly-Messer. Besaß er es noch?

»Nee, seit damals nicht mehr. Ich hab's direkt nach der Straftat weggeschmissen. Da dürfte es heute noch liegen. Mein Sohn hat sich auch ein Messer angeschafft, um sich zu verteidigen, wie er sagt. Hab ich gesagt, da soll er sich lieber einen Schraubenzieher einstecken oder ein Feuerzeug. Denn wenn man eine Waffe bei sich hat, ist man auch eher bereit, sie zu ziehen. Und meist ist es ja in Verletzungs- oder Tötungsabsicht.

Heute besitze ich gar keine Waffen mehr. Hab auch nie was Waffenähnliches mehr dabei. In der Küche hab ich ein scharfes Messer, und das wird nach Gebrauch sofort abgewaschen und verschwindet in der Schublade. Messerblöcke sind mir unangenehm. So was mag ich nicht. Ich mag's nicht sehen. Und ich weise die Leute darauf hin, dass man bei einem Konflikt schnell in den Messerblock reingreifen kann und in einer Art Kurzschlussreaktion das Messer dann benutzt. Ich mag herumliegende Messer überhaupt nicht. Und wenn jemand mit dem Messer herumfuchtelt, während er in der Küche was schneidet, gehe ich aus dem Raum. Ich finde es einfach gefährlich. Auch weil es nicht leicht ist, sich bei einem Angriff zurückzuhalten. Vor kurzem bin ich abends mit Einkäufen nach Hause gekommen und bin vor meiner Haustür in eine körperliche Auseinandersetzung gezogen worden.«

Er rauchte jetzt auf eine nervöse, ungehaltene Weise und blies den Rauch geräuschvoll aus. »Direkt neben der Haustür ist eine Kneipe. Dort stand ein Betrunkener, und als ich mit meinen Einkaufstüten an ihm vorbeigehe, pöbelt er mich an und behauptet, ich hätte ihn aus der Kneipe geworfen. Und im nächsten Moment bekomm ich einen Schlag ab. Es war klar, der wollte sich prügeln. Ich bin in den Hauseingang, und der Kerl hat versucht, die Scheibe einzuschlagen. Da hab ich die Polizei gerufen.

Als sie eintraf, konnte ich alles erklären. Auch, dass ich den Mann nicht angefasst hatte. Gott sei Dank, denn wenn der unglücklich gefallen wär, das wär bei meiner Vorgeschichte nicht gut gewesen. Es war schwierig, die Füße stillzuhalten. Aber wenn ich den geschubst und der sich verletzt hätte, dann wär ich wahrscheinlich gleich wieder in der JVA gelandet. Meine Bewährung wäre aufgehoben worden, meine Arbeitsstelle weg gewesen, mein Leben in Freiheit auf Jahre zu Ende, und das nur, weil ich mich verteidigt hätte.

Da sag ich mir, renn lieber weg oder steck ein. Wenn er mich allerdings in die Ecke gedrängt hätte, und ich wär nicht mehr weggekommen, dann hätt ich mich verteidigen müssen. Wenn mir so was noch mal passieren sollte, werd ich zusätzlich noch einen Sicherheitsabstand einhalten, mindestens einen Meter fünfzig. Ich muss im Prinzip höllisch aufpassen, dass ich nicht in irgendwas verwickelt werde.

Die Polizei hat mich überprüft und gleich gesehen, dass ich auf Bewährung bin. Das war sehr unangenehm, weil mein Vermieter dazukam. Der hat nicht gewusst, dass ich eine Haftstrafe hinter mir habe. Mit einer Vorstrafe steht man immer schlecht da. Ja, ich kann die andere Seite auch verstehen. Als ich vor meiner Straftat auf der Arbeit jemanden kennengelernt hatte und hörte, der war wegen Totschlags im Gefängnis, im

Prinzip so wie ich, da hab ich sofort Abstand genommen und gewusst, dass ich mit so einem nichts zu tun haben wollte. Für mich war der ...« Sievers suchte nach einem Wort. »So einer war für mich im Prinzip – Abschaum. Und genauso denken andere jetzt über mich.«

Sievers fuhr mich zum Bahnhof. Er hatte mich nicht mit dem Taxi fahren lassen wollen. Das Geld könne ich sparen, er wolle ohnehin noch beim Chinesen was essen. Wir fuhren durch die schlecht beleuchteten Straßen des Stadtrandes, und ich lobte sein Auto, einen italienischen Sportwagen, der alt, aber in bestem Zustand war. Das Lob gefiel ihm, und er lächelte. Das Leben sei schön im Prinzip, wenn es genügend Schönes gäbe, sagte er. »Schöne Frauen, schöne Autos, schöne –« Sievers stockte. Das dritte Schöne blieb ungesagt.

Der Mensch ist ein Tier,
das andauernd unbewusst
Geschichten erfindet. Wir weben
uns ständig eine storyline für
unser eigenes Leben zusammen.
Und wir wissen heute sogar, wo diese
Geschichte entsteht: in der linken
Hemisphäre des Gehirns, in einem
Areal, das ich den Interpreten nenne.

Michael Gazzaniga,
Neurowissenschaftler

9

WAHRHEIT

Fünf von neun, sagte der Anstaltsleiter hinter seinem auf-
geräumten Schreibtisch hervor, also über die Hälfte, sagte er,
der hier einsitzenden, zu lebenslanger Haft verurteilten
Frauen erklärten sich für unschuldig. Die Gründe dafür seien
vielfältig.

In jedem Falle lasse sich feststellen, dass Frauen häufig in die
Opferrolle flüchteten, um besser vor der Welt und vor allem
vor ihren Familien dazustehen. Die Angst, die Angehörigen
und insbesondere die Kinder könnten sich von einer Mörderin
abwenden, diese Angst, dann buchstäblich von allen verlassen
zu sein, sei ein häufiger Grund für die Tatleugnung. Gewalt sei
immer noch männlich konnotiert und stünde im Widerspruch
zum gängigen Frauenbild. So habe eine Mörderin auch bei
den Mitgefangenen einen schweren Stand.

Der Anstaltsleiter war ein freundlicher älterer Herr, der Wert
darauf legte, nicht aus Schwaben, vielmehr aus dem Badischen
zu stammen. Er hatte in seinem hellen Büro ein großes Poster

aufgehängt mit sonnenbeschienenen Weingärten in schwingender Landschaft, die auch einem Nichtbadenser reizvoll erschien.

Ja, er vermisse diese fruchtbare, genussreiche Gegend mit ihren bekömmlichen Weinen, die vor allem dort, in dieser milden Luft, so besonders gut schmeckten, sagte er mit einem leisen genießerischen Schmatzen. Und wenn der Herr Direktor jetzt zwei Gläser hervorgeholt, eine Flasche entkorkt und in diesem vergitterten Raum zu einer kleinen Weinprobe eingeladen hätte, es wäre mir ganz natürlich erschienen. Aber er blieb bei der Sache und sprach über Persönlichkeitsstörungen, die bei Straffälligen oft vorlägen, wie die histrionische, bei der man sich im eigenen Lügengespinst einrichte, sprach vom antisozialen Charakter mit fehlender Reue und vom narzisstischen mit seinem Gefühl von Großartigkeit und dem übermäßigen Bedürfnis nach Bewunderung. Solche Störungen könnten Grund für eine Tatleugnung sein und die Aufarbeitung der Tat verhindern.

Sicher, sagte er, beim Studium mancher Akten könnten Zweifel an der Täterschaft aufkommen. Die Anstaltsleitung aber könne sich solche Zweifel nicht erlauben. Sie müsse das Urteil vollziehen und von der Schuld des Verurteilten ausgehen. Sonst könne man nicht arbeiten, und – der Anstaltsleiter lächelte schmerzlich – sonst würde man verrückt. Ob nun eine Verurteilte das Beil gar nicht geschwungen, eine andere den Hammer nie in der Hand gehabt habe, diesen Fragen könne und dürfe eine Justizvollzugsanstalt nicht nachgehen.

———

Die drei Frauen saßen im selben Gefängnis, in derselben Abteilung und waren zu lebenslanger Haft verurteilt. Alle drei beteuerten ihre Unschuld. Sie seien zu Unrecht verurteilt und Opfer eines Justizirrtums.

Matilda Boulanger, 48, seit neun Jahren in Haft.
»Viele Menschen denken, ihnen kann das nie passieren. Aber es kann jedem passieren, glauben Sie mir. Man wird plötzlich aus dem Leben herausgerissen und landet hier. Sie denken, Sie gehören zur anderen Seite, aber mit einem Mal stimmt das nicht mehr. Sie haben mit der Sache nichts zu tun, sind nur zufällig am selben Ort und werden verhaftet. Und dann glaubt Ihnen niemand die Unschuld, denn die Indizien deuten auf Sie, und schon stecken Sie hier drin.

Doris Reiser, 65, seit zehn Jahren in Haft.
»Ich bin auf Kreta wegen Mord verurteilt worden, und ich hab die Tat nicht begangen. Ich war das nicht. Wir waren auf einer Segelyacht, und ich weiß überhaupt nichts mehr. Es muss uns jemand betäubt haben, und ich bin erst im Krankenhaus wieder aufgewacht. Ich hatte keine Ahnung, was da passiert ist. Ich selbst war schwerverletzt, und wenn die mich eine Stunde später gefunden hätten, dann wär ich heute auch tot. Die Polizei hat mich neben einem Toten gefunden und gleich gesagt: ›Aha, da ham wir ja die Mörderin.‹«

Yvonne Gruber, 36, seit fünf Jahren in Haft.
»Ich selbst weiß, dass ich die Tat nicht begangen hab und dass ich zu Unrecht hier sitze. Aber wenn ich das ins Positive für mich umwandle, dann hab ich in der Zeit, in der ich hier bin, viel für mich und meine Zukunft mitgenommen. Meine Verwandlung zu einer gefestigten Persönlichkeit, die hätte ich in der Zeit draußen nicht geschafft. Ich hab mir gesagt, ich mach das Beste aus der Situation und lass die Anwälte alles abarbeiten, was notwendig ist, und so kämpfen wir um eine Wiederaufnahme. Aber das heißt nicht, dass man nicht verzweifelt ist. Letztlich bin ich verurteilt, ob ich's war oder nicht.«

Die Frauen kannten sich seit Jahren, waren aber auf Distanz zueinander geblieben. Freundschaft gäbe es nicht im Knast. Und mit Vertrautheiten hielte man sich besser zurück, hatten sie gesagt. Zu den Gesprächen kamen sie einzeln im Stundentakt und mit immer dem gleichen Ablauf. Sie traten durch die Gittertür in den Bereich der Sprechzimmer, gingen hinter der Wachperson den Flur entlang, warteten auf deren Nicken, das den Eintritt gestattete, betraten den Sprechraum, reichten dem Besucher die Hand und setzten sich an den Tisch. Die Beamtin verwies auf die Alarmanlage und verschloss die Tür.

Wir saßen nun gemeinsam fest. Und anders als sonst bei den Gesprächen, begann dieses Zusammensein mit der Zeit auf diffuse Weise zu verbinden. Es schuf eine Art konspirativer Atmosphäre, auf der beide Seiten nicht nur etwas vom Gegenüber erwarteten, sondern auch der Eindruck entstand, beide verfolgten das gleiche Interesse. Nicht mehr nur Lebensgeschichte, Wahrheit sollte ans Licht.

1 An jenem Abend waren wir vergessen worden. Wir saßen schon zwei Stunden über die vorgesehene Zeit im Gespräch. Dämmerung hatte sich breitgemacht, und schließlich war Mathilde Boulanger aufgestanden und hatte das Licht angeknipst. »Ich komm mir sonst vor wie im Beichtstuhl«, hatte sie gesagt. »Dort sieht man ja auch nicht, wem man von bösen Taten erzählt. Ich will das aber sehn.« Sie lachte ein ansteckendes Lachen. Es brach aus ihr heraus. Nichts an ihr wirkte gekünstelt. Mit Spontaneität und Offenheit schien sie dem Besucher entgegenzustürmen, als wolle sie eine kritische Distanz erst gar nicht zulassen.

»Das Schlimme war, dass ich vor Gericht saß und mir zu

sicher gewesen bin. Ich hab gedacht, okay, das muss nun alles verhandelt und überprüft werden, aber du hast ja nichts Böses getan, man kann dich nicht verurteilen. Ich war mir vollkommen sicher und bin sehr bestimmt und selbstbewusst aufgetreten. Und dieses Auftreten hat dem Gericht nicht gefallen. Wie ein Makel steht im Urteil: sehr dominant.«

Sie stieß die Luft aus. »Natürlich hab ich eine dominante Art. Seit ich achtundzwanzig bin, bin ich selbständig. Dominant ist doch nicht immer negativ. Aber das Gericht sagte, ich wäre manipulativ und hätte es daher geschafft, den Manfred zur Tat zu bewegen. Heute sage ich«, sie machte eine kreisschlagende Handbewegung, »jeder Mensch ist verurteilbar. Manfred hat die Tat gestanden und erklärt, er habe es getan, um mir einen Gefallen zu tun und meinem Exmann eine Abreibung zu verpassen. Aber an der sogenannten Abreibung ist mein Mann gestorben. Ja«, sagte sie. »Und vier Wochen nach der Beerdigung wurde ich verhaftet und angeklagt wegen Auftrags zum Mord. Vor Gericht hat Manfred gesagt, dass ich ihm keinen Auftrag gegeben habe, aber die Richter fanden, dass er kein Motiv hatte und dass nur ich dahinterstecken konnte.«

Sie fuhr sich mit gespreizten Fingern durchs kurze blonde Haar, das für einen Moment hochstand wie ein Stachelkranz. »Wissen Sie, ich habe eine schöne Kindheit gehabt. Nicht in Deutschland, in Nordafrika. Fünfundzwanzig Kilometer von Algier entfernt.« Erinnerungen seien das, die unverwüstlich hafteten, vor allem wegen des wunderbaren Vaters. Er stammte aus Algerien und habe sich so besonders liebevoll um sie gekümmert.

»Ich war das Nesthäkchen und hatte seine ganze Aufmerksamkeit. Ich liebte meinen Vater und dieses Land. Ich erinnere die Wärme, das Licht, das Meer gleich hinter der Straße, die

Frauen im Schatten ihrer Höfe und erinnere die Freiheit, die wir Kinder hatten – kennen Sie Algerien?«

Sie schaute mich erwartungsvoll an.

»Es ist ein tolles Land. Ich erinnere mich, dass ich bei Schulfotos immer die Tafel mit der Jahreszahl halten musste. Und wenn Sie diese Bilder anschauen, sehen Sie ein Kind, das anders ist als alle andern. Ich war ein weißblondes Kind. Aber glauben Sie mir, ich habe mich nicht anders gefühlt. Ich war dort nie fremd. In Nordafrika war man als Kind, egal welcher Hautfarbe, überall willkommen. Die Nachbarn sind wie Tanten und Onkel gewesen. Die Häuser standen nicht streng und verschlossen nebeneinander, alles war miteinander verbunden und offen. Vielleicht, weil dort das Gesetz bestand, dass einem Dieb die Hand abgehauen wird. Ich habe das als Kind einmal erlebt, zwar nicht gesehen, aber ich wusste, dass es an diesem Tag auf dem Marktplatz passiert.

Als ich zehn war, hat meine Mutter mit uns Kindern Algerien verlassen und damit den Kontakt zu meinem Vater abgebrochen. Vollständig. Bis heute kenne ich den Grund für die Scheidung nicht. Ich habe meinen Vater nicht mehr wiedergesehen und bin auch nie mehr nach Algerien gereist. Ist das nicht merkwürdig? Doch kurz ehe ich inhaftiert wurde, hatte ich geplant, hinzufahren, um eine Erbangelegenheit zu regeln. Man muss vor Ort sein, um dort ein Erbe antreten zu können. Das wurde nun nichts, aber das mache ich mit etwas Verspätung, wenn ich rauskomme.«

Sie schaute her und lachte. »Ach wissen Sie, die Zeit dort hat ein anderes Maß.«

Sie fuhr sich wieder durchs Haar. »Vor Gericht wurde mir alles Böse in die arabische Abstammung gesteckt. Dabei bin ich Französin, wenn es um die Staatsangehörigkeit geht. Aber Französin hört sich niedlich an. Eine Französin ist immer süß.

Eine Araberin hingegen – da ist das Wort schon hart. An einer Araberin kann nichts niedlich sein. Stimmt's?«

Sie lachte und stand auf. Sie müsse sich immer mal bewegen, sagte sie und ging einige Schritte auf und ab. Mit ihrer sportlichen Figur im gutsitzenden Jogginganzug wirkte sie wie ein Personal Trainer, der mit seiner Energie Menschen dahin bringen kann, wohin er sie haben will.

»Ich habe eine Ausbildung zur Krankenschwester und habe den Beruf gern gemacht. Ich war in der Chirurgie, und die Leitung hat mich häufig auf die Männerstation geschickt. Geh du hin, Mathilde, hieß es immer, bei dir schämen sie sich nicht, wenn sie gewaschen werden. Vielleicht war es meine Art, ich konnte das immer irgendwie lustig angehen. Der Job hat mir gefallen, aber ich hab zu viel Bedrückendes mitgenommen. Früher lag man viel länger im Krankenhaus, und so bekamen wir vieles vom Leben der Patienten mit. Das ist mir nahegegangen, und ich konnte schließlich nicht mehr abschalten.

Es war Ostern, als ich zur normalen Frühschicht ging, und nach der Frühstückspause bin ich an meinen Schrank, hab mich umgezogen und bin weggegangen, mitten in der Schicht. Und nie wieder zurück.

Dann hab ich die Baufirma eines Bekannten übernommen. Er hatte Krebs im Endstadium und konnte nicht mehr. Er war Subunternehmer von großen Firmen, machte Hoch- und Trockenausbau. Du schaffst das schon, hat er gesagt. Ich hab nächtelang gelernt und mich eingearbeitet, und es hat geklappt. Ich hab die Firma drei Jahre lang geführt und schließlich hab ich meinen Mann kennengelernt, bin schwanger geworden, und mein Sohn kam auf die Welt. Ich hab die Firma verkauft und mit meinem Mann zusammen ein Fitnessstudio aufgemacht.« Sie lachte. »Ja, das ging alles blitzschnell, und alles lief gut. Meine Schwiegereltern liebten ihr Enkelkind und kümmerten sich darum, und mein Mann und ich konnten in Ruhe das Geschäft aufbauen. Uns ging es richtig gut. Wir hatten ein Haus, ein gutgehendes Geschäft, ein wunderbares Kind, unseren permanenten Babysitter« – sie lachte wieder – »und genügend Zeit für uns. Es hätte nicht besser sein können.«

———

Zum ersten Gespräch hatte Doris Reiser einen Packen Papier mitgebracht. Sie habe hier mal was aufgeschrieben, sagte sie. »Was sollte ich dreiundzwanzig Stunden eingeschlossen in der Zelle tun?« Sie wolle nun gar nicht lang mit mir reden, denn hier läge alles schriftlich vor. Schließlich ließ sie sich doch auf ein Gespräch ein. »Aber nicht länger als eine halbe Stunde«, sagte sie, dann könne sie nicht mehr sitzen, der Bandscheiben wegen. Sie sei überhaupt in einem beklagenswerten Zustand, die Lunge, die Bronchien, alles kaputt, die Nieren funktionierten nur noch zu zwanzig Prozent, und dazu die eingeklemmten Nerven. Sie sei krankgeschrieben, und das bedeute eben Einschluss.

Doris Reiser war vor acht Jahren aus Griechenland in ein deutsches Gefängnis gebracht worden. Sie habe zwei Jahre lang nicht nur um die Verlegung nach Deutschland gekämpft, sagte sie, sondern vor allem, um zu ihrem Recht zu kommen. Sie habe daher neben den Medien, den Papst, den griechischen Patriarchen und die Bundeskanzlerin um Hilfe angerufen, aber von keinem Antwort, geschweige denn Hilfe erhalten.

Reiser war eine große, knochige Person, mit sehnigen Armen und einem Drang, sich immer wieder den Rücken zu kratzen. Sie sprach mit einer weichen, fast kindlichen Stimme, die unversehens hart werden konnte, sobald sie an der vollen Zustimmung ihres Gegenübers zu zweifeln schien.

»Ich bin Einzelkind, und mein Vater hat mich vergöttert und meine Mutter hat mich geliebt. Ich kann mich erinnern, wie mein Vater ihr mal einen neuen Wintermantel schenken wollte, und da sagte Mutter, ich brauch keinen neuen Mantel, aber das Kind braucht einen.«

Sie begann zu weinen. »Ach meine Eltern, um Himmels willen, meine Eltern, ich bin heute noch am Trauern, dass sie nicht mehr da sind. Mein Vater ist vor zwölf Jahren gestorben, meine Mutter vor zehn. Wir haben miteinander in unserem Haus gewohnt. Ein Dreifamilienhaus, und sie haben meinen Sohn mit aufgezogen. Den haben sie vergöttert. Ich war mit meinem Mann im Geschäft, und meine Eltern haben sich zu Hause um alles gekümmert. Wenn wir kamen, rief Mutter bereits von oben: ›Habt ihr Hunger? Ihr könnt kommen, wenn ihr wollt.‹ Sie ließ uns die Entscheidung. Beide waren sie so rücksichtsvoll. Meine Mutter mochte auch meinen Mann. Er war ihr Prinz. Sie hat ihn vergöttert und unseren Sohn sowieso.«

Sie wischte eine Träne. »Uns ging es gut. Alle waren glücklich.«

Die Tränen rannen, wurden weggewischt, und Frau Reiser fuhr fort zu erzählen mit diesem rheinischen Akzent, durch den das Leben irgendwie heiter erschien.

»Dennis hab ich fünf Jahre nach meiner Scheidung kennengelernt. Er war ein Bekannter von Freunden und sah gut aus, groß, blond, schlank, lustig und unternehmungsfreudig. Wir mochten uns gleich. Er lebte die Hälfte des Jahres in Griechenland, sanierte Yachten und überführte sie, wohin die Eigner wollten. Eines Tages wurde ihm eine Yacht zum Kauf angeboten. Es war eine Gelegenheit, und er entschloss sich, sie zu kaufen. Ich beteiligte mich mit fünfzigtausend Mark. Die Sanierung war aufwendig und kostspielig, aber schließlich wurde es ein tolles Schiff, und wir segelten wochenlang in der Ägäis. Das war richtig schön.«

Sie lächelte, und ihr faltiges Gesicht zerknitterte dabei ganz. »Das Schiff sollte aber nicht nur kosten, sondern auch was einbringen.« Um es rentabel zu machen, hätten sie daher begonnen, das Schiff zu verchartern. Mit Dennis am Steuer und ihr in der Kombüse. Die Gäste seien aufs Beste bewirtet worden und hätten sich wohl gefühlt. Die längste Zeit des Jahres allerdings habe sie in Deutschland verbracht, im elterlichen Haus und in ihrer Firma, einem Maklerbüro, während Dennis beim Schiff blieb, reparierte, restaurierte, modernisierte und dafür immer mehr Geld gebraucht habe.

»Ich hab weit über 145 000 Euro in das Schiff gesteckt. Es war damals für 190 000 Mark gekauft worden, wurde hergerichtet und schließlich auf 600 000 Euro geschätzt.«

Frau Reiser nickte. »Ja, das war viel Geld.« Und obwohl sie mittlerweile gewusst habe, was für ein Hallodri dieser Dennis sei, habe sie ihm immer wieder Geld gegeben. »Er hatte mir versprochen, nie mehr untreu zu sein, aber das war in den Wind gesprochen. Er war einfach hemmungslos. Kamen junge Frauen aufs Schiff, machte er sich gleich an sie ran.«

Trotz seiner vielen Affären habe sie sich nicht vom ihm getrennt, sondern ihn immer weiter finanziell unterstützt. Denn sie habe darauf hingearbeitet, nicht nur das investierte Geld wiederzubekommen, sondern auch an der Rendite beteiligt zu sein.«

Sie begann an ihrem Hemd zu nesteln. Es war ein weites

kariertes Flanellhemd, das sie überm T-Shirt trug, und das sie fahrig zuzuknöpfen suchte. Aber die Knöpfe wollten nicht ins Knopfloch, und so gab sie es auf und zog stattdessen das Hemd mit beiden Händen über der Brust zusammen, um es gleich wieder aufklappen zu lassen und mit dem Knöpfen fortzufahren. Es entstand ein unruhiges Hin und Her, das nur von kurzen Pausen unterbrochen war.

»Es hieß ja, dass wir, dass Dennis und ich, das Ganze vertraglich regeln würden. Aber der Vertrag kam nicht zustande.« Und da sie als Maklerin mit Verträgen Bescheid gewusst habe, frage sie sich heute, warum sie nicht entschieden auf einer vertraglichen Vereinbarung bestanden habe. »Manchmal hat man einfach ein Brett vor dem Kopf.«

Mehr und mehr habe sie sich aber in den letzten Jahren von diesem Mann abgewandt und sich schließlich sogar richtiggehend abgestoßen gefühlt, vor allem wegen seiner Darmprobleme. »Er war mir unangenehm geworden. Drei-, viermal im Jahr, vielleicht auch fünfmal, flog ich hin und machte Druck.

Hab gesagt: ›Du hast mir versprochen, dass das Schiff verkauft wird, und du lässt das schleifen. Ich kann dir nur eins sagen, wenn du dich weigerst, geh ich zum Anwalt und klag das Geld ein.‹ Das wollte er auf keinen Fall, und da hat er alles gemacht, was ich wollte, und hat schließlich das Schiff zum Verkauf angeboten. Also ich war eigentlich auf einem guten Weg, und wir haben beide damit gerechnet, dass das Schiff im nächsten Jahr verkauft werde. Dann hätte ich mein Geld wiedergehabt und wäre weg gewesen. So lang aber musste ich noch durchhalten.«

Weshalb sie zu einem Zeitpunkt, da ihr der Mann, wie sie sage, bereits unerträglich geworden sei, eine gemeinsame Reise in die Dominikanische Republik geplant habe?

Das sei alles nur gewesen, um ihn bei Laune zu halten und wieder an ihr Geld zu kommen, sagte sie, und zwar mit Zins und Zinseszins. »Das ist ja viel Geld gewesen, was in dem Schiff steckte. Das hab ich unbedingt wiederhaben wollen. Und ich meine, so berechnend, wie der war, konnte ich auch sein.

Wir wollten über Weihnachten reisen. Das wäre in zehn Tagen gewesen. 5000 Euro für zwei Personen hätte das gekostet. Das Geld hatte ich von der Bank abgeholt und in meiner Tasche aufbewahrt, zusammen mit Ausweisen, Kreditkarten und wertvollem Schmuck. Das ist nun alles weg. Nichts davon hab ich wiedergesehen.«

Und dann habe es da noch die Sache mit den 75 000 Euro gegeben. Frau Reiser zog die Brauen hoch. Ihre blauen Augen lagen matt und tief im kantigen Gesicht und der nachlässig aufgetragene Lidschatten schien die Glanzlosigkeit noch zu verstärken. Sie habe das Geld auf einer griechischen Bank angelegt gehabt, sagte sie. »Die Anlage war ausgelaufen, und ich wollte das Geld mit nach Deutschland nehmen. Hab ich zu Dennis gesagt, nimm das runter und leg es auf einer anderen Bank kurzfristig an, bis ich es mit nach Hause nehm. Und irgendwann frag ich ihn, hat das geklappt mit dem Geld? Sagt er, jaja. Und dann hab ich nicht mehr dran gedacht und hab auch nicht mehr nachgefragt.«

Warum sie nicht mehr nachgefragt habe?

Sie habe es vergessen, sagte sie.

Sie sprach jetzt mit verhaltener Stimme, hauchte manche Mitteilungen nur, als lege sie eine Beichte ab. »Im Nachhinein hat mein Sohn eruiert, dass Dennis die 75 000 auf sein Konto hatte umbuchen lassen und dann abgehoben hat.«

―――――

Yvonne Gruber war lächelnd eingetreten, doch ihr Lächeln hatte sich schnell aufgelöst, und ihr hübsches Gesicht erschien jetzt mit den schier lidschlaglosen Augen maskenhaft. Sie sprach laut und deutlich, doch leiernd, als zitiere sie einen faden Text. »Meine Kindheit? Zwischen mir und Mutter war Liebe pur. Aber mein Vater hat mir sehr gefehlt. Ja, als Erstes empfinde ich Verlust. Meine Eltern waren geschieden, und Vater ist früh gestorben. Für Mutter war Vater die große Liebe ihres Lebens, auch nach der Trennung. Später hat sie wieder geheiratet, und der neue Mann hat sie sehr geliebt. Aber heute würd ich sagen, dass das gar keine Liebe war. Ich seh die Dinge jetzt klarer. Liebe hat nichts mit Besitzdenken zu tun.« Genau das aber hätte die Liebe des Stiefvaters bestimmt. Er habe die Mutter als Besitz angesehen und sie und ihre Liebe ganz für sich haben wollen, »ungeteilt eben«, sagte sie. »Für mich sollte nichts übrig bleiben.«

Mit vierzehn habe sie Ralf kennengelernt. »Er war siebzehn und meine große Liebe. Später haben wir geheiratet und bekamen zwei Kinder. Doch nach neun Jahren ging die Ehe in die Brüche. Wir hatten einfach zu jung geheiratet, und unsere Interessen waren nicht in die gleiche Richtung gegangen.

Ich bin ein Naturmensch und liebe es, draußen im Wald, am See zu sein, Rad zu fahren, zu wandern, Bergtouren zu machen. Ralf interessierte das alles nicht. Schließlich hab ich gedacht, wenn ich schon alles allein mache, kann ich auch allein leben. Gemeinsam einsam geht nicht. Ralf hat um mich gekämpft, aber ich wollte nicht mehr. Er war meine große Liebe gewesen, aber jetzt war's vorbei. Und nach zwei weiteren Ehen kam dann der Traummann in mein Leben. Er war in jeder Beziehung ein Traummann und umgekehrt genauso. Wir wollten eine Familie gründen mit seinen zwei und meinen beiden Kindern. Wir haben unsere Zukunft geplant, im großen Haus, mit unseren vier Kindern – und das ist der Grund, weshalb ich hier bin.«

»Deshalb sind Sie hier?«

»Also, der Mann ist tot.«

2 Sie habe sich nach zehn Jahren von Daniel, ihrem Mann getrennt, sagte Mathilde Boulanger. »Wir trennten uns, aber ließen uns nicht scheiden. Daniel ist ein Mensch, der keine Gefühle zeigen kann, genau wie meine Mutter. Er hat mir hundertmal gesagt, dass er mich liebt, aber auf eine Art, die mir nicht reichte. Ich hab ihn nicht gespürt. Das hat er nicht verstanden. Er war der beste Mann, den man sich vorstellen kann, aber er konnte kein Gefühl zeigen. Man konnte sich auf ihn verlassen. Unbedingt. Aber auf der emotionalen Ebene war er sehr verkümmert. Er hat mich geliebt. Da bin ich sicher. Aber ich konnte so gefühlsreduziert nicht mehr leben.

Wir blieben auch nach der Trennung gute Freunde. Auf diese Weise änderte sich nicht viel. Unser Kind wurde nach wie vor von seinen Eltern betreut, Daniel kam täglich ins Studio, und ich ging täglich zu meinen Schwiegereltern und holte unsern Sohn ab. Es war fast wie immer, nur dass wir nicht mehr miteinander schliefen. Ein halbes Jahr nach der Trennung lernte ich einen Mann kennen, und sechs Monate später bin ich wieder schwanger geworden. Mit diesem Mann begann die Katastrophe.

Torsten hat mir am Anfang das gegeben, was ich mir gewünscht habe, Wärme, Herzlichkeit, Leidenschaftlichkeit, und kaum war ich schwanger, ging das los mit den Aggressionen. Er möchte nicht, dass ich noch Kontakt zu meinem Exmann habe. Der solle nicht mehr ins Studio kommen und mich sehen. Ich hab das erst gar nicht verstanden, hab gesagt, Daniel hat doch auch kein Problem mit dir. Nein, rief er, er wolle ihn nicht mehr im Haus haben und auch nicht im Studio. Daniel solle anderswo trainieren. Das hab ich aber nicht eingesehen. Warum sollte ich den Vater meines Kindes, mit dem ich mich gut verstand, aber keine Beziehung mehr lebte, warum sollte ich ihn aus meinem Leben verbannen, nur weil der eifersüchtige Neue das so wollte? Ich ließ alles, wie es war, und damit begann der Stress.

Sie fuhr sich durchs Haar. »Das Problem verschärfte sich, weil Jonathan, mein zweiter Sohn, eine tiefe Zuneigung zu Daniel entwickelte. Und umgekehrt Daniel zu dem Kind. Der leibliche Vater war nicht da, war beruflich viel unterwegs und hatte keine Zeit für sein Kind. Ich war selbständig und musste schauen, wie ich klarkomme. Also, wenn das doch gepasst hat, warum sollte ich es ändern? Wenn mein Kind abends gefragt hat: ›Darf Daniel noch kommen und das Spiel mit mir weiterspielen‹, hab ich nicht nein gesagt. Was hätte ich auch für ein Argument gehabt: Der darf nicht kommen, weil er nicht dein Papa ist? Das wäre doch Schwachsinn gewesen. Ich seh sie noch sitzen und ein Spiel spielen, ein Bild, das wie eingebrannt ist in meinem Kopf. Die waren so verbunden, die beiden. Dachte mir, so sollte sein Vater mit ihm sein. Und jetzt« – sie schaute zum Fenster und nichts verriet, was in ihr vorging. »Jetzt hat Jonathan zwei Väter verloren.«

Mathilde Boulanger schwieg und stieß dann die Luft aus. »Er lebt nun bei meiner Schwester. Der leibliche Vater kümmert sich nicht um ihn, so betreut sie ihn, solange ich in Haft bin.«

———

Frau Reiser sah erschöpft aus und ihre knochige lange Gestalt kam ganz gekrümmt daher. Sie kündigte bereits beim Eintreten an, dass sie heute nur kurz sprechen wolle; fünfzehn Minuten höchstens.

Sie hatte zu diesem Gespräch ihr Flanellhemd gegen einen Pullover getauscht und statt der Aktionen mit dem Hemd fuhr sie nun beständig in die neue wippende Lockenfrisur.

»Was am letzten Abend war? Wie der abgelaufen ist, wollen Sie wissen? Da ist gar nichts abgelaufen, ganz normal war der.«

Sie fuhr sich ins Haar. »Ich glaube, es war ein Sonntag. Wir hatten am Nachmittag Besuch gehabt, ein Kunde, der eine Tour buchen wollte, war gekommen. Den Rest der Zeit waren wir allein. Dennis hat irgendwas repariert. Ich war am Streichen. Abends hab ich gekocht, und wir haben gemeinsam gegessen. Nur wir beide waren auf dem Schiff. Es war ein ganz normaler Abend. Dennis schaute noch fern, und ich bin frühzeitig schlafen gegangen und dann zwei Tage später im Krankenhaus wieder aufgewacht.«

Sie fuhr sich ins Haar und mit gepresster Stimme: »Von Sonntagnacht bis Mittwochmorgen … so lang kann doch niemand schlafen. Aaahhh … ich darf nicht daran denken … «

Frau Reiser schnappte nach Luft. »Da muss uns doch jemand betäubt haben«, rief sie. »Wieso weiß ich denn nichts von den zwei Tagen? Wieso hat uns niemand gesehen? Jetzt erzählen Sie mir, was da los war. Ich schlaf doch keine zwei Tage durch. Es muss irgendwie ein Gas reingeleitet worden sein, damit der oder die in Ruhe das Schiff ausräumen konnten. Meine Münzsammlung, mein Schmuck, das Geld, alles weg.«

Sie begann zu weinen. »Ich lag im Koma im Krankenhaus, und da kamen die Richterin und der Staatsanwalt und die Richterin sagte, wir können die Frau ja gar nicht befragen, was machen wir denn jetzt? Sagte der Staatsanwalt, gar nichts müssen wir machen. Hier liegt doch die Schuldige, die war's doch.

Der Mitarbeiter vom deutschen Konsulat hat mir das erzählt. Ich war für die Justiz von vornherein die Täterin. Ich hatte tiefe Einschnitte am Hals kreuz und quer unterhalb der Ohren und auf den Innenseiten der Unterarme. Sehnen, Blutgefäße und Nerven waren durchtrennt. Die Gerichtsmediziner sagten, das Schnittmuster könnte auf einen fremden Täter schließen lassen, könne aber auch von mir selbst stammen. Sie haben gesagt, bei einem ernsthaften Selbstmordversuch wäre so was möglich.«

Sie beugte sich über den Tisch her, als wären ihre Worte sonst nicht zu verstehen. »Nichts wurde untersucht, gar nichts. Können Sie sich das vorstellen? Und der Anwalt war ein Grieche, der nur Griechisch sprach, und ich spreche kein Griechisch, verstehn Sie, und der deutschsprechende Anwalt saß während des Prozesses nicht neben mir, sondern eine Reihe vor mir. Ich saß eine Woche lang in der Verhandlung und hab nichts verstanden. Ich saß da wie eine Blöde.

Sie haben mich zu achtzehn Jahren verurteilt. Das heißt, die haben mir nicht nur lebenslänglich gegeben, sondern mich zu einer Zeitstrafe verurteilt. Achtzehn Jahre sechs Monate wäre die Höchststrafe gewesen.

Wie? Was mit Dennis passiert ist?«

Sie fuhr sich wieder ins Haar. »Der wurde mit eingeschlagenem Schädel gefunden. Angeblich mit dem Hammer erschlagen.«

Die Polizei habe festgestellt, sagte sie, dass die Kabinentür von außen verschlossen gewesen sei. Das hätte für eine dritte Person als Täter gesprochen. Aber der Zeuge, der sie so belastet habe, eben jener John, der hätte steif und fest behauptet, die Tür zur Kabine wäre von innen verschlossen gewesen. Er hätte auch den Hammer, der im Meer gefunden wurde, als den zur Yacht gehörigen identifiziert. Das sei aber ein großer Vorschlaghammer gewesen, ein Gerät, sagte sie, das niemals auf einer Yacht benutzt würde. Doch seiner Aussage sei das Gericht gefolgt, und es habe Folgendes rekonstruiert: Mit dem Hammer hätte sie ihrem Lebensgefährten den Schädel eingeschlagen und anschließend die Tatwaffe ins Meer geworfen. Dann sei sie aus der Kabine durch das Bullauge nach draußen gestiegen, vom angehängten Schlauchboot aus die Bordwand hochgeklettert, über eine Treppe wieder nach unten gegangen, um im vorderen Schiffsteil Suizid zu begehen. »Ja. Das war die Theorie des Gerichts, aufgrund der ich verurteilt wurde.«

Sie begann wieder zu weinen. »Wissen Sie, ich darf nicht darüber nachdenken, sonst werd ich verrückt. Dass so was in Europa möglich ist. Ich dreh noch durch.«

Sie wischte die Tränen mit dem Handrücken. »Jetzt erklären Sie mir bitte, weshalb ich solch ein Manöver hätte machen sollen, wenn ich Selbstmord begehen wollte? Das Gericht hat nicht danach gefragt und nach einem andern Täter gar nicht erst geforscht. Sie hatten ja mich.« Sie nahm das angebotene Taschentuch.

»Warum Dennis' Mörder mich hat leben lassen?«, Frau Reiser zögerte. »Laut Aussagen der Ärzte wär ich eine halbe Stunde später tot gewesen. Verblutet. Und diese Schnitte kann sich keiner selbst zufügen, auch wenn die Gerichtsmediziner das behauptet haben. Man kann sich nicht selbst den Hals aufschneiden. Da wär ich gleich in Ohnmacht gefallen und hätte die andern Schnitte nicht mehr machen können.«

Sie schwieg.

Ob man das Messer, mit dem die Verletzungen beigebracht wurden, gefunden habe?

Es sei erst gar nicht danach gesucht worden, sagte Frau Reiser.

———

»Seit der Trennung von meinem ersten Mann«, sagte Yvonne Gruber, »hab ich nur Fehlgriffe gemacht. Ich hab einen Mann geheiratet, der mich halb totgeschlagen hat. Ich hätte fast mein Augenlicht verloren. Und hier, am Bauch, hab ich eine ganz große Narbe, die ich auch ihm zu verdanken hab. Die stammt von einer OP, die ich fast nicht überlebt hätte. Ich zeig's Ihnen ruhig mal.«

Sie zog ihr T-Shirt hoch und zeigte ihren glatten weißen Bauch, über den eine rote Narbe lief. »Das gehört jetzt zu meinem Leben. Und der Mensch, der mir das angetan hat, hat mich nicht nur damals gequält und geschlagen, sondern hat auch im Strafprozess gegen mich ausgesagt, und diese Aussage hat mit zu meiner Verurteilung geführt. Was er vorgebracht hat? Er hat vor Gericht ausgesagt, ich hätte weder im Krankenhaus gelegen noch mein Augenlicht fast verloren. Im Gegenteil, er habe im Krankenhaus gelegen, sagte er, weil ich ihn mit einer Schere angegriffen hätte. Er hat sich gefreut, mich noch mal mit seiner falschen Aussage quälen zu können.

Und der Dritte, den ich geheiratet hab, der hat mich auch schlechtgemacht vor Gericht. Hat behauptet, ich hätte versucht, ihn zu vergiften. Oft sei ihm vom Essen schlecht geworden, und er hätte sich übergeben müssen. Dabei haben wir alle das Gleiche gegessen. So haben beide Männer mich eigentlich zweimal gequält. Einmal körperlich und dann noch mal mit ihrer Aussage.«

Der erste Ehemann, sagte sie, habe sie nicht schlechtgeredet, aber sich doch irgendwie zurückgehalten, was das Positive in ihrer Beziehung betroffen habe. Immerhin sorge er gut für die beiden Kinder. Sie lebten jetzt bei ihm.

»Ich hatte einen unfähigen Anwalt. Der hat mich im Strafprozess vertreten, obwohl er gar kein Strafrechtler war. Und wenn man wie ich nie mit dem Gesetz in Berührung gekommen ist, nicht mal einen Strafzettel bekommen hat, denkt man, es wird schon alles gutgehen. Und dann kommt es doch zur Verurteilung, auch durch solche Menschen, die es nicht gut mit einem meinen.«

Das sei ja ein Indizien-Prozess gewesen, und die Indizien hätten gegen sie gesprochen. »Wenn es keine Tathinweise und Beweise gibt, dann sucht das Gericht das Leben der Angeklagten nach Indizien ab. Aha, wird dann gesagt, die war dreimal verheiratet, und jeder Mann war lieb und nett, und dennoch hat sie sich getrennt und die Männer leiden lassen. Dabei ist der eine ja vorbestraft gewesen. Aber vor Gericht hat er gesagt, er wäre gar nicht vorbestraft und hätte mich auch nie geschlagen, und der Richter hat ihn und seine Aussagen als glaubwürdig eingestuft.«

»Hätte sich das nicht unschwer widerlegen lassen?«

»Wenn der Rechtsanwalt aufsteht und sagt: ›Der Zeuge bekundet die Unwahrheit, hier ist das Attest und die Bestätigung der Bewährungsstrafe‹, dann muss der Richter das prüfen. Aber der Anwalt ist nicht aufgestanden. Er hat gar nichts vorgelegt. Also, das war nicht die Schuld des Richters, sondern die des Anwalts.«

»Ihnen wurde vorgeworfen, Ihren Traummann umgebracht zu haben?«

Yvonne Gruber schaute mich an, groß und lidschlaglos. »Ja. Aber es gibt keine Beweise. Ich wurde nur aufgrund von Indizien verurteilt.«

»Wie sollen Sie den Mann getötet haben?«

»Erschlagen, mit der Axt.« Sie wandte den Blick nicht und schaute mich immer noch auf diese starre Weise an. »Ja, das sind schon aufwühlende Gespräche«, sagte sie. Sie saß reglos und schien eine fremde Geschichte zu referieren, die sie nicht berührte.

»Für mich war die Welt zusammengebrochen. Das wär ja auch nicht normal, wenn jemand bei so was nicht zusammenbrechen würde. Das wär für mich ganz unnormal. Und wie ich Ihnen gesagt hab, war ich dann stationär in der Psychiatrie und zweieinhalb Monate in der Trauertherapie, aber in meinem Urteil stand, ich wär in der Zeit in einem Wellness-Urlaub gewesen. Es ist ein Satz, der ganz dick und fett in meinem Urteil steht. Es war klar, dass das nicht so gewesen ist, aber so steht es drin.«

Warum sie den Psychiatrieaufenthalt nicht habe glaubhaft machen können?

»Sie wissen doch gar nicht, welche Indizien ein Richter heranzieht. Und dann schreibt er in das Urteil, die Angeklagte ist in einem Wellness-Urlaub gewesen. Und der zweite Satz lautet: ›Sie blieb der Beerdigung fern.‹ Und dann setzt er noch andere Indizien aus meinem Leben dazu, und wenn man das so liest, denkt man: böse Frau. Die macht nach der Tat einen Wellness-Urlaub und bleibt auch noch der Beerdigung fern.«

»Das haben Sie so hingenommen und keinen Widerspruch eingelegt?«

»Es kommen viele Faktoren dazu. Das erklär ich Ihnen jetzt noch mal.« Ihr Ton wurde mit einem Mal energisch. »Ich hab den Prozess während des stationären Aufenthalts in der Psychiatrie geführt. Ich bin abgeholt worden von meinem Bekannten und wurde wieder zurückgebracht in die Klinik und stand während der ganzen Zeit unter starken Medikamenten. So. Das ist das eine. Und ich hab Ihnen ja gesagt, dass ich den Prozess nicht mit einem Strafrechtler geführt hab. So haben die Unfähigkeit des Anwalts und manche Dinge, die ich in meinem Leben nicht so ganz richtig gemacht hab, zur Verurteilung geführt.«

Es seien vor allem die vielen Beziehungen gewesen, die ihr übel ausgelegt worden wären. Dabei sei sie die nur eingegangen, um den perfekten Mann zu finden. Heute wisse sie, dass es das Perfekte nicht gebe, und wisse auch, dass die Suche danach sie schließlich hierhergebracht habe.

»Sie wollen wissen, wo die Tat geschehen ist? Bei uns auf dem Grundstück. Das war für jedermann zugänglich, an drei Stellen konnte man es betreten. Es wurde auch fremde DNA gefunden, aber dem ist nicht nachgegangen worden. Ich wurde damals aus der U-Haft ohne Auflagen entlassen, aber mit der Feststellung, dass mir der Prozess gemacht werde. Für mich war klar, dass sich alles zum Guten wenden wird, und so bin ich dann auch, wie es sich gehört, zum Prozess erschienen. Aber statt eines Freispruchs hab ich lebenslänglich bekommen.«

Sie schwieg.

»Haben Sie einen Verdacht, wer Ihren Verlobten umgebracht haben könnte?«

»Es gibt viele Möglichkeiten, wer als Täter in Frage kommt, aus seinem Umfeld, aus meinem.« Ihr energischer Ton hatte sich verloren, und sie sprach wieder in dieser unbeteiligten Weise. »Wir waren eineinhalb Jahre zusammen, waren seit sechs Monaten verlobt und standen kurz vor der Hochzeit. Der Umzug ins neue Haus sollte in einer Woche stattfinden. Mit diesem Menschen wollte ich meinen Lebensabend verbringen. Ich habe ihn über alles geliebt. Dieser Mann war meine ganz große Liebe und hätte normalerweise an meine Seite gehört. Es war das erste Mal seit meiner ersten Ehe, dass ich Glück und Liebe erfahren hab. Das war schon Bestimmung oder Schicksal, dass wir zwei uns gefunden hatten, und mir fehlt jede Erklärung, warum uns dieses Glück genommen wurde. Weiß nicht, warum ich diese ganz große Liebe nicht leben durfte. Ich finde keine Antwort. Aber die Zuversicht, die schon meine Mutter gehabt hat, dass irgendwann im Leben immer die Wahrheit ans Licht kommt, die ist ein Stück Hoffnung, die mich trägt. Vielleicht muss ich die Zeit nicht absitzen, und es geschieht ein Wunder, und die Tür geht auf.«

In der Tür stand die Beamtin und rief: »So, die Nächste kommt«, und Doris Reiser trat ein.

3 Sie sei schwer erkältet, sagte Frau Reiser und könne heute nur kurz und mit dem Taschentuch an der Nase mit mir reden.

»Ich hab damals, als ich verhaftet wurde, nur gedacht, in einer Woche bist du wieder draußen. Ich bin nicht zusammengebrochen, dachte ja, das kann nur ein Irrtum sein. Und darin hat mich mein Anwalt bestärkt. Frau Reiser, hat er gesagt, Sie sind gleich wieder draußen, und: ›Jetzt werden wir eine Kaution stellen, dann sind Sie morgen frei.‹ Aber das hat alles nicht geklappt. Bis zum Schluss hat der gesagt: ›Frau Reiser, Sie werden nicht verurteilt.‹ Der hat nur geredet und für Nixtun zwanzigtausend Euro kassiert. Und das Schönste, er hat vereinbart, dass er meinen Sohn anruft, wenn er Geld braucht. Und mein Sohn hat immer brav geschickt, aber weder eine Quittung noch eine Rechnung erhalten. Bis heute nicht. Dieser Anwalt hat nur kassiert, schwarz, logischerweise schwarz.

Ich hab damals versucht, den Prozess in Deutschland zu führen, aber die Griechen haben mich nicht hergegeben, weil die Tat in ihrem Land passiert ist. Der Antrag, nach der Verurteilung in ein deutsches Gefängnis überführt zu werden, wurde dann relativ schnell bewilligt. Innerhalb eines Jahres nach Antragsstellung war ich hier. Und gleich hat mir meine Freundin einen guten Anwalt besorgt. Der hat nur den Kopf geschüttelt. Solch eine Prozessführung gäbe es in Deutschland nicht, sagte er, und, Frau Reiser, ich weiß genau, dass Sie die Wahrheit sagen, aber die deutsche Justiz kann nicht gegen ein Urteil aus dem europäischen Ausland vorgehen. Da bliebe nur der europäische Gerichtshof, sagte er, aber um bis dahin zu kommen, müssten zuvor sämtliche Möglichkeiten ausgeschöpft sein. Und das wäre ein jahrelanger Vorgang, bis ein Wiederaufnahmeverfahren in Griechenland durchginge. Das könnte bis zu zwanzig Jahren dauern.«

Sie schniefte in ihr Taschentuch, hinter dem ihre Stimme dumpf klang. »Du lieber Himmel, zwanzig Jahre, wer weiß, ob ich da überhaupt noch lebe. Daher hat mein Anwalt jetzt ein Gnadengesuch gestellt. Er will versuchen, mich auf diesem Wege rauszukriegen. Die Staatsanwaltschaft hat nach Vorliegen des Gnadengesuchs eine Beurteilung von allen, die mich betreuen, angefordert. Sozialarbeiter, Arzt, Psychologin, Anstaltsleitung, alle haben das Gnadengesuch befürwortet.«

Leise mit weicher, fast kindlicher Stimme: »Mein Anwalt ist realistisch. Er sieht für mich keinen anderen Weg als das Gnadengesuch. Ich bin nervlich am Ende. Ich hab keine Kraft mehr, jahrelang zu warten. Die sind hier zwar alle nett zu mir, doch weil ich nicht arbeite, bin ich dreiundzwanzig Stunden eingesperrt. Jetzt lassen sie meine Zelle zwei Stunden zusätzlich auf, und dann lauf ich in dem großen Aufenthaltsraum auf und ab, damit ich mich bewege. Das haben sie mir erlaubt.«

———

Mathilde Boulanger hatte bisher nicht erzählen wollen, was sie über die Tat wusste. Jetzt begann sie von selbst, darüber zu sprechen. »An diesem Dezemberabend war das Studio bereits geschlossen. Ich hatte die Abrechnung beendet, die Vordertür abgeschlossen und war hinten durch den Personalausgang hinausgegangen. Ich wollte nach Haus. An der Treppe stand Daniel. Er stand da und sagte nichts. Er stand nur da und schaute vor sich hin.

Ich hab gesehen, dass Blut vom Kopf übers Gesicht rann. Als Krankenschwester wusste ich, dass Blut am Kopf selbst aus kleinen Wunden richtig rausschießt, so war ich nicht übermäßig beunruhigt. Ich hab ihn gefragt, ob er gefallen sei, was passiert sei, aber er antwortete nicht, und ich hakte ihn unter und führte ihn die Treppe hoch, legte ihn auf die Liege und rief den Notruf an, holte Handtücher, und als ich zurückkam, hatte er sich im Bistro auf die Couch gesetzt. Ich gab ihm das Handtuch, und er nahm es auch, und da kamen schon die Rettungsmediziner und versorgten ihn und fuhren ihn ins Krankenhaus. Ich hatte gar keine Zeit, zu versuchen, ihn zum Sprechen zu bringen. Und Notarzt und Sanitäter haben später gesagt, dass er auch bei ihnen nichts geredet habe.

Im Krankenhaus kommt nach zwei Stunden der Arzt zu mir und spricht von einer OP. Und ich sage, für eine Platzwunde eine OP? Sagt der Arzt: ›Ihr Mann ringt gerade um sein Leben.‹ Ich konnte das nicht fassen. Eben saß er noch auf dem

Sofa und hält sich das Handtuch an den Kopf, und nun soll er um sein Leben ringen?

Sie haben ihn dann ins künstliche Koma versetzt, und zehn Tage später war er tot. Das Blutgerinnsel hatte auf die Hirnmasse gedrückt und eine Schwellung verursacht, die das Gehirn absterben ließ. Sie haben ihm noch den Schädel geöffnet, aber die Schwellung war nicht zurückgegangen. Die Rechtsmediziner haben festgestellt, dass er drei schwere Schläge auf den Kopf bekommen hat.«

Sie schüttelte den Kopf. »Für eine Abreibung hätte doch ein Faustschlag genügt, oder?«

Sie schwieg.

Ja, sie habe Stress gehabt mit Daniel. Wegen neuer Geräte, die er angeschafft habe, ohne es mit ihr abgesprochen zu haben. Darüber habe sie sich bei Manfred und seiner Frau beklagt. »Es war, weil sie für meinen Ärger Verständnis hatten und um mir Luft zu machen. Sie hörten sich alles an und trösteten mich.«

Mathilde Boulanger sprang plötzlich auf und begann hin und her zu gehen. Sie könne sich vorstellen, sagte sie, wie sich das Ganze abgespielt habe. »Manfred hat ausgesagt, er habe zu Daniel gesagt, er wolle mit ihm reden, und da sei mein Mann drohend auf ihn zugekommen. Aber ich kenne meinen Mann, der ging Ärger immer aus dem Weg. Er wird zu ihm gesagt haben, er soll ihn in Ruhe lassen. Doch Manfred behauptete, mein Mann hätte ihm einen Schlag auf die Brust gegeben, und da habe er sich wehren müssen. Mit einer Eisenstange. Ja, Manfred hatte eine Eisenstange dabei, und die hat er auch eingesetzt. Also das war nicht nur eine Abreibung. Aber Manfred blieb dabei, dass er keinesfalls die Absicht hatte, Daniel zu töten, sondern ihm nur einen Denkzettel verpassen wollte. Seine Frau, die im Auto auf ihn wartete, hat ausgesagt, dass er gesagt habe: ›Hoffentlich lebt er noch.‹ Doch diese Aussage der Frau wurde vom Gericht nicht geglaubt. Manfred wurde zu lebenslänglich verurteilt.

———

Zu diesem Termin war Yvonne Gruber streng zurechtgemacht erschienen. Sie trug das Haar nach hinten gebunden und wirkte im schwarzen Leinenkostüm und weißem T-Shirt wie eine Novizin. »Ich freue mich, Sie zu sehen«, sagte sie. Und beteuerte nochmals, dass sie sich wirklich und ehrlich freue. Ihre Freude käme aus einem reinen Herzen.

Natürlich habe sie Ziele und Pläne für die Zukunft, sagte sie. »Neue Liebe, Gemeinsamkeiten, das Leben genießen, solche Dinge möchte ich künftig bewusst wahrnehmen, ich freu mich auf die Zukunft. Ich liebe das Leben, die Natur und einen gescheiten Menschen an meiner Seite. Geborgenheit, Liebe, das ist mir wichtig.

Egal, wie das Ganze ausgeht, ich weiß selbst, was wahr ist und was nicht. Ich bin zu lebenslang verurteilt, aber ich weiß, ich hab die Tat nicht begangen. Man kann nicht beschreiben, wie das ist, zu Unrecht in Haft zu sein. Da gibt es nur zwei Möglichkeiten: Entweder geht man zugrunde, oder man arbeitet dem zu, was man parallel laufen hat. Und das mache ich. Trotz dieser Ungerechtigkeit habe ich begonnen, Dinge in meinem Leben aufzuarbeiten. Ich sehe das hier als Zwischenstopp, um mich zu beleuchten.«

Sie saß aufrecht und schaute zum Fenster. Draußen lag ein enger schattiger Hof. »Ich bin in meinem Leben nie weggelaufen, wenn ich was falsch gemacht habe. Ich hab immer zu dem gestanden, was ich getan hab. Verstehn Sie, was ich meine? … Wenn ich jetzt Ihren Schal« – Sie streckte den Arm aus und deutete auf meinen Hals, »aus Versehen kaputtmache, würd ich nicht sagen, ich war das nicht, sondern, tut mir leid, ich bezahl's Ihnen. Nur als Beispiel. So kennt man mich auch bei der Arbeit hier. Ich hab schon oftmals in den Parka geschnitten aus Versehen, da bin ich nach vorne und hab gesagt, hier, das hab ich falsch gemacht; wenn Sie wollen, können Sie es gern vom Konto abbuchen.«

Sie stockte. »Ich hab irgendwann meinen Weg verloren. Die Menschen, die ich in mein Leben gelassen hab, die waren nicht das, was man offen und ehrlich nennt. Auch die Dinge, die ans Licht gekommen sind über meinen Verlobten, der jetzt tot ist, dieses Unseriöse von seiner Seite, ich meine geschäftlich, beruflich …« Sie stockte wieder. »Ich möchte jetzt nicht weiter darauf eingehen. Jedenfalls sind das Dinge, wo ich heute sage, wenn man solche Wege mit jemandem geht, braucht man sich nicht zu wundern, wenn man schließlich in Haft sitzt und gar nicht weiß, warum. Klar, man weiß, was passiert ist, und weiß, dass man keine Schuld hat. Aber wenn man sein Leben noch mal genauer betrachtet, hat man sich doch auf eine Weise schuldig gemacht.

Wissen Sie, was ich meine?

Also gut, ich erklär es Ihnen noch mal. Wenn ich mich mit Ihnen einlassen würde, ohne Sie richtig zu kennen, und wir fliegen zusammen in Urlaub, und Sie stellen dort irgendwas Böses an, dann kann der Verdacht der Mithilfe auf mich fallen, und ich kann in Haft landen. Das ist, was ich mit dem Weg meine. Wenn man nicht genau weiß, mit wem man geht, das kann die Freundin sein, der Partner, ein Verwandter, das kann jeder sein, dann kann man, unversehens in etwas hineingezogen werden. Verstehen Sie mich? Wenn man Augen und Ohren aufhält, weiß man, wen man da an der Seite hat. Auch wenn man ihm nicht ganz bis ins Herz schauen kann, ist es doch möglich, das Schlimmste auszuschließen. Wenn man aber blind und vertrauensvoll ist, steckt man plötzlich mit unter der Decke. So war das bei mir.«

Ja, sie glaube, sagte sie, dass man schuldig werden könne, ohne selbst Böses getan zu haben, nur indem man an der Seite eines Menschen stehe, der Schlechtes tue. »Ich hab ja heute sehr gute Anwälte an meiner Seite, die für mich nicht nur die Strafvollstreckung, sondern auch Nachforschungen betreiben. Sie sind dabei, die dunklen Machenschaften meines Verlobten auszuforschen. Aber das sind Dinge, über die ich nicht sprechen möchte. Das hab ich Ihnen ja bereits gesagt.«

Ob sie von den Machenschaften ihres Traummannes schon zu seinen Lebzeiten gewusst habe?

Zum ersten Mal schien Yvonne Gruber ihre Gefühle nicht im Griff zu haben. Sie war empört. Sie habe ein reines Herz, rief sie. Ihr Verlobter sei bis zu seinem Tod ihr Traummann gewesen. Die ganz große Liebe. An seiner Seite hätte sie ihren Lebensweg gehen wollen zusammen mit den Kindern. Sie habe über den Verlust so sehr getrauert, dass sie in die Psychiatrie gemusst habe. Ob ich das vergessen hätte? Ihr Lebensglück sei zerstört worden. Von heut auf morgen sei ihr Traum zerplatzt wie eine Seifenblase. Ob ich alles falsch verstanden hätte?, rief sie zunehmend erregt.

Sie ließ sich nicht beruhigen, stand auf und drückte den Klingelknopf. Gleich würde eine Beamtin sie zurück in ihren Haftraum bringen.

4 Beim nächsten Treffen trug Mathilde Boulanger einen Doppelnamen. Sie habe im Knast geheiratet. Es sei jemand, der nur eine kurze Strafe verbüßen müsse und den sie bei der Arbeit kennengelernt habe. Ja, warum Heirat?,

sagte sie. Es habe auch mit der Möglichkeit zu tun, eine Änderung des Immergleichen zu erreichen. Und man habe natürlich auch Sehnsüchte, möchte ein bisschen ein normales Leben führen können.

Ein halbes Jahr später stand der Scheidungstermin fest und eine neue Eheschließung bevor. Diesmal sei es der Richtige, sagte Frau Boulanger. Und diesmal befürworte auch die Anstalt die Wahl. Das habe sie bei der vorigen nicht getan. Von jener Ehe habe man ihr damals entschieden abgeraten. Sie habe es trotzdem oder vielleicht gerade auch wegen des Widerstandes gemacht. »Aber wenn zwei Menschen in Haft sind, ist kein normales Leben möglich. Das war der falsche Ansatz. Zwei Schiffbrüchige, die sich aneinanderklammern, ziehen sich gegenseitig in die Tiefe.«

Für die neue Ehe aber stünden alle Voraussetzungen zum Besten. Ihr künftiger Mann habe eine feste Anstellung, eine schöne Wohnung, und er liebe sie. Er rufe täglich an und gäbe ihr Zuversicht und Kraft. Er habe eine Haftstrafe abgesessen wegen Betrugs, es sei dabei um Preisabsprachen gegangen, und kurz vor seiner Entlassung hätten sie sich kennengelernt. »Es ist ein gutes Gefühl, wenn jemand auf einen wartet und ein Nest baut und das gemeinsame Leben vorbereitet.«

Mathilde Boulanger hatte während der langen Gespräche weder geseufzt noch geweint, hatte weder Wut noch Verzweiflung gezeigt. Nur ihr Lachen hatte ab und zu die Erzählung unterbrochen, wenn ihr das Geschilderte allzu absurd erschien. Jetzt saß sie da, holte tief Luft und atmete langsam wieder aus, als begänne sie mit einer Atemübung.

»Ich hab mich verändert. Ich hab in diesen Jahren viel über mich nachdenken können. Früher bin ich meinen Weg gegangen, und entweder kamen die Menschen mit, oder ich ging allein. Ich hab nur auf mich gehört, heute hör ich zu.

Heute interessiert mich die Meinung meines Gegenübers, und ich zeige auch mehr von mir. Das ist ein großer Schritt für mich. Man wird dadurch angreifbarer, aber ich will den Weg jetzt gehen, denn der andere hat mich hier reingebracht, dieses Stärkezeigen und Pokerface, das will ich nicht mehr. Ich krieg seit so vielen Jahren auf den Tisch geknallt, ach die Boulanger, die schafft das, bei der müssen wir uns keine Gedanken machen. Doch, macht euch mal Gedanken. Ich möchte, dass ihr mich kennenlernt, so wie ich bin. Ich möchte zeigen können, wenn mich was verletzt, und nicht nur die Starke spielen müssen, und kaum sitz ich in meinem Haftraum, brech ich zusammen. Nein, so mach ich es nicht mehr. Natürlich guckt man mich komisch an, wenn ich dasitze und plötzlich weine, aber es ist mir egal. Ich verhalte mich jetzt genauso, wie ich fühle.«

Sie stand auf und begann auf und ab zu gehen.

»So wie es aussieht«, sagte sie, »werd ich diese Zeit absitzen müssen. Aber …«

Sie machte eine kurze Pause. »Ich arbeite mit meinem Anwalt daran, dass der wahre Täter hier landet.«

»Sie meinen, der wahre Täter wird gefunden werden?«

»Ich weiß ja, wer es ist.«

»Sie wissen, wer der Täter ist?«

»Natürlich. Torsten, mein Exlebensgefährte.«

»Warum sollte er Ihren Ehemann umbringen lassen?«

»Torsten ist viel zu feige, jemandem auf den Kopf zu hauen.«

»Und warum hat Manfred das nicht gesagt?«

»Das weiß ich nicht. Er hat die Aussage gemacht, dass ich keinen Auftrag gegeben habe und dass er Daniel nicht umbringen wollte. Aber er sagte nicht, dass irgendjemand anderer ihm einen Auftrag gegeben hat.«

Es sei, sagte sie, möglicherweise Geld geflossen. Das Ehepaar sei verschuldet gewesen und hätte dringend Geld gebraucht.

Torsten sei ein gutverdienender Informatiker. Warum sollte er nicht mit einigen tausend Euro den vermeintlichen Konkurrenten aus dem Weg geschafft haben? Er sei ja auf eine kranke Weise eifersüchtig gewesen.

Die Beamtin kam und fragte, wie lang noch gesprochen werde. Fünf Minuten, ob sie das erlaube? Ja, sie komme in einer halben Stunde noch mal vorbei. »Das ist eine ganz liebe Frau, unsere Bereichsleiterin«, sagte Mathilde Boulanger.

———

Ihr Anwalt, sagte Frau Reiser, habe mittlerweile herausgefunden, dass Dennis in dubiose Immobiliengeschäfte verwickelt gewesen sei. Dennis sei nicht sauber gewesen, hätten die Befragten dem Anwalt gesagt. »Sie sagten sogar, Dennis sei ein Verbrecher gewesen. Mein Anwalt vermutet, dass Dennis diese 75 000 Euro jemandem gegeben hat oder dass jemand wusste, dass er sie im Schiff versteckt hielt. Und das kann nur sein bester Freund gewesen sein, John, der uns auch gefunden hat. Da ergeben sich so viele Ungereimtheiten bei diesem John, dass alles auf ihn als Täter deutet. Er hat als Zeuge das Blaue vom Himmel gelogen und war wahrscheinlich von der Staatsanwaltschaft bestochen.«

Sie beugte sich vor und begann zu flüstern. »Mein Anwalt hat für seine Recherche bisher keinen einzigen Pfennig ... er hat gar nichts verlangt. Gerade der Dr. Schneider, der dafür bekannt ist, verdammt teuer zu sein, der sagt zu mir: ›Das können wir auch am Telefon besprechen, sonst wird das zu teuer.‹ Welcher Anwalt sagt denn so was zu einem Mandanten? Zu mir sagt das der Dr. Schneider, weil er glaubt, dass ich unschuldig bin.«

Die Tränen flossen, und sie wischte sich mit dem Tuch übers Gesicht.

»Ich kann nicht sagen«, sagte Yvonne Gruber, »was auf uns alle zugekommen wäre, wenn wir gemeinsam das Haus bezogen hätten. Es ist schlimm und tragisch, was passiert ist, aber vielleicht wär noch viel Schlimmeres passiert. Ich hab ja gesagt, die Tat selbst hab ich nicht begangen. Da bin ich unschuldig, aber dass ich diesen Menschen in mein Leben gelassen habe, ohne genauer hinzuschauen, dass ich dem blind vertraut hab und so auch meine Kinder in Gefahr gebracht habe, das ist meine Schuld. Er hat Dinge angestellt, die auch die Kinder in Gefahr hätten bringen können.«

Ob sie die Machenschaften nicht doch beschreiben könnte? Nein, sie wolle nicht weiter darüber reden.

Auch bei den kommenden Gesprächen würde sie sich weigern, über die »dunkle Geschichte« ihres Traummannes, ihres toten Verlobten, zu sprechen, die allmählich ans Licht zu kommen schien oder womöglich schon immer gewusst worden war. Ihre Anwälte hätten ihr aufgetragen, zu schweigen, sagte sie.

5   Mathilde Boulanger: »Ich würd das hier nicht überleben, wenn ich nicht kämpfen könnte, dass es irgendwann so kommt, wie ich mir das wünsche: Der Schuldige soll für den Rest seines Lebens hier drin sitzen müssen.

Wenn es nicht klappt, wenn die Beweise für seine Verurteilung nicht ausreichen, dann ist der Fall zumindest in der Öffentlichkeit und jeder kann sich ein Bild machen und sehen: Die Boulanger hat nicht aufgegeben. Ich kann nicht damit leben, zu sagen, okay, die zwei Jahre bis zum offenen Vollzug schaffst du auch noch, und dann liegt das alles hinter dir. Nein.

Ich will meinen Kindern später sagen können: Ich hab alles versucht, um die Wahrheit ans Licht zu bringen.

Und dann wird auch mein erster Sohn, der bei seinen Großeltern lebt, wieder zu mir zurückkommen. Ja. Ich glaub nicht, dass er sich freiwillig von mir gelöst hat. Er war einfach zu jung und hat keine Chance gehabt, selbst zu entscheiden, wem er glauben soll. Man hat ihm erzählt, dass seine Mutter schuld am Tod seines Vaters ist.«

»Das hat man ihm hoffentlich nicht erzählt.«

»Doch natürlich. Meine Schwiegermutter hat es ihm so erzählt. Ich hatte das Jugendamt eingeschaltet, weil ich keine Briefe bekommen habe. Und das Jugendamt hat mir zurückgeschrieben, sie hätten sich über die Schwiegereltern mit meinem Sohn in Kontakt gesetzt, und mein Sohn hätte gesagt, ich wäre schuld, dass sein Vater tot ist, und er wolle nichts mehr mit mir zu tun haben.

Es gibt Zeiten, da fühl ich mich gebrochen und gar nicht dominant. Kraft suche ich dann und bekomme sie von meinem zweiten Sohn. Er ist jetzt zwölf. Ein Telefonat mit ihm, und ich weiß wieder, dass es Sinn macht, weiterzukämpfen.«

———

Yvonne Gruber: »Ich bin nicht mehr die Frau von vor fünf Jahren. Wenn ich heute nein sage, dann ist es nein. Früher hab ich nicht hinterfragt, was für mich richtig ist. Hätt ich genauer hingeschaut und hingehört, hätt ich die drei Menschen, die mir so geschadet haben, niemals in mein Leben gelassen.

Ich hab ihnen jetzt verziehen, weil ich mit dem Schmerz nicht mehr leben will. Ich mach mich nicht mehr zum Opfer. Ich bin zur Ruh gekommen. Ich bin angekommen, ich kenn meinen Weg und mein Ziel. Ich weiß selbst, ich hab den nicht umgebracht. Was andere denken, die mich nicht kennen, ist mir ganz gleich. Aber die Menschen, die mich lieben, die mich wirklich lieben, die stehen hinter mir. Ich hab ein reines Herz.«

Sie stand auf. »Jetzt kann ich noch in die Hofpause gehen. Die ist von zwei bis drei.«

———

Doris Reiser: »Wissen Sie, es gibt hier in Deutschland über 7000 Menschen, die unschuldig im Gefängnis sitzen. Die haben kein Geld für den Anwalt, also bleiben sie da drin, weil man ihnen nicht glaubt.«

Siebentausend Unschuldige? Wer das sage? Das habe sie irgendwo gelesen. »Ich hab hier genügend Leute, die sagen, Frau Reiser, Sie können jederzeit zu mir kommen. Sie sagen, wir versuchen Ihnen zu helfen. Die stehen auch in Kontakt mit meinem Anwalt und versuchen, alles für mich zu tun. Ich hab hier Unterstützung. Ach, ich ...«

Mit leiser Stimme: »Das eine weiß ich bestimmt, jeder der ein Unrecht getan hat, der wird in seinem Leben bestraft. Mit Sicherheit. Da bin ich überzeugt. So ein Unrecht, das man mir angetan hat, das kann nicht zugelassen werden – und wenn Kreta im Meer versinkt, irgendwie werden die alle bestraft. Da bin ich fest davon überzeugt. Die kriegen alle ihre gerechte Strafe. Irgendwann trifft es alle, die was verbrochen haben, und wenn's durch Krankheit ist. Es gibt eine höhere Gewalt, die so viel Ungerechtigkeit bestraft. Ich hab mir in meinem ganzen Leben nie was zuschulden kommen lassen, und dennoch sitz ich hier. – Ach, wissen Sie was, haben Sie noch 'ne Frage?

Ich kann nicht mehr.«

Doris Reisers Gnadengesuch wurde abgelehnt. Yvonne Gruber hat sich mit einer Mitgefangenen verpartnert. Mathilde Boulanger hat die Scheidung von ihrem dritten Ehemann eingereicht.

Aber Hermogen streckte mir die
rechte Hand entgegen, und sprach
dumpf und schaurig: »Ich wollte mit
dir kämpfen, aber ich habe kein
Schwert, und du bist der Mord, denn
Blutstropfen quillen aus deinen
Augen und kleben in deinem Barte!«

E. T. A Hoffmann, Die Elixiere des
Teufels

10

FREUNDSCHAFT

Er kam direkt von der Arbeit, saß da im ausgebleichten Blaumann, schlaksig, das dünne Haar grau und strähnig und aus
den zu kurzen Ärmeln hingen die Hände an mageren Hand-
gelenken. Er hatte die Berliner Schnauze, schlagfertig und
blitzschnell – »Wie weit wollen Sie jetzt zurück?« –, und ehe
die Antwort gegeben war, hatte er sie bereits auf den Punkt
gebracht.

»Ich hab's schon begriffen, was Sie wollen, es geht um den
Menschen und wie er umgegangen ist mit seiner Geschichte.
Ich will hier jetzt aber keine psychologische Aufarbeitung. Ich
hab relativ gut abgeschlossen mit dem Ganzen. Solche Kapital-
verbrechen wie meines sind ja meist situationsbedingt. Selten
sagt doch einer: Ich plane jetzt einen Mord. In der Regel ist es
doch Tatsache so, dass es aus einer Situation heraus entsteht.
Ob nun innerhalb einer Beziehung oder in der Geschäftswelt
wie bei mir, in neun von zehn Fällen geschehen Mord und
Totschlag aus der Situation heraus. Und dann hat man ein

Menschenleben auf dem Gewissen. Das Schlimmste, was passieren kann. Aber es ist eben nicht berechnend gewesen. Nicht so wie bei einem, der Steuern hinterzieht.

In meinem Fall war eine – sagen wir mal so – gewisse Meinungsdiskrepanz entstanden, die auf diesem Weg gelöst wurde. Es war kein Planen. Ich bin nicht losmarschiert, um den umzulegen. Das ist einfach passiert. Ich sehe das nach wie vor als Totschlag. Der Richter sah's anders. Er sah's als Mord. Hat mir nicht geglaubt. Ist nun Pech.«

Göbel sprach den Berliner Dialekt mit breitem, kaum bewegtem Mund. Schnoddrig und doch gepresst, als verberge sich hinter der Lässigkeit Anstrengung.

»Es ist schon erstaunlich, wie schnell man in so eine fatale Geschichte reinrutscht, und dann muss man mit den Folgen leben. Um zu verstehen, wie es dazu gekommen ist, musst du beginnen, dich ernsthaft mit dir auseinanderzusetzen. Dann siehst du irgendwann, dass es gewisse Dinge in der Vergangenheit gab, die dich später so reagieren ließen und dich zu dem gemacht haben, was du nun bist. Ist ja keiner als Mörder oder Totschläger geboren. Ein anderer hätte in genau derselben Situation ganz anders reagiert. Darum musst du dich fragen: Moment mal, warum ist bei dir was schiefgelaufen? Warum hast du das so gemacht? – Also, ist schon 'ne spannende Geschichte –«, er lachte auf, »wenn sie einen nicht selbst betrifft, sagen wir mal so.

Als ich in den offenen Vollzug kam, bin ich einem Bouleclub beigetreten und hab da über hundert Leute kennengelernt, und nicht einer – das hatte sich allmählich rumgesprochen, was ich gemacht hab –, nicht einer, der das krass verurteilt hätte. Keiner hat gesagt, war toll, was du gemacht hast, aber die herrschende Meinung war: Hätte jedem passieren können.

Doch wenn's passiert ist, muss man die Verantwortung übernehmen. Hab ich auch. Aber man kann es nicht bis ans Lebensende. Bin auch nicht der Typ, der jetzt zu Hause sitzt und sich grämt. Ich hab meine Strafe bekommen und hab dafür gebüßt. Das Thema ist für mich durch. Ich kann heute darüber reden. Hab kein Problem damit.«

Wir saßen in einem langen schmalen Raum, und hinter uns summte ein schrankgroßes Kopiergerät, das von Zeit zu Zeit von eintretenden Mitarbeitern des Hauses benutzt wurde. Sobald sich die Tür öffnete, verstummte Göbel, griff zum Wasserglas, wischte sich nach einem Schluck mit dem Handrücken über den Mund und begann, nervös am Revers seines Blaumanns zu nesteln, als suche er etwas darunter. Es war reflexartig und jedes Mal der gleiche Ablauf. Kaum waren wir wieder ungestört, fuhr Göbel mit der ihm eigenen Gehetztheit fort zu reden.

»Die wesentliche Frage bei dem Ganzen ist: Kann dir das wieder passieren? Das herauszufinden ist das Wichtigste. Und um zu wissen, ob einem das wieder passieren kann, muss man wissen, was genau passiert ist. Das ist die Frage. Das ist der Punkt. Das muss geklärt werden.

Als ich das begriffen hab, begann ich mit den therapeutischen Gesprächen und hab sechs Jahre lang einmal die Woche mit dem Psychologen geredet. Am Anfang war es vielleicht auch, damit was für die Akten da ist, aber nachher war es so interessant, ich meine so aufschlussreich, mit ihm zu reden, dass unser Spektrum am Ende auch über meine eigene Person hinausreichte.

Für mich war es gut, dass ich mit der Sache gleich ehrlich umgegangen bin. Ich hab in den Gesprächen nicht versucht, irgendwas zu beschönigen. Und das hat dazu geführt, dass da keine Dreckecke mehr übrig geblieben ist.

Ich hab schließlich verstanden, was mit mir passiert ist und weshalb es passiert ist, und weiß nun, dass es nie wieder passieren wird. Das war für mich befriedigend, war eine Beruhigung. Hört sich vielleicht übertrieben an, aber das geschah relativ schnell. Und im Grunde war es nur ein Satz gewesen.

Ja, es war nur ein Satz, den der Psychologe gesagt hat, und dann hatte ich kapiert, wie's dazu kam. Nach genau fünf Wochen hatte ich das verstanden.

Natürlich kann man einen, der einen andern umgebracht hat, nicht nach fünf Wochen Therapie wieder rauslassen. Da muss schon noch was passieren an Maßnahmen. Es genügt nicht, zu wissen, dass du so was nie wieder tun wirst. Ich hab nun für meine Tat eine Strafe bekommen, hab sie verbüßt und hab daraus gelernt.«

Die Zwischenfrage war kaum über das Wann hinausgekommen, als er schon zu antworten begann.

»Das erste Gespräch fand nach sieben Jahren Haft statt. Es war für mich klar, dass ich erst damit beginnen konnte, wenn ich im Wohngruppenvollzug bin. Denn der Lärm, diese ständige Bewegung in den andern Häusern, dieser ganze Trubel über alle Etagen, da kann man nicht zu sich kommen.

Ich kannte ja als Handwerker alle Häuser, hab als Glaser überall gearbeitet und wusste, dort in den Wohngruppen ist mehr Ruhe. Da kann man eher in sich versinken. Ich hab mir gedacht, ich hab so viel Zeit, da fang ich erst an, über mich nachzudenken, wenn ich in der Wohngruppe bin.«

Er schaute mich kopfschüttelnd an.

»Sie meinen, ich hätte mich sieben Jahre lang nicht mit mir beschäftigt? Das geht ja gar nicht. Und was heißt denn ›nicht beschäftigt‹? In der U-Haft beschäftigen Sie sich erst mal rund um die Uhr nur mit sich selbst. Man ist 23 Stunden eingeschlossen. Da kommt einem ja nicht nur hoch: Was hast du getan, sondern auch, wo bist du gelandet, was hast du verloren, was kommt auf dich zu. Das ist alles ein Brei, so viele Gefühle, dass man rund um die Uhr nachdenken muss. Aber ich glaube nicht, dass in dieser Situation irgendjemand eine Ordnung reinkriegen kann. Man kriegt das alles nicht sortiert und auseinandergehalten, weil es zu viel ist. Und vielleicht kommt auch noch Selbstmitleid dazu. Man kommt nicht drum rum, über sich nachzudenken, aber man kommt zu keinem Ergebnis. Man bleibt im Chaos stecken.«

Er trank Wasser und wischte den Mund.

»Für mich war's ein Schock gewesen, was mir passiert ist. Und noch größer war der Schock, was dann mit mir passierte. Eigentlich war ich durch die Inhaftierung schon therapiert. Da war schon klar: So ein Ding machste nicht noch mal. Aber zu der Zeit hab ich das Ganze noch nicht tiefer analysiert gehabt.

Und in den ersten Knastjahren hab ich ja durchaus noch mit Aggressionen reagiert. Aber ich hab mich abends, wenn ich Streit hatte, damit beschäftigt. Das war neu. Und ich hab gemerkt, dass ich darüber manchmal gar nicht einpennen konnte. Und irgendwann fiel mir auf: Eigentlich war es genau diese Scheiße, die dich hier reingebracht hat. Immer hast du irgendwas verdrängt und in dich reingefressen. Und darüber hab ich später mit dem Psychologen geredet. Zu ihm hatte ich einen Draht und dachte, zu dem kannst du ehrlich sein. Der war kein Doofer, der hat schon bald mitgekriegt, wer ich bin. Darum konnte ich mich öffnen.«

Göbel schwieg. Er senkte den Kopf, strich sich mehrmals hin und her über die Oberschenkel, und dieses Reiben mischte sich mit dem Brummen des Kopiergeräts zu einer rhythmischen Sequenz.

»Sehn Sie, in der Haft gibt es immer wieder Probleme. Es gibt Probleme mit anderen Gefangenen und Anfeindungen. Und ich fand diese Sprüche von den Gruppenleitern immer lustig: ›Hier lernen Sie für draußen‹, und ›wie Sie sich hier verhalten, verhalten Sie sich draußen‹. Vollkommener Schwachsinn. Der Knast ist eine andere Welt. Hier leben Sie unter Zwang. Sie sind in jeder Beziehung abhängig. Sind ausgeliefert, auch dem Verhalten ihrer Mitgefangenen. Draußen muss ich, wenn ich Pech habe, vielleicht einmal im Jahr mit Aggressivität umgehen. Im Knast ist die Aggression permanent.

Er blickte auf und sah mich an.

»Und ich hab mit dem Psychologen eben auch über die Probleme mit den Mitgefangenen gesprochen. Und irgendwann sagte er mal den Satz: ›Nehmen Sie es sich doch nicht so zu Herzen.‹ Hab ich überlegt: Eigentlich stimmt das. Du liegst hier, hast Stress mit dem Hohmeyer, so hieß der Typ, und willst ihm ein paar aufs Maul hauen, denn manchmal ist Gewalt im Knast ein notwendiges Mittel. Doch wenn du zuschlägst, kommst du hier nie raus, und es ist ja auch gar nicht deine Art, gleich zuzuschlagen. Und dann sitzt du abends und überlegst, wie wirst du dieses dumme Problem los. Du beschäftigst dich damit und merkst, dass dein Adrenalinpegel steigt, obwohl die Situation längst vorbei ist. Aber du bist mit dem Kerl auf der gleichen Station, siehst ihn morgen, übermorgen, immer, und kannst ihm und dem ganzen Problem nicht ausweichen. Bist gefangen auch in der Hinsicht. Und dann sagt der Psychologe den Satz: ›Nehmen Sie es sich doch nicht so zu Herzen‹ – mit einem Mal konnte ich ausweichen. Plötzlich hat's funktioniert. Ich hab es schnell umsetzen können. Das fand ich erstaunlich. Sogar meine Mutter hat gestaunt.

Wir sind vom Wesen her alle jähzornig, ob das mein Vater

war oder mein Bruder oder ich. Wenn in meiner Jugend was nicht funktionierte, war ich relativ schnell bereit, bis zum Äußersten zu gehen. Bis zum Äußersten – das hört sich jetzt gefährlich an –, ich meine damit, dass ich mich dann auch gegen Leute gestellt hab, die kräftiger waren. Das war mir egal. Wenn ich mein Ziel erreichen wollte, hab ich mich durchgesetzt und hab's erreicht. Jetzt ist das anders.

Meine Mutter hat gesagt: ›So kenne ich dich gar nicht. So gelassen warst du die ganze Kindheit nicht.‹ Ich sei zwar kein aggressiver Typ gewesen, das nicht, aber immer gleich so aufgeregt, wenn irgendwas nicht passte. Und durch den einen Satz hat es bei mir klick gemacht, und ich hatte es begriffen und konnte es umsetzen. Wenn ich Stress hatte, bin ich auf meine Bude, dachte, nimm es dir nicht so zu Herzen. Nimm den Hohmeyer nicht so ernst. Nimm es nicht persönlich. Der meint nicht dich, sondern die Situation und sein eigenes Problem. Dann hab ich in mich ringegrinst, und das Thema war durch. Hört sich an wie 'ne Erleuchtung, stimmt's?«

Er lachte meckernd auf.

»Plötzlich war ich innerlich ruhig. Und diese innere Ruhe und Ausgeglichenheit, die haben mich so weit gebracht, dass ich auch früher wieder rausgekommen bin. Lebenslänglich heißt ja nicht fünfzehn Jahre, das können bequem zwanzig, dreißig Jahre werden. Ich hab's mit fünfzehn geschafft. Punktgenau nach fünfzehn Jahren war ich weg aus dem Verein. War die Mindestzeit.«

Er verzog den Mund zu einem kleinen Lächeln.

»Ich bin keiner, der für den Fehler, den er gemacht hat, die Haftanstalt schuldig spricht, aber ich hab das System schnell erkennen können. Eigentlich ist das ganze Vollzugssystem krank. Ich hatte durch meine Arbeit für die Gefangenenzeitung Einblick in viele Haftverläufe, wusste, was da läuft, und hab es veröffentlicht. Ich werd Ihnen mal ein Beispiel geben. Jeder neue Häftling muss zu einem Aufnahmegespräch. Dabei wird innerhalb von einer Stunde sein Leben analysiert, und anschließend ein kleines Gutachten erstellt. Es soll dazu dienen, herauszufinden, in welcher Weise dem Häftling geholfen werden kann, künftig ein straffreies Leben zu führen.

Von da an maßen sich die Beamten an, zu wissen, warum du die Tat begangen hast. Ehe du überhaupt selbst weißt, warum du das gemacht hast, wissen sie es bereits. Dazu kommt das Schubladendenken. Sie sagen: ›Weil du keine Frau hast, die dich regelmäßig besucht, brauchst du unbedingt einen Vollzugshelfer, denn soziale Kontakte sind wichtig.‹ Sie zwingen dich, einen Vollzugshelfer zu nehmen. Sie bestehen darauf, weil sie in der Ausbildung gelernt haben, dass ein Gefangener, der keine sozialen Außenkontakte hat, vereinsamt. Plötzlich ist man also vertraut mit einer wildfremden Person und schon vereinsamt man nicht mehr. Mhm. Pffff.«

Er stieß die Luft aus.

»Alle werden nach dem gleichen Schema behandelt: Der Göbel hat lebenslänglich, und jetzt hat er acht Jahre rum, also können wir ihn auf die Lockerung vorbereiten. Nach zehn Jahren heißt es: Jetzt können wir versuchen, ihn noch mehr zu lockern. Es geht also nicht um den Göbel, sondern um das Schema. Nach soundso vielen Jahren können wir mit dem dies und jenes machen. Dazu kommen die ganzen Verpflichtungen für Langstrafer. Sie müssen nicht nur den psychosozialen Dienst nutzen, sondern auch zu ›angemessener Zeit‹ in die Sota.«

Göbel zog missbilligend die Brauen hoch und griff nach dem Wasserglas.

»Dagegen hab ich eine Komplettaversion gehabt.«

Er trank, wischte sich den Mund und ignorierte den fragenden Blick.

»Ich sagte mir, du hast lebenslänglich. Dein Leben haste dir versaut. Das ist passiert. Aber du hast eine Chance, nach fünfzehn Jahren rauszukommen. Und wenn die dir sagen, nur über die Sota, dann bleibste hier. So einfach. Diese Sota hätte ich nicht gemacht –«

»Statt die Sozialtherapie zu machen, wollten Sie lieber im Knast bleiben?«

Er zögerte keinen Augenblick mit der Antwort.

»Ich hab von vornherein hoch gepokert. Ich wollte mich den Beamten so verkaufen, dass sie mich zum erstmöglichen Zeitpunkt rauslassen, ohne dass ich in der Sota war. Und das ist mir auch gelungen.

In der Sota ist das größte Problem, dass der Gruppenleiter auch gleichzeitig Sozialtherapeut ist. Der Therapeut ist eine Vertrauensperson, mit der man das Leben aufarbeitet. In der Sota entscheidet er aber auch gleichzeitig über die Art des Haftverlaufs, über Lockerung, Ausgang, Entlassung. Du wirst also abhängig von deinem Therapeuten. Er hat zwar Schweigepflicht, aber was in der Sozialtherapie gesagt wird, fließt alles in deine Akte. Also versucht jeder zu schauspielern. Denn wenn du mit offenen Karten spielst, bist du immer am Arsch. Hast du was von dir preisgegeben, hast du es in deinem nächsten Vollzugsplan in negativer Form wiedergefunden. Alle Informationen können so verarbeitet werden, wie sie es grade brauchen.

Klar, wer böse Dinge tut, der kann keinen Blumenstrauß erwarten. Aber das System ist krank. Und wie man's besser machen könnte …«

Er sah mich an.

»Hab damals lang mit dem Pfarrer darüber gesprochen. War ein progressiver Mann. Aber wir sind zu keinem Ergebnis gekommen.«

Er begann wieder am Revers seines Blaumanns zu nesteln.

»Natürlich, wer in unserer Strafklasse war und nicht in die Sota gegangen ist, der sitzt heute noch fest. Wer sich nicht willig zeigt, dem wird nicht entgegengekommen.

Ich musste also versuchen, den Beamten den Eindruck zu verschaffen, dass sie entscheiden: Der Göbel muss nicht in die Sota. Das war das Pokerspiel, das mir gelingen musste. Sie sollten sehen, dass die sechs Jahre, die ich zu dem Psychologen gegangen bin, so viel Wert sind wie eine Sozialtherapie. Göbel ist so gefestigt, sollten sie sagen, dass er keine weitere Therapie braucht.

Ich hab ihnen über die Jahre hin vermittelt, dass der Göbel kein anderer Mensch geworden ist, wenn er die Zellentür zumacht. Er zeigt höchstens angepasstes Verhalten, um weiterzukommen. Er ist der Gleiche geblieben wie zuvor und wird es auch sein, wenn er rauskommt. Aber er ist nicht gefährlich, und er gehört nicht zu denen, die gleich wieder den Nächsten umhauen.

Das haben sie schließlich erkannt, dass ich nicht zu dieser Gruppe gehöre. Ich hab das Jahr für Jahr in jedem Gespräch thematisiert und versucht deutlich zu machen, bis sie meine Vollzugspläne so geändert haben, wie ich es haben wollte. Plötzlich hat der Gruppenleiter festgestellt: Göbel braucht nicht in die Sota. Das ist Quatsch, was da früher festgelegt wurde. Bei ihm genügen die sechs Jahre der therapeutischen Gespräche. Auf einmal war es ihre eigene Entscheidung, dass ich nicht in die Sota musste. Das war das Pokerspiel. Gelingt nicht jedem. Ist mir nun gelungen.«

Göbel lächelte, und zum ersten Mal verzog er dabei nicht nur den Mund, sondern für einen kurzen Moment lächelte sein Gesicht.

»Ich sehe mein Leben nicht als Katastrophe. Die Straftat, die war eine Katastrophe. Aber die Probleme mit meiner Familie, die haben nicht den großen Einfluss gehabt. Ich hab immer nach vorne geschaut. Für mich war's schön, was Neues anzugehen und aufzubauen und hab hinter dem Negativen immer auch was Positives gesehen.

Jetzt führe ich ein ganz anderes Leben. Viel ruhiger und vielleicht auch ein bisschen vereinsamt.

Ich war zwar nie verheiratet, hab aber immer in Partnerschaften gelebt. Auch mal länger. Also länger heißt bei mir: drei Jahre lang.« Er lachte. »Ich war einfach viel zu viel unterwegs. Bin abends um die Häuser gezogen und war ziemlich wechselhaft, und das Angebot war groß. Es entwickelt sich ja auch alles im Leben. Man kann sich im Nachhinein nicht rechtfertigen, weshalb man diesen Weg gegangen ist. Ich hab eben so gelebt. Hatte genügend Geld, war ein Hallodri und hab alles, was sich an Spaß bot, mitgenommen. Zu diesem Leben passte einfach keine feste Partnerschaft.

Heute hab ich junge Kollegen, die so ein Leben führen wie ich damals. Nach Feierabend Bierchen und Feten. Brauch ich nicht mehr. Will ich auch nicht mehr. Ich bin zufrieden, wenn ich meine zwei Stunden am Abend nach der Arbeit in Ruhe für mich hab. Man verändert sich ja schon allein dadurch, dass man älter wird. Das hat nichts mit der Straftat und der Haft zu tun. Muss man auseinanderhalten, wenn man drüber nachdenkt, wie und weswegen man sich geändert hat. Das muss man unterscheiden, wenn man's wissen will.«

Er schaute zur Decke und stieß wieder den Atem aus.

»Eigentlich will ich's nicht wissen. Klar, wenn wir uns jetzt unterhalten, versuch ich da ein bisschen was auseinanderzuhalten, aber so im Alltag – da ist's mir wurscht. Jedenfalls bin ich nicht mehr der Typ, der durch die Kneipen zieht und hübsche Frauen aufreißt. All die Sachen sind vorbei. Schade eigentlich. Nicht?«

Jemand betrat den Raum, um das Kopiergerät zu nutzen, und Göbel verstummte. Das Gerät fuhr mit einem fiependen, aufsteigenden Ton an und begann mit synkopischem Klopfen das Gedruckte auszuwerfen.

Göbel trank Wasser, wischte den Mund und starrte an mir vorbei zum Fenster hinaus. Er saß mit dem Rücken zur Tür und drehte sich, sooft auch jemand hereinkam, niemals um.

»Ich war ein eigensinniges Kind. Immer schon ein bisschen rebellisch und war dadurch das Arschloch in der Familie.«

Er lachte auf.

»Das ging relativ schnell, dass ich so an den Rand gestellt war. Jedenfalls hab ich als Kind diese Unterschiede sehr stark gespürt. Mutter war mir gegenüber kaltherzig, und er hat das auf seine Art gemacht. Er war der Pascha. Wenn er nach Hause kam, legte er die Beine hoch, und es wurden die Schuhe gebracht und das Bier, so ungefähr. Und wenn dann irgendwie die Hausaufgaben nicht stimmten, haste von ihm mit dem Knüppel den Arsch voll gekriegt. Da war er relativ schnell.

Und dann gab's auch wieder schöne Seiten. Er hat die ganze Familie ins Auto gepackt und ist mit uns durch die DDR gefahren, hat all die Sehenswürdigkeiten gezeigt – gut, das Auto war nicht seins, war vom Ministerrat, aber wir hatten es zur Verfügung.«

Göbel vermied so gut es ging, das Wort »Vater« und sprach meist nur per »er« von seinem Vater.

»Meine Eltern gehörten zu den hundertprozentigen Stützen des Systems. Ihre politische Sturheit und Engstirnigkeit, die hat mich schon als Kind gestört. Dies ganze Leben mit dem ständigen Verweis auf die Kraft des Sozialismus und mit dem Zwang zu vorbildlicher Leistung. Da hieß es: ›Du bist der Sohn eines Kommunisten, du musst vorbildlich sein. Dein Vater ist Mitglied des Ministerrates, und er und seine Familie sind Vorbilder der sozialistischen Gesellschaft.‹ Das ging die ganze Kindheit über so. In allem musstest du vorbildlich sein. Darauf wurde in unserer Familie der allergrößte Wert gelegt. Meine Eltern saßen in der Politik ganz oben und haben diesen ganzen Mist in die Familie reingetragen.

Wir Kinder haben gemerkt, wie locker die Eltern mancher Schulkameraden waren. Die durften schon mal Westfernsehen schauen. Das war bei uns streng verboten. Wir mussten noch im FDJ-Anorak zur Schule gehen – man lacht heute darüber, aber es war eine Schande, und du warst die Lachnummer für alle. Die andern hatten von 'ner Tante Jeans oder ein Sweatshirt. Das gab's bei uns nicht. Keine Westkontakte. Stattdessen mussten wir täglich die sozialistische Gesinnung im FDJ-Anorak demonstrieren.

Als ich zehn war, hatte ich einen Freund, dessen Vater war Meister in einem Betrieb, war aber nicht in der Partei. Und da hat mir mein Vater den Umgang mit meinem Freund verboten. Weil ich der Sohn eines Kommunisten bin und mein Freund der Sohn eines Bürgers. Da hab ich schon mit zehn gedacht, der hat 'nen Knall.

Es musste krachen bei uns zu Haus. Das hieß auch, dass ich mich politisch verweigert hab. Die sture Haltung meiner Eltern, die hat mir nur Hass eingetrieben auf die rote Politik. Diese Lügerei im Sozialismus, das hat mich alles abgestoßen. Und je älter ich wurde, desto mehr hab ich die Hintergründe verstanden, und das hat die Abneigung gegen diese Politik noch verstärkt. Mit achtzehn war Schluss. Ab da war ich weg von zu Haus.

Meine Geschwister haben sich unterschiedlich verhalten. Meine große Schwester ist seiner Linie gefolgt, wurde gefördert, hat studiert, und ist ganz auf die politische Linie eingeschwenkt. Meine zweite Schwester war ein Mauerblümchen und hat Sekretärin gelernt. Das hat ihr gereicht. Mein jüngerer Bruder war das Muttersöhnchen. Er ist den Weg der Eltern eine Zeitlang mitgegangen. Und als er opponiert hat, hat's auch gekracht, und er ist ausgezogen.

Ich bin von zu Hause im Streit weggegangen und hab erst Jahre später mit Mutter wieder Kontakt aufgenommen.

Er ist mir von da an aus dem Weg gegangen. Ich war in der Privatwirtschaft tätig und damit nun ganz von seiner Linie abgewichen. Das hat ihn, wie soll ich sagen, so verletzt, dass er nicht mehr mit mir gesprochen hat. Er war da komplett stur. Auf der Straße ist er an mir vorbeigelaufen. Hat ›Tag‹ gesagt und ging weiter.

Meine Mutter hat sich schließlich von ihm scheiden lassen, und ich hab das unterstützt und hab ihr 'ne Wohnung besorgt. Das war für ihn ein Messerstich in den Rücken. Ab da ging gar nichts mehr. Mutter hat mir später erzählt, dass nach dem Tod ihrer Mutter wieder ein kleiner Kontakt zu ihm entstanden sei. Das hab ich nie verstanden, warum sie zurückgekrochen ist. Denn sie hatte allen Grund, sich von ihm abzuwenden.«

Göbel, der meist aufrecht und steif und bis zur Mimik hin fast bewegungslos dasaß, schüttelte jetzt mehrmals heftig den Kopf und verzog verächtlich den Mund.

»Die Heirat meiner Mutter war eine Art Zwangsheirat gewesen. Von ihrer Mutter angeordnet. Schon damals hatte meine Mutter das Gefühl, dass ihre Mutter mit ihm ein Verhältnis hatte und die Tochter verheiratete, um ihm nahe sein zu können. Der zweite Mann meiner Mutter, der auch hoch in der Partei angesiedelt war, sagte mir, dass diese Liaison in der Partei bekannt gewesen sei. Es hatte demnach meine Mutter als Neunzehnjährige den Liebhaber ihrer Mutter geheiratet und war sechsunddreißig Jahre lang bei ihm geblieben. Erst mit fünfundfünfzig hat sie sich scheiden lassen.

Doch als er schwerkrank wurde, ging sie zu ihm und hat ihn gepflegt. Und obwohl er noch aggressiver und ekliger geworden war als früher, hat sie die Pflege durchgezogen. Mir unverständlich. Aber so was scheint nicht selten zu sein bei Frauen, was meinen Sie?«

Er schaut mich prüfend an und begann zu lachen.

»Nee, das ist jetzt nicht abwertend gemeint. Aber diesen Kerl zu pflegen …«

Er schüttelte wieder den Kopf.

»Raten Sie mal, wo der nach der Wende gelandet ist?

Der landete in der Verlogenheit. Der hatte sich in der DDR einen Haufen Geld zusammengespart, hatte dort ja richtig gut verdient, ohne dass viel davon in die Familie geflossen wäre. Hat er alles für sich auf die Seite gelegt. Und im Westen hat er sich dann selbständig gemacht. Im Immobilienbereich. Ausgerechnet. Er hat sich selbst einen Doktortitel verpasst und war wohl ziemlich erfolgreich. Der war schon ein richtig verlogener Hund. Er war einer von den Leuten, die sofort auf die Füße gefallen sind. Die hatten ihre Beziehungen untereinander und haben gleich Kohle gescheffelt. Er war Abteilungsleiter im Ministerrat gewesen und kannte die Leute in der Wirtschaft. Die sind ja alle nach oben gefallen. Haben sich gegenseitig gestützt, und plötzlich waren sie Kapitalisten. Auf einmal ging's.«

Er lachte sein meckerndes Lachen.

»Wie's mit mir weiterging?

Als ich von zu Hause weg bin, hatte ich keine Vorstellung, wie ich leben wollte. Tatsache, das war so. Ich wollte vor allem unabhängig sein. Es war ein Drang, den ich bis heute behalten hab. Der hat mich immer wieder verfolgt. Auch die ganze Knastzeit hindurch. Hat mir etliche Probleme eingebracht, können Sie sich denken.«

Mit einem erneuten Pffff stieß er die Luft aus. »Unabhängigkeit war mir schon immer das Wichtigste gewesen: Nix wie raus aus diesen blödsinnigen Vorschriften des Systems. Und als ich merkte, wie gut und schnell man außerhalb dieses sozialistischen Betriebsgetues Geld verdienen kann, da wurde Geldverdienen zu meinem Ziel. Ich hatte den Plan, mit fünfundvierzig so viel Geld zusammen zu haben, dass ich nicht mehr zu arbeiten brauchte. Das war so meine Vorstellung als junger Mann.«

Ob das geklappt hätte?

»Hmm – ich sag mal so, mir fehlten noch fünf Jahre. Mit vierzig hatte ich bereits etliches an Kohle. Aber es hätte noch nicht gereicht, die Rente voll zu finanzieren. Noch fünf Jahre, und es hätte gelingen können. Aber dann kam es anders. Mit vierzig bin ich in den Knast gewandert.«

Göbel machte eine kurze Pause und trank Wasser.

»Ich hab schon zu DDR-Zeiten ein gutes Leben geführt. Hab mir immer Jobs gesucht, wo ich noch besser verdienen konnte. Alles, was die großen Betriebe nicht machen konnten, gab's ja privat. Schlüsseldienste zum Beispiel. Das konnte kein volkseigenes Kombinat machen. So hab ich begonnen, als Schlosser zu arbeiten. Der Job hat richtig Geld gebracht. Und wenn du merkst, du kannst dir immer noch mehr leisten, macht arbeiten Spaß. Mit dreiundzwanzig hatte ich bereits ein Auto. Schließlich bin ich in die Gastronomie. Da verdiente ich mehr Geld, als ich ausgeben konnte. Und irgendwann hab ich eine eigene Gaststätte gehabt. Da war ich finanziell so erfolgreich wie keines meiner drei Geschwister.

Ein Psychologe hat mal gesagt: ›Jetzt wollten Sie's dem

Vater zeigen.‹ Aber das war Quatsch. Ich hab's für mich gemacht. Und dann kam die Wende.«

Das Zimmer, in dem wir saßen, lag im Erdgeschoss, und manche Passanten schauten im Vorbeigehen zu uns herein. Plötzlich sah ich Göbel strahlen und ihn, wie es schien, etwas verschämt, die Hand grüßend heben, während draußen eine junge Frau lachend und winkend vorbeiging.

»Leider nicht meine«, sagte er. »Ist die Frau eines Arbeitskollegen. Also weiter.

Ich hatte einen Freund, den Siggi. Und Siggi hatte gleich nach der Wende von seiner Mutter einen Gewerberaum zur Verfügung. Die Mutter hatte in der Volkssolidarität gearbeitet – weiß nicht, ob Ihnen das was sagt. Die haben Rentner betreut, und das hat sich nach der Wende gleich aufgelöst, und sie hatte nun diesen Laden und wusste nichts anzufangen damit. Da hat Siggi versucht, einen Zeitungsladen aufzumachen, aber er hatte keine Ahnung von Geschäften. Ich kannte ihn als ehemaligen Stammgast. Im September 1989 hatte ich meine Gaststätte verloren. Mein Vater hatte mir die Stasi auf den Hals gehetzt – in der Gastronomie finden Sie immer was, was nicht ganz vorschriftsmäßig ist –, und ich wollte mich jetzt neu orientieren. Und da sagte ich zu Siggi: ›Ich steig mit ein.‹ Und dann haben wir noch einen zweiten Laden eröffnet. Und die Geschäfte liefen gut an.

Acht Monate später hatte ich einen Autounfall – lag fast ein Jahr im Krankenhaus, die ganzen Beine waren zerfetzt –, und während dieser Zeit hat Siggi alles runtergewirtschaftet. Da gab's 'ne Trennung, klar, aber das Geld war weg. Hab nichts mehr davon gesehen. Und hatte keine Möglichkeit, was wiederzubekommen. Siggi hatte den großen Macker gegeben und alles verpulvert.

Das war ein richtiges Schwein. Ich konnte nichts machen. Was sollte ich machen? Klar, schwirren einem die Gedanken durch den Kopf, am liebsten würdest du dem aufs Maul hauen. Aber dadurch kriegste dein Geld auch nicht wieder. Alle die ihn und mich kannten, sagten: ›Na, der Siggi, der hat doch gar keine Schulden mehr bei dir. Hat er doch alles zurückgezahlt. Was regst du dich auf?‹ Und da stieg die Wut in mir noch mehr. Und daraus, kann man sagen, resultierte schließlich auch meine Straftat.

Plötzlich befand ich mich wieder in einer ähnlichen Situation, so dass ich einfach irgendwann meine Beherrschung verloren hab. Aber so weit sind wir noch nicht.«

Er schaute zum Fenster. Die Dämmerung hatte begonnen und das Zimmerlicht verspiegelte die Scheiben, und das Leben draußen verschwamm.

»Ich bin nach der Pleite in Richtung Handwerk gegangen. War ja schon immer ein geschickter Handwerker. Deshalb dachte ich, machste mal Hausmeister. So in der Art. Meine Mutter sagte: ›So oft wie du deine Jobs wechselst und dann auch noch in so unterschiedliche Bereiche – wie kann man das nur.‹ Na ja, man lernt überall dazu, und jetzt hilft es mir. Ich wär nie auf die Idee gekommen, dass mich heute eine Tischlerei als Tischler einstellt. Ich bin ja kein gelernter Tischler, aber ich kann's. Das geht eben nur, wenn man das alles irgendwie nebenbei gelernt hat. Ich hab damals als Tischler, Elektriker, Glaser und Installateur gearbeitet. Ging ganz gut.

Ja, und dann hab ich Kurt kennengelernt.

Kurt war Geschäftsmann, hatte ein Bauunternehmen und wollte in die Gastronomie einsteigen. Sag ich, gut, machen wir erst mal 'ne Bierbar auf, damit du das Geschäft lernst, und danach wollten wir was Vernünftiges und Großes machen. Aber dann ist das alles nichts mehr geworden.«

Göbel stand auf. Er brauche eine kurze Pause. Müsse sich mal ein bisschen strecken, und verließ den Raum.

»Wir fangen mal so an«, sagte er und setzte sich wieder. Er war nach wenigen Minuten zurückgekommen. »Ich war 1996 mit 'ner Frau zusammen, die war eigentlich verheiratet. Wir kannten uns schon von früher, hatten mal in der Jugend ein Techtelmechtel gehabt und sind uns zehn Jahre später wieder-begegnet. Ihr Mann saß zu der Zeit im Knast. Hatte jemand umgebracht und war ein richtig brutales Schwein.

Die Frau hatte ein Kind und eine schöne Wohnung, und sagte, sie habe zwar keine Arbeit, aber kriege ordentlich Un-terstützung, und ich könne bei ihr einziehen. Sie sah gut aus, war gepflegt, und wir haben wieder eine Beziehung begon-nen. Der Mann hatte noch zwei Jahre abzusitzen.

Und eine Woche vor seiner Entlassung hat die Frau ihren Mann informiert, dass sie mit mir zusammenlebt, und er nicht mit seinen Sachen vor der Tür zu stehen braucht. Das war ganz schön abgefressen. Da sitzt einer zehn Jahre im Knast, um eine Woche vor seiner Entlassung zu erfahren, dass seine Frau ihn rausgeschmissen hat. Schließlich stand er doch vor der Tür, ohne seine Sachen, kam rin, hat ihr 'ne Schelle gege-ben und mir die Hand und hat gesagt: ›Gut, in Ordnung, muss ich damit leben‹ und fertig.

Und dann ham wir zusammen ein Bier getrunken.

Wir Männer hatten erst mal kein Problem miteinander. Dass er ihr die Backpfeife gehauen hat« – lacht kurz –, »das war nicht ganz sauber gewesen, hab ich aber akzeptiert. Er ist dann ins Erzgebirge gezogen und einmal im Jahr aufgetaucht, um seinen Sohn zu sehen. Statt Unterhalt zu zahlen, ging er einen Tag mit ihm spazieren. War mir egal.

Und schließlich hatte ich genug und wollte raus aus der Beziehung. Nee, wirklich, das ging alles nicht mehr, die war zu faul zum Arbeiten, nicht mal im Haushalt hat sie viel gemacht, aber beim Saufen hat sie gern mitgespielt.

Ich hatte mit ihrem Mann eine Abmachung getroffen.

Er sagte, wenn ich mal nicht mehr wolle, soll ich Bescheid sagen, dann käme er zurück. Denn er liebe sie noch immer. Und als es dann so weit war, hab ich ihm, Tatsache, einen Brief geschrieben: ›Wenn du Lust hast, komm zurück, ich bin weg.‹ Und er kam zurück, so schnell, dass ich meine Sachen noch gar nicht alle raushatte. Und dann drehte sich mit einem Schlag seine ganze Einstellung mir gegenüber um. Er wollte, dass ich sofort verschwinde und mich nie mehr blicken lasse. Meine neue Wohnung lag aber im selben Kiez, und ich konnte ihm nicht aus dem Weg gehen. So bin ich ihm öfters begegnet. In der Kneipe, im Club, im Supermarkt.«

Seine Stimme wurde leise.

»Und jedes Mal hat er aggressiv reagiert. Wenn er getrunken hat, begann er sich zu prügeln. Und ich dachte, du musst dir was einfallen lassen. Eines Tages verprügelt er auch dich. Er war unglaublich kräftig und einfach sehr brutal. Ich hab mehrfach erlebt, wie er die Leute in der Kneipe zugerichtet hat und in die Mülltonne schmiss. Auch seinen eigenen Bruder. Der Typ sah plötzlich rot, und dann ging's los. Gegen so einen hast du keine Chance. Da landest du unweigerlich im Krankenhaus.

Und da entwickelst du Angst, wenn du weißt, du hast dem nichts entgegenzusetzen. Aus der Wehrlosigkeit und der Angst hat sich in mir eine Phantasie aufgebaut. Und in der Phantasie begann ich, mich zu wehren.«

Er saß aufrecht und steif und verzog keine Miene.

»In dieser Zeit hab ich Kurt kennengelernt. Kurt war ein bisschen älter als ich und war mir gleich sympathisch. Wir sind schnell Freunde geworden und wollten gemeinsam eine geschäftliche Zukunft aufbauen.

Kurt hatte ein Beziehungsproblem. Und jeden Tag hat er mir von den Problemen mit der Freundin erzählt. Das war irgendwie anstrengend. Er hatte schließlich nichts anderes mehr im Kopf als diese Frau. Dadurch traten unsere gemeinsamen Pläne in den Hintergrund. Ich wollte, dass wir in Ruhe an dem Projekt weiterarbeiten, um was auf die Beine zu stellen, und überlegte, wie ich Kurt wieder ins Boot holen konnte.

Kurt war verheiratet, lebte getrennt und hatte dieses Verhältnis mit der Freundin, mit Helga. Die lebte in einer festen Beziehung, wollte sich aber trennen, doch der Mann hielt sie fest und hat sie malträtiert. So sagte sie. Sie hat sich täglich bei Kurt ausgeweint und Kurt wieder bei mir. Ich weiß nicht wie oft, aber bestimmt zwei-, dreimal stündlich hat sie Kurt angerufen und ihm was vorgejammert. Irgendwann kam Kurt auf die Idee, der Typ, er hieß Peter, der müsste mal richtig ein paar aufs Maul kriegen. Und so begann die Geschichte.«

Göbel lehnte sich zurück und schaute mich an.

»Zunächst hatten einige von Kurts Bekannten nach einer Lösung des Problems gesucht. War aber nur blabla. Dann kamen die Stammgäste unserer Kneipe mit immer neuen Vorschlägen: ›Zerstecht dem die Reifen‹ und ›Zündet seine Karre an‹ und ›Ich kenn Russen, denen zahlst du 'nen Tausender, dann brechen die ihm die Knie‹. Ich hab Kurt davon abgehalten und gesagt, sei nicht wahnsinnig, hol dir keine fremden Leute ran für so 'nen Mist. Die wirst du nicht mehr los. Nachher brechen sie dir die Knie, wenn du nicht jeden Monat zahlst.

Also das war schon ein beherrschendes Thema. Und es musste schließlich was geschehen. Das Ganze musste vom Tisch. Es musste Ruhe rin, damit wir loslegen konnten. Wir wollten ein Hotel aufmachen, und der Plan stand schon. Alles war machbar und die Zeit günstig. Aber Kurts Kopf war besetzt. Für ihn gab's jeden Tag nur dieses eine Problem: Helga.

Da ist es irgendwann aus mir rausgekommen, und ich sagte: ›Mensch, dann hau eben ich dem eins aufs Maul.‹ Das war nur so ein Gedanke. Das war ich ja gar nicht. Ich war ja kein Schläger. Es war aber nun gesagt. Und Kurt ist gleich drauf abgefahren.

Ich kann mich im Einzelnen gar nicht mehr entsinnen, wie oft wir noch darüber geredet haben und immer wieder zu dem Schluss gekommen sind, dass es keinen Sinn macht, diesen Peter zu verprügeln. Und warum es sich dann trotzdem so entwickelt hat – ich weiß es nicht. Weiß nicht, wie das zum Selbstläufer wurde.

Natürlich. Eigentlich hätte man die Frau, diese Helga, verdreschen müssen und nicht den Peter. Aber es war vielleicht für mich so, dass hier einer war, dem ich stellvertretend aufs Maul hauen konnte.«

Göbel hatte seit einiger Zeit seinen eigenen Erzählrhythmus. Er machte Pausen, ohne Fragen zu erwarten, schien manchmal sein Gegenüber zu vergessen und sprach dann wie zu sich selbst.

»Eines Tages kam Kurt und sagte: ›Du, das trifft sich gut. Der Peter feiert in der Waldkneipe Geburtstag. Da geht er hinterher durch den Wald nach Hause. Wär doch günstig.‹ Da hab ich nicht den Mut gehabt zu sagen: ›Mensch Kurt, war ja bloß Spaß.‹

Hab mich nicht getraut, einen Rückzieher zu machen. Nicht, weil ich kein Feigling sein wollte – so weit will ich nicht gehen. Aber ich wollte meinen Freund nicht enttäuschen. Und da sind wir ins Auto gestiegen und los.«

Göbel schwieg. Wieder hatte jemand das Zimmer betreten und den Kopierer angeworfen, der ratternd begann die Seiten auszuspucken.

Kaum waren wir unter uns, als Göbel so nahtlos dort fortfuhr, wo er unterbrochen worden war, als habe er nur eben mal tief Luft geholt.

»Auf dem Weg dahin war's mir mulmig, und ich hab versucht, das Vorhaben aufzugeben. Wir haben ja stundenlang im Auto gewartet. Hab ich gesagt, so richtig wohl fühl ich mich bei der Sache nicht mehr. Kurt wollte nichts davon hören. Und ich wollte ja das Ganze auch vom Tisch haben und hab mir dann gesagt, jetzt biste schon mal hier, dann mach's eben. Was soll schon passieren. Kriegt er ein paar auf'n Kopf, und gut is. Es war ja auch nicht im Plan, mit dem Knüppel zuzuschlagen. Das kam erst durch die lange Wartezeit auf. Wir sind immer mal wieder durch das Wäldchen gelaufen, und da lag ein Knüppel rum und den hab ich mitgenommen. Irgendwie aus Angst, es nicht zu schaffen. Ich war ja nicht der Typ, der einen, den er noch nie im Leben gesehen hast, einfach mal verprügelt. Hab den Typen das erste Mal gesehen, als Kurt ihn mir an jenem Abend durchs Fenster in der Kneipe gezeigt hat. Wir standen in der Dunkelheit neben dem Fenster an der Mauer, und da sagte Kurt: ›Das is er.‹ Hab ihn nur von der Seite gesehen und seinen ziemlich breiten Rücken. Das war alles.

Das ging, wie gesagt, zwei, drei Stunden, die Warterei. Und da haben wir uns immer wieder ein Zeitlimit gesetzt. Wenn er jetzt nicht kommt, dann hauen wir ab. Und dann sind wir doch geblieben. Und das letzte Zeitlimit hieß halb zwei. Und da kam er.

Wir saßen schon im Auto und wollten abhauen, aber sind noch mal an der Gaststätte vorbeigefahren. Und da lief er uns entgegen. Kurt ist wie ein Irrer aufs Gas und ums Karree gerast und hat mich an der Stelle, wo der aus dem Wald kommen musste, aus dem Auto geschmissen und war gleich weitergefahren zum Platz, an dem er auf mich warten wollte. Und da stand der Peter auch schon vor mir. Der muss schnell gelaufen sein, und eigentlich hätte er das wegfahrende Auto noch sehn müssen. Er stand mir gegenüber, war direkt aus dem – wie soll ich sagen, aus einem wilden Feld am Ende des Wäldchens gekommen durch mannshohes Unkraut. Da kam er raus, keine drei Meter von mir entfernt.

Vor Gericht hatte die Wirtin des Waldgasthauses ausgesagt, dass sie dem Peter angeboten hatte, ihn nach Hause zu bringen. Er sei schon etwas wacklig auf den Beinen gewesen. Er hätte ihr Angebot aber entschieden abgelehnt und gesagt, es sei ja nicht weit und frische Luft täte ihm gut.«

Da habe er, sagte Göbel, zum ersten Mal begriffen, was der Spruch bedeute: Das ist Schicksal. Nicht nur der Peter, auch er selbst habe den sozusagen am eigenen Leib erfahren müssen.

»Das Gefühl, als er mir plötzlich gegenüberstand, war Angst. Angst, es könnte sein, dass ich nicht richtig treffe, weil ich nicht genügend Kraft habe, und dass nicht ich ihm eine auf den Kopf haue, sondern er mir. Der Peter war größer und wog um einiges mehr als ich. Es war die Angst, dass das Ganze nach hinten losgehen könnte.

Und da hab ich zugeschlagen.

Ich hatte keine Zeit, mir noch was anderes zu überlegen. Ich hätte ›Guten Abend‹ sagen können und dann weiterlaufen. Aber da war so viel Adrenalin in mir, auch durch die rasante Autofahrt, dass ich's dann doch gemacht hab. Plötzlich war in meinem Kopf nur noch der eine Gedanke: Ich muss dem eins überziehen.

Nach dem ersten Schlag ist er ausgerutscht und lag auf dem

Boden. Dann hat er sich seitlich abgestützt und kam wieder hoch. Und da muss ich ...«

Göbel schüttelte den Kopf.

»Ich dachte, jetzt bist du dran, und da hab ich noch mal zugeschlagen. Er hat keinen Ton von sich gegeben. Überhaupt keinen. Kein Wort haben wir geredet. Zwei-, dreimal hab ich zugehauen. Vielmals, heißt es. Weiß ich nicht. Beim dritten Mal ging bei mir die Jalousie runter.«

Er strich mehrmals über die Oberschenkel.

»Ich bin dann bloß noch den Weg zum Auto gerannt und reingesprungen. Und da konnten wir noch nicht mal Fersengeld geben, denn hinter uns ist Polizei gefahren.« – Er lachte bitter auf. – »Ja, das kam noch dazu. Kurt fuhr aus dem Weg auf die Straße, und da kam uns ein Polizeiauto entgegen. Das hat bei dem Weg, aus dem wir gekommen waren, gewendet und ist ungefähr eine Viertelstunde hinter uns hergefahren. Ist uns fast das Herz stehengeblieben. Wir haben uns nicht mehr unterhalten, als könnten die mithören. Kurt hat mich zu Hause abgesetzt und nur gesagt: ›Wir reden morgen‹ und war weg.

Vor Gericht hat er zu Protokoll gegeben, ich hätte im Auto gesagt: ›Ich hab ganz schön doll zugehauen.‹ So in der Art hat er das wiedergegeben. Ich weiß nicht, ob ich das so gesagt hab. Die ersten Minuten im Auto, die waren noch ganz atemlos, und dann waren auch schon die Bullen hinter uns.

Am nächsten Tag hat Helga Kurt angerufen und gesagt: ›Stell dir vor, die haben letzte Nacht Peter totgeschlagen.‹ Und dann kam Kurt zu mir und hat mir das erzählt. Da waren wir erst mal platt.«

Er schob seine Hände auf die Knie und schwieg.

»Was man da denkt?

Gar nichts. Wir haben uns gefragt: ›Was machen wir jetzt? Stellen wir uns oder nicht?‹ Ich hab Kurt gefragt: ›Wie hat

Helga reagiert?‹ Und er: ›Sie hat nur gesagt, du hast hoffentlich nichts damit zu tun.‹ Er habe das Gefühl, dass sie nicht in
seine Richtung denke. Sag ich, dann wird die Polizei wohl
auch nicht in unsere Richtung denken. Schuhabdrücke sind ja
kein Genabdruck. Und da haben wir uns erst mal entschieden,
abzuwarten und nicht mehr drüber zu reden. Und nach drei
Tagen stand die Polizei vor seiner Tür. Tja …«

Er saß jetzt leicht vornübergebeugt und hielt seine Knie.

»An jenem Abend war eine Frau mit ihrem Hund dort am
Waldrand spazieren gegangen und hatte sich über das Auto
gewundert, in dem wir beide saßen. Sie hatte sich die Nummer aufgeschrieben, weil sie annahm, hier wolle jemand
wieder mal Müll im Wald entsorgen. Diese Frau ist zwei Tage
später zur Polizei. Kurt wurde verhört und hat sich dabei in
Widersprüche verwickelt. Er sei Nichtraucher, sagte er, was
stimmte. Und: In seinem Auto würde nie geraucht. Die Frau
hatte aber gesehen, dass einer auf dem Beifahrersitz geraucht
hat. Und, Tatsache, hatte ich an diesem Abend in Kurts Auto
geraucht, was sonst verboten war. Aschereste hatten sie bereits
entdeckt. Da ist Kurt umgekippt und hat ein Geständnis abgelegt.

Hätte er kein Geständnis gemacht, wär ich wahrscheinlich
aus dem Schneider gewesen. Aber ich kann nicht sagen, wie
ich damit hätte leben können. Kann nicht sagen, ob ich mich
womöglich dann selbst gestellt hätte. Ich weiß es nicht.«

Er saß immer noch leicht vorgebeugt, die Hände auf den
Knien. Jetzt richtete er sich auf.

»Ob Kurt mir Vorwürfe gemacht hat? Ein bisschen. Er
sagte, so war's nicht gemeint, und was denkt nun Helga über
mich. Er hat mehr drüber nachgedacht, wie andere jetzt über
ihn denken, als darüber, was wir gemacht haben.

Hätte ich nicht so doll zugehauen, hat er später immer

wieder gesagt, dann säße er jetzt nicht in der Patsche. Seine Frau, von der er getrennt lebte, hat noch am selben Tag die Scheidung eingereicht und das ganze Geld kassiert. Alles. Er war ja ein relativ reicher Mann gewesen. Die Firma, die Kneipe, das Haus – alles weg. Sie hat sich alles genommen. Kurt war total blank.

Er hat mir dafür die Schuld gegeben. Das war schon irgendwie unsolidarisch.«

Er begann wieder seine Oberschenkel zu massieren.

»Sie wollten wissen, welcher Film nach dem ersten Schlag abläuft? Das haben auch die Psychologen im Knast versucht herauszufinden. Nichts, überhaupt nichts läuft da ab.

Die Gerichtsmedizinerin hat von dreizehn Schlägen gesprochen. Ich weiß noch, dass es vier waren, und dann irgendwann hat es bei mir ganz ausgesetzt, und ich hab bloß noch zugeschlagen. Weiß nicht wie oft. Aber das Wieviel ist auch nicht das Entscheidende.

Eigentlich ist die Frage nicht wie und warum ich ihn totgeschlagen hab, sondern warum ich überhaupt losgegangen bin. Das ist die Frage. Warum hab ich einen mir unbekannten Menschen totgeschlagen? Warum hab ich die Probleme meines Freundes zu meiner Sache gemacht?«

Göbel stand auf. Er müsse sich strecken, sein Rücken sei irgendwie verzerrt, durch das seit Wochen anhaltende gekrümmte Arbeiten. Er ging einige Male auf und ab, schlaksig, schmal, mit leichtem Hinken seit dem Unfall.

»Kurt und ich waren gute Freunde und hatten beide gerade einen Neuanfang gemacht. Er hatte sich von seiner Frau getrennt, und ich von meiner, und gemeinsam wollten wir was Neues aufbauen. Wir gehörten zusammen, und da hilft man sich gegenseitig. Ich konnte mich sofort in Kurt versetzen, nicht in das Thema selbst, aber in seine angespannte psychische Lage. Sein Problem mit Helga hat ihn Tag und Nacht beschäftigt. Er hat von nichts anderem mehr geredet. Und so war es mir auch gegangen. Damals mit dem Ärger um die Zeitungsläden. Und schließlich mit der grundlosen Bedrohung durch den Knacki. Ich hatte mich machtlos gefühlt und wusste nicht, was ich tun sollte. So hat sich auch Kurt gefühlt, ratlos und machtlos.

Mein Ausrasten im Wald hat Kurt erstaunlich richtig erkannt. Vor Gericht hat er gesagt: ›Ich glaube, Jens hat nicht den Peter erschlagen, sondern den andern Typen, der ihn über Monate bedroht hat.‹ Kurt hat das erkannt, ohne dass wir je darüber gesprochen hatten.

Ich seh das heute so: Alle Einflüsse, die zusammenkamen, hatten eine explosive Mischung ergeben. Ich wollte diesen Peter ja nur verprügeln, und dann hab ich ihn totgeschlagen. Da geschah eine Entladung, die ich nicht mehr steuern konnte.

Bei der Verhandlung hab ich die Bilder gesehen. Das war schon harter Tobak, aber irgendwann war ich verurteilt, und da hat sich das Unrecht, das ich getan hab, mit dem Unrecht, das mir angetan wurde, aufgewogen. Da waren wir quitt – so ungefähr –, wenn man das so sagen kann.

Und darum hab ich mich im Knast mit dem Ganzen nur befasst, wenn ich's musste. Irgendwelche Leute dachten, das muss der Göbel aufarbeiten, sonst kommt es später noch mal dazu. Aber die sind schließlich alle zu der Erkenntnis gekommen – Sie werden ja irgendwann mein Gutachten lesen –, dass meine ganze Persönlichkeit eine Garantie ist, dass so was nicht noch mal passiert. Ich musste nichts aufarbeiten, das Thema war durch. Die Gutachter haben das mit meiner Emotionsarmut begründet. Sie haben das ziemlich oft so formuliert, sprachen immer wieder von Emotionsarmut. Ich würde das nicht unbedingt so nennen. Jeder hat Emotionen. Ich hab sie auch. Trotzdem hat mich da nichts bewegt, und insofern hab ich denen innerlich recht gegeben.

Ich brauchte meinen Fehler nicht mehr zu diskutieren. Ich sagte: ›Den Fehler hab ich gemacht.‹ Kein anderer hat Schuld, auch kein Kurt, nur ich. Ich hab's getan. Ich hab einen Menschen auf dem Gewissen.«

Er machte eine kurze Pause, mehr wie ein tiefes Atemholen, und fuhr in seinem unverändert sachlichen Ton fort.

»Und damit kann man im Grund gar nicht klarkommen. Ich komme aber damit klar. Ich weiß nicht, warum. Ist mir nicht so nahegegangen. Ich kann darüber reden, ganz normal, das merken Sie, ich hab da gar kein Problem, drüber zu reden, und werd dabei nicht emotional. Andere würden daran kaputtgehen, noch dazu, wenn sie die Bilder sehen, wie der in der Blutlache lag. Ich hab da nicht kalt hingeguckt oder gar gegrinst, so ist es nicht, aber es war für mich mit der Verurteilung pari.«

Er griff zum Wasserglas, trank und wischte den Mund.

»Wir sind beide verurteilt worden. Ich als Ausführender hab lebenslänglich bekommen, Kurt hat wegen Anstiftung elfeinhalb Jahre gekriegt. Er hat sich gleich nach der Verurteilung das Leben genommen. Mit Tabletten.

In der U-Haft haben wir noch gedacht, das ist ein klassischer Totschlag, und da kriegen wir drei, vier Jahre. Doch als unsere Anwälte erfuhren, welcher Richter die Verhandlung führen wird, hielten sie es für möglich, dass die Kammer uns wegen Mord verurteilt. Da sind wir zusammengebrochen. Und wir haben uns gesagt: Bei einer Strafe über fünf Jahre gehen wir in Revision. Und wenn daraus nichts wird, nehmen wir uns das Leben.

Und Kurt hat's gemacht.

Ich hab einen Rückzieher gemacht.

Warum auch immer.

Müssen sich vorstellen, ich bin in die Haftanstalt gekommen und hab eine Woche später schon gearbeitet.

Ich hatte nach dem Urteil an alle Arbeitsbetriebe Bewerbungen geschrieben und immer gesagt: ›Kann ich.‹ Und da kam der Glasermeister und sagte: ›Hier haste eine Glasscheibe, schneid die mal.‹ Konnt ich. Eingestellt. Nächsten Tag sind wir in Haus 3 oben auf die Glasdächer, und da brauchste nur noch zu springen, dann ist das Thema durch. Und irgendwie hab ich es dann doch verschoben. Weiß nicht, warum – aus Angst, Hoffnung –, ich weiß es nicht.

Und Kurt – sagen wir mal so: Für Kurt standen die Aussichten schlechter. Er war schon 58 und wär mit 70 rausgekommen. – Die Frau war weg, Kohle war weg, seine Töchter hatten sich abgewendet, die Freundin, derentwegen das gemacht wurde, hatte gleich 'ne Kehrtwendung gemacht und war verschwunden. Was konnte er mit siebzig noch erwarten? Er hat zu mir gesagt: ›Ich bin dann zu alt.‹ Ich dagegen hab mir gesagt: Na ja, wenn du Glück hast und kommst nach fünfzehn Jahren raus – zu der Zeit war in Berlin die Regelzeit siebzehn, achtzehn Jahre, das ändert sich ja mit der Politik –, da hab ich gedacht, wenn du rauskommst, biste so alt wie Kurt jetzt, und der war ja eigentlich noch ganz gut drauf. Mit Ende fünfzig kann man schon noch was erreichen.

So hab ich versucht, mich in die Knast-Situation relativ schnell einzuleben. Aber Kurt war zu weich dafür. Der hat nur gelitten.

Ich hab ihn nach der Verhandlung nicht mehr gesehen. Und ich glaube, es war vor allem das, was über Helga im Prozess gesagt wurde. Das hat Kurt verzweifeln lassen. Peter hatte Helga gar nicht malträtiert. Er war offenbar ein friedlicher Mensch, und Helga hatte sich auch nicht von ihm trennen wollen. Sie war bloß eifersüchtig, weil er als Klempner vor allem mit Kundinnen zu tun hatte. Und so wollte sie den verliebten Kurt benutzen, Peter eine Abreibung zu verpassen. Sie hatte Kurt den Eindruck vermittelt, verzweifelt zu sein, und hatte ein Martyrium vorgegeben, von dem keine Rede sein konnte.«

Göbel stand auf.

»Wie ich gehört hab, ist sie wieder verheiratet und lebt in wohlsituierten Verhältnissen.«

Und während er seinen Rucksack auf die Schulter schwang und zur Tür ging, sagte er:»Ich hab abgeschlossen. Ich hab jemand totgeschlagen. Das ist passiert, das war Mist, dafür hab ich meine Strafe bekommen, die hab ich jetzt abgesessen. Ich bin als Mörder verurteilt worden, obwohl ich kein Mörder bin. Mit dieser Verurteilung ist auch an mir ein Unrecht geschehen. Aber ich hab die Strafe angenommen. Ich hab gesagt, okay, die Ursache des Ganzen ist dein Mist, den du gebaut hast. Also musst du es so nehmen, wie es gekommen ist. Und jetzt musst du nach vorn schauen.«

———

Der Herbstnachmittag war sonnig und warm, und in den Straßencafés saßen die Menschen und aßen Eis, und die Hunde hechelten im Schatten. Ich hatte Jens Göbel seit drei Monaten nicht mehr gesehen und erwartete ihn am vereinbarten Ort. Göbel, bisher immer pünktlich, war nicht da. Vor dem Eingang stand ein unbekannter Mann und rauchte und winkte mir zu. Göbel hatte sich verändert, hatte nicht nur den Blaumann gegen weiße Leinenhosen und ein gelbes T-Shirt getauscht, auch sein Haar war kurz und blond geworden und das Gesicht leicht gebräunt.

Wir setzten uns in den langen schmalen Raum – kaum größer als eine Knastzelle, hatte Göbel beim ersten Treffen gesagt –, saßen bei offenem Fenster, und das Spatzengetschilp und die Stadtgeräusche mischten sich mit dem Summen des großen Kopierers.

Göbel wirkte zum ersten Mal entspannt. Es schien, als wären ihm diese Gespräche zu einer Art angenehmer Abwechslung in seinem kontaktarmen Leben geworden. Vielleicht, hatte er gesagt, werden wir irgendwann mal ein Bier miteinander trinken gehen.

Er saß zurückgelehnt, mit übergeschlagenen Beinen und einem kleinen freundlichen Lächeln.

»Na, denn mal los«, sagte er.

»Als Sie aus dem Knast kamen, hat Sie jemand abgeholt?«

»Nöö.«

Das Nöö kam zögernd und wie ein leises Brummen. Aber schon hatte er sich mit einem Ruck aufgerichtet.

»Moment«, sagte er. »Nee, det war ja anders.«

Er schüttelte den Kopf, erstaunt, dass er das vergessen hatte.

»Als ich in den offenen Vollzug kam, war ich bereits Freigänger. Ging in der Früh raus, kam abends zurück. Zu der Zeit hatte ich meine persönlichen Dinge schon komplett geräumt und in die Wohnung gebracht. Was sollte ich 'ne Busladung voll Kram, den ich mir über die Jahre hin angeschafft hatte, in den offenen Vollzug mitschleppen. Im Offenen genügte mir die Knasteinrichtung: Bett, Tisch, Stuhl und Schrank. Damit hab ich von vornherein deutlich gemacht: Ich komm hier lediglich zum Schlafen her. Den Tag über war ich auf Arbeit und danach mit dem Herrichten der Wohnung beschäftigt.

Die Wohnung hatte ich mir besorgt, da saß ich noch im Geschlossenen. Hab mir gesagt, wenn du rauskommst, musst du wissen, wohin. Es muss 'ne Wohnung da sein. Ich konnte also mein ganzes Zeug gleich da hinbringen.

Als Freigänger hast du sechzehn Stunden am Tag, die du draußen verbringen darfst. Aber du musst immer die Uhr im Kopf haben. Das schlaucht. Wenn wir im Bouleclub noch ein Spiel machen wollten, ging's nicht. Ich musste einrücken. Du musst pünktlich drin sein, darfst nichts trinken, keinen Ärger machen, sonst gefährdest du deine Entlassung.

Und dann biste da abends reingekommen und wolltest schlafen und konntest nicht. Denn die Hälfte der Leute sitzt im offenen Vollzug, weil sie nur kurze Strafen hat. Diese Leute machen die Nacht über Remmidemmi und schlafen am Tag. Man kommt da nicht zur Ruhe. War 'ne stressige Zeit. Aber als ich entlassen wurde, bin ich in mein Auto gestiegen und nach Hause gefahren.«

Göbel schien stolz auf sein Auto zu sein. Er hatte es immer wieder erwähnt und jedes Mal hinzugefügt, dass ihm gelungen sei, noch während der Haft ein Auto zu kaufen.

»Mein Leben war also schon vorbereitet. Einen Kulturschock wie andere ihn leider erleben, wenn die Tür aufgeht und sie ins weitgehend Unbekannte ausspuckt, dieses Pech hatte ich nicht. Für mich war klar, wenn du rauskommst, musst du wissen, wo du wohnst und was du beruflich machst. Das Selbständige fiel flach. Wenn die ganze Kohle weg ist, wie soll da ein Geschäft aufgebaut werden? Also das ging nicht. Das schafft man nicht mehr. In meinem Alter ist man aber auf dem Arbeitsmarkt auch nicht mehr gefragt. Wie konnte ich mich also vorwärtsbringen?«

Er lächelte.

»Ich hab mich in allen Branchen als Profi verkauft. Hat funktioniert. Jetzt bin ich Tischler. Das ist körperlich anstrengend. Man soll's nicht glauben. Ich hab die letzten drei

Monate nur auf Knien gearbeitet und hab jetzt jeden Morgen richtig dolle Schmerzen. Hab 'ne Stunde lang Probleme beim Laufen, aber wenn ich dann drin bin in der Arbeit, dann geht's.«

Er begann leicht massierend über die Beine zu streichen.

»Ich leb heute allein. Das hat auch wirtschaftliche Gründe. Mit 'ner Frau könnt ich nicht in meiner kleinen Wohnung leben. Eine größere Wohnung würde aber das Doppelte kosten. Das ginge an die finanzielle Grenze. Mein Ziel ist, abgesichert zu bleiben, um nicht irgendwann im untersten Sozialfeld zu landen. Ich muss also versuchen, mir mein Leben noch – ich sag mal so – werterhaltend zu gestalten. Mir rennt ja die Zeit davon.«

Er schaute zum Fenster und den Passanten nach.

»Und die Zeit, als ich junge hübsche Frauen haben konnte, die ist bereits davongerannt. Täglich seh ich in der Bahn so viele hübsche Frauen und denke, ach wär das schön, mit der oder jener, aber wenn ich die jetzt noch länger anschau, dann kommt sie vielleicht und knallt mir eine.«

Er lachte auf und stieß gleich darauf die Luft aus.

»Pffff – es ist vorbei. Ich bin jetzt der Alte. Ist so. Man muss sich damit abfinden.

Und 'ne Gleichaltrige? Nee, die fallen nicht ins Beuteschema, sag ich mal so. Ich hab 'ne gute Freundin in meinem Alter, aber die ist einfach nur 'ne gute Freundin. Ich hab mich mit dem Alleinleben abgefunden.«

Er fuhr wieder massierend über die Beine.

»Ja. Vielleicht hätte ich mehr aus dem Leben machen können. Aber ich muss Ihnen sagen, bis auf die Straftat und die Folgen der langen Strafzeit hab ich nie was in meinem Leben bereut. Es hat alles funktioniert. Mich hat das nie gestört, dass die Beziehung zu meinem Vater so schlecht war. Wir sind eben emotionsarm. Ich hab mein Leben gelebt und wunderbar gelebt.

Es heißt, das Erschrecken, dass man so was getan hat, sei wie ein unbekanntes Zimmer im eigenen Haus, das man eines Tages unverhofft betritt. So sagt man. Und diese Erfahrung sei extrem belastend. Aber das war es nur, bis ich verstanden hab, was passiert ist. Es sind nun mal mehrere Faktoren gewesen – da haben wir jetzt lang drüber geredet. Und es ist eigentlich klar, warum ich damals den ersten Schritt gemacht hab, ohne zu wissen, was daraus werden wird und wie sich das so extrem entwickeln konnte. Ich hab's begriffen, und so ist es keine seelische Belastung mehr. Ich will das nicht bewerten, aber ein Kinderschänder, der weiß, dass er krank ist, der muss sich mit seiner Tat ständig auseinandersetzen, denn sein Verlangen ist unheilbar. Es wird immer bleiben. Ich hingegen weiß, dass bei mir die Verkettung von Umständen diese explosive Mischung hervorgebracht hat. Und das kann ich in Zukunft steuern. Ich brauch mir keine Gedanken zu machen, dass mir so was noch mal passieren könnte. Ich schlepp keinen Ballast mit rum, muss mich nicht mehr fragen, was damals mit mir passiert ist und warum. Ich hab's verstanden. Ich hab dafür bezahlt, und zu ändern ist es nicht mehr. Wenn ein Kranker oder Krüppel dabei rausgekommen wär, könnte man immer noch versuchen, etwas wiedergutzumachen. Aber in dem Fall ist nichts mehr gutzumachen. Und darum hab ich es für mich abgehakt. Ich lebe nicht mehr mit der Schuld.

Ich leb jetzt die zwanzig Jahre, die ich vielleicht noch hab, nach vorn. Alles andere ist vorbei.«

NACHWORT

Die Recherche zu diesem Buch begann an einem Nachmittag am Meer, als die Freundin unvermittelt sagte: »Ich habe oft den Gedanken gehabt, meiner Mutter das Messer zwischen die Rippen zu stoßen.« Sie war eine sanfte kluge Person, und wir kannten uns seit Kindertagen. Ihre Mutter hatte ich als liebevoll und großzügig erlebt.

»Es scheint mir«, fuhr sie fort, »als ob unter bestimmten Umständen jeder zum Mörder werden kann.« Ich blieb stumm. Wir starrten hinaus in die Dämmerung, und ich beschloss, dieser Behauptung nachzugehen.

Eine Serie von Gerichtsreportagen brachte keinen Aufschluss. Die Frage, wer da auf der Anklagebank saß, blieb stets nur oberflächlich beantwortet.

Während das Gericht mit juristischen Mitteln auf Wahrheitssuche ging, versuchte der Angeklagte, mit taktischen Mitteln seine Haut zu retten, und blieb letztlich unbegreifbar.

Ein zu lebenslanger Haft Verurteilter, sagen Psychologen, brauche Jahre, um zu einer Auseinandersetzung mit der Tat und zur Beschäftigung mit sich selbst zu finden. Erst dann und nach sozialpsychologischer Therapie könne er mit einiger Klarheit auf sein Leben sehen.

Wie also blickt ein Mörder Jahre nach der Verurteilung auf sich?

Wie erzählt er von frühen Erfahrungen, Erinnerungen, Gefühlen, Verletzungen, Erfolgen und Misserfolgen, von Wünschen und Hoffnungen?

Wie schildert er die Tat, wie die Folgezeit und wie die Zeit während und nach der Strafverbüßung?

Zwei Jahre in Abständen von vier bis sechs Wochen habe ich mit verurteilten Mördern in Haft und auf Bewährung Entlassenen Gespräche geführt.

Die Offenheit, mit der die Teilnehmer von sich erzählten, war überraschend und fand doch manchmal jähe Grenzen. Ich habe diese Grenzen respektiert, die entstandenen Widersprüche akzeptiert und die Lebensgeschichten unkommentiert wiedergegeben. Es sollten autobiographische Erzählungen bleiben, die Einblicke in Leben und Sichtweisen von Tätern erlauben und dem Leser die Möglichkeit bieten, sich selbst einen Reim darauf zu machen. Zur Wahrung der Identität meiner Gesprächspartner habe ich Namen und Orte geändert.

Mit Ausnahme von Bayern, wo man »Tätern keine Plattform geben« wollte, ermöglichte es die Unterstützung der Justizministerien der Länder, Menschen zu finden, die bereit waren, ihre Geschichte zu erzählen.

Dem Entgegenkommen der Leiter zahlreicher Justizvollzugsanstalten, der großen Hilfsbereitschaft von Bewährungshelfern und -helferinnen vor allem der geduldigen und zuverlässigen Bereitschaft der inhaftierten und auf Bewährung entlassenen Gesprächspartner ist dieses Buch maßgeblich geschuldet.